与最聪明的人共同进化

湛庐CHEERS

HERE COMES EVERYBODY

你如何成为公司最重要的资产

[加] 安东尼·詹 著　王培 译
Anthony Tjan

GOOD PEOPLE

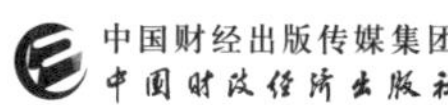

你是否具备良好的职场品质

扫码鉴别正版图书
获取您的专属福利

扫码获取全部测试题及答案，了解职场人如何成为公司最重要的资产

- 在商业领域，成功就是将利润最大化吗？

  A. 对

  B. 错

- 人际关系的融洽程度会直接影响健康吗？

  A. 对

  B. 错

- 谦逊的品质会给我们带来更强的创造力吗？

  A. 对

  B. 错

扫描左侧二维码查看本书更多测试题

目录

GOOD PEOPLE

GOOD PEOPLE

THE ONLY LEADERSHIP DECISION
THAT REALLY MATTERS

PART 1
第一部分

职场品质金字塔

1953年，航天工业方兴未艾，火箭化学公司（Rocket Chemical Company，下文简称“WD-40公司”）刚成立不久，工业化学家诺曼·拉森（Norman Larsen）和他的两个同事承担了一项任务：为航天火箭的外壳找到防水材料。为尽可能找到完美的材料，他们进行了多次实验，终于在第40次实验时确定了解决方案。隔水剂40（WD-40产品）由此问世，如今这种产品很有名气。

WD-40产品在过去和当下都有着广泛的应用，它最早被用于阿特拉斯号航天火箭，之后，它被广泛用于日常消费领域。售卖WD-40产品的推销员拉着行李箱走在大街小巷上，四处售卖WD-40产品，蓝黄色金属罐已成为其标志性包装。如今，WD-40已经是家喻户晓的品牌。WD-40公司年销售额超过3.5亿美元，市值超过15亿美元。人们往往着眼于WD-40公司迅速成功的耀眼光芒，却忽视了其最独特的一面：WD-40公司奉行员工优先哲学。

WD-40公司员工平均服务年限是美国平均水平的3倍。WD-40公司97%的员工表示，他们非常乐意告诉别人自己在WD-40公司工作。[1] 至于公司获得巨大成功的原因，首席执行官加里·里奇（Garry Ridge）对我解释道：“WD-40公司的成功与员工有关，与学习有关，与我们的文化和制度有关。”[2] 显然，WD-40公司的成功不仅体现了其超强的组织能力，还从更深层面反映出员工起到的重要作用。

加里·里奇在WD-40公司服务了30年，担任首席执行官长达20年。在他的领导之下，WD-40公司倡导并奉行员工优先哲学，因为他认为公司最重要、最宝贵的资产就是员工，他们能创造的价值远胜一切。里奇和管理学大师肯·布兰佳[①]在两人合著的《帮助员工成长》(*Helping People Win at Work*）一书中，把员工优先哲学描述为："不要只是给员工打分，而要帮助员工得到高分。"WD-40公司的核心价值观就是做正确的事：帮助员工成功。

WD-40公司推行的导师制度并非可有可无，而是一项非常重要的管理机制。公司员工对管理者的满意度高得惊人，满意率持续保持在96%左右。里奇表示："'团队领导者'或导师的首要任务就是让团队成员获得成功，仅此而已。"这种理念知易行难，却正是WD-40公司能成为企业模范、其员工能成为职场品质模范的原因。

我们经常在生活和工作中听到"职场品质"这个词。然而，每当我们说某人具备好的职场品质时，我们表达的真正含义究竟是什么？我们能察觉他人身上以及我们自己所拥有的职场品质，然而，从某种程度上讲，我们又很难准确而全面地描述它。因为，我们并不真正理解何为职场品质。

"善"(good）和"美德"(goodness）在我们的日常语言中很常见，但其原本的含义模糊不清。已故智者、麻省理工学院教授马文·明斯基(Marvin Minsky）把这类词称为"手提箱词汇"(suitcase words)：被人们滥用、含义被过度引申并因此失去了实际意义的词语或词组，甚至连专业的定义也无法准确呈现这类词的含义。比如,《韦氏在线词典》把"善"定义为"有价值的、正确的、值得称赞的事物"。[3]这一定义并没有错，但只是一种基本

① 肯·布兰佳是具有全球影响力的管理大师，在人才管理、企业管理领域获得无数奖项和荣誉。他近年出版了新书《服务型领导力的实践智慧》(*Servant Leadership in Action*)，本书简体中文字版已由湛庐策划引进，即将面市。——编者注

的理解，我们必须更具体、更清晰地表达“善”的含义，才能真正做到在日常生活中行善。

要为美德寻找一个有实用性和可操作性的定义并践行美德，我们就得承认美德是一项重大课题，世界上伟大的哲学家、心理学家和领导者已为之上下求索了数千年。我们知道，亚里士多德曾为更好地理解人类特质与本性孜孜以求；20 世纪的社会心理学家亚伯拉罕·马斯洛和埃里克·埃里克森提出了欲望和成长的阶段论；大多数宗教信奉友善原则；等等。我们应该努力成为品德高尚的人，这近乎成为人类的一种普遍追求。人们似乎笼统地认为，在工作中行善和具备美德的人，就是具备好的职场品质的人。

在商业领域，职场品质、好企业家和好员工的含义是什么呢？如何在商业领域践行职场品质，并理解由此带来的长远价值呢？首先，我们需要直面职场品质的含义在商业领域中的模糊性。职场品质有两种意思。在雇用员工和管理团队时，我们通常把“职场品质”看成“才能”的同义词。然而，职场品质远不止与一个人的才能有关，而是事关人性、价值观以及与性情和其他无形特质有关的品格。因此，我们需要区分关乎才能的职场品质和关乎价值观的职场品质，我们还要明白后者更重要。

WD-40 公司之所以成为优秀雇主，正是因为它不仅看重员工才能，还致力于建设培养好员工的企业文化，而这是公司最大的竞争优势。虽然才能很重要，但 WD-40 公司员工的才能肯定不会远高于其竞争对手的员工。管理层把 WD-40 公司打造成了一家让员工真心满意的企业，员工能在做本职工作和与同事相处的过程中找到工作的意义。所以，WD-40 公司才能年年获得如此巨大的成功。

尽管像 WD-40 公司这样的成功企业有很多，但很多人认为商业社会不可能有职场品质、好企业家和好员工这类“软概念”的容身之地。毕竟，商业就是只与金钱有关，难道不是吗？这些人相信，打造一家优秀的企业仅仅意味着取得优异的经营成果。然而，现实情况却是市场竞争旷日持久、信息获取愈发便利、新兴技术突飞猛进，这导致企业之间的竞争更为激烈，同时也让员工成了企业最有价值的资产。好员工能在企业的每一个环节创造价值。最优秀的企业不仅追求利润最大化，而且能给员工、社区和行业带来广泛而积极的变化。当好员工卓越的价值观和品格积极影响他人时，他们也跟最优秀的企业一样，为商业社会创造了持久的价值和前进的动力。即便你只关心利润和回报最大化，职场品质和好员工也有助于你实现该目标。

本书试图发掘商业社会背后的软实力。通过重新定义职场品质和好员工，我们能够正确评价自己和身边的人，改变商业面貌，甚至改变整个社会与世界。我曾经在各种规模的公司工作，也曾为不同水平的公司提供咨询服务，我还创办了几家企业，并投资了大约50个项目，我逐渐相信，追求职场品质并培养一批好员工，是唯一真正重要的商业决策。为什么我们会敬佩某些领导者或者某些普通人呢？答案很清楚：他们总是将他人放在第一位，总是理解并践行符合职场品质的价值观。好的企业家总是致力于帮助身边的人成长，就像致力于让自己成长一样。他们感受到一种为他人服务的使命，想要鼓舞和帮助他人成为最好、最完满的自己。管理学大师汤姆·彼得斯说，能够这么做的领导者和普通人，“不是在创造追随者”，而是“在创造更多的领导者”。[4] 我越来越认同他的话，并坚信好员工及其价值观才是企业最核心的竞争力，至少今日世界如此。

第 1 章

职场品质的力量

GOOD
PEOPLE

THE ONLY LEADERSHIP DECISION
THAT REALLY MATTERS

我 15 岁时渴望在暑假多赚些钱，于是找了一份上门兜售相框的工作。7 月的某一天午后，天气十分炎热，在多伦多北约克郊区，我吃力地迈上某街区最后一幢房子门前的三级台阶，沉重的背包紧压着双肩。虽然当时我还年少，但我希望自己可以像大企业家一样成功。然而，我整天吃闭门羹。在酷热难耐的夏天，每天连续工作 8 小时，总是灰头土脸、汗流浃背、情绪低落。我几乎快要放弃了，但我决定给自己最后一次机会。于是，我急不可耐地按响了面前的门铃。

我听见一阵轻柔的脚步声，还有一句简短的询问："是谁啊？"门开了，我很惊讶：这座房子的主人是一位年老、矮小的妇人，她灰白的头发乱蓬蓬的，外表看起来比声音温柔多了。两分钟之后，我在她狭小而陈旧的客厅落座。我正准备开始熟门熟路地推销时，她打断了我，不再看相框而是看着我，并问了我一大堆问题："你是谁？老家是哪里的？是纽芬兰岛吗？你在离家如此遥远的多伦多做什么？你父母在哪里？你卖的这些相框没被人偷走吗？"她还反复问我一个问题："这是你真正喜欢做的事情吗？"

1 个小时之后，我手里拿着第二杯冰茶，身体几乎纹丝不动，我们仍在深入交谈。我了解到她已经 82 岁，平时独居，是已经退休的社会服务人员。

她很会讲故事，讲话的仪态十分优雅。她反复强调，生命中最重要的事情，是要搞清楚自己究竟想要做什么以及要与谁共事。“听着，”她突然用那有点沧桑的声音强调，“你必须热爱你所做的事业，同时要更热爱与你共事的人。”她稍做停顿，露出一个大大的宽慰式的笑容，随后补充说，她相信我的人生一定会大获成功。那天她一个相框也没买，但我莫名地对她的话深信不疑。

不只创造追随者，更能创造领导者

过去 20 多年，我经常出差，四处奔波，同时努力遵守那位老妇人智慧的教导：热爱我所做的事业，更要热爱与我共事的人。我面试第一份工作时对当时的面试官颇有好感，才最终接受了这份工作。那时我完全没有料到，这些面试官中的某些人将成为我一生的导师，有的资助了我的历次创业，有的成为伴随我整个职业生涯的同事，有的是为我的计划提供建议的合作者。

其中一位面试官是我多年的导师，麦肯锡咨询公司（以下简称“麦肯锡”）前合伙人谢全仁（Tsun-yan Hsieh）。第一次见到谢全仁时，我还是麦肯锡资历尚浅的助理，而他是高级合伙人，他后来成为麦肯锡职业发展委员会的全球会长。时任麦肯锡全球董事总经理多米尼克·巴顿（Dominic Barton）在与我探讨如何撰写本书时，称赞了谢全仁的教导方式、学习能力和成长哲学。20 世纪 90 年代早期，我和巴顿曾在麦肯锡位于多伦多的分支机构共事，那时谢全仁就是巴顿的导师。如今，巴顿十分感激他，称赞他是在麦肯锡对公司领导力和人才发展产生了重要影响的几个人之一。

我在麦肯锡工作了 20 多年，直到巴顿称赞谢全仁的影响力，我才向谢全仁请教自己一直想搞明白的问题：20 多年前，为什么他在这么多渴望得到他指导的员工中选择了我，帮助我成长？谢全仁沉思片刻，说道，他不确定是他选择了我还是我选择了他。他的语气和仪态没有丝毫的傲慢。这个答案引起了我的共鸣，他说得对。这些年，我一直在寻找与年少时在多伦多北约克郊区相仿的那种经历。就像我先敲开老妇人的门一样，是我先选择了谢全仁，接下来谢全仁也选择了我。谢全仁也像那个老妇人一样给了我智慧的教导。他总结说："指导是相互的。导师必须相信，自己会从帮助他人成长的过程中获得极为满足的人生体验；而学员也必须相信，他们的导师既会传授知识和技能，也会传授人生哲学与职场智慧。"

这就是谢全仁典型的思维方式：将每一个时刻都看作潜在的学习机会，谦逊地表达自己的观点，同时又能意识到，只要我们愿意在我们想与之共事的人身上投入更多心血，让他们成为我们人生的一部分，就能与他们共事。谢全仁提醒我，20 多年前，我曾向他呈报过一份关于中国大型家族企业人力资本的研究报告，而这恰好涉及他和我都很感兴趣的领域。在正式的教导开始之前，共同的兴趣为我们建立正式的师生关系打下了基础。对我而言，他与其他好企业家持续而深刻影响着我的生活和事业。

我一直知道，谢全仁总是将员工放在第一位，把帮助年轻助理成长作为他的一项重要使命。不过，直到后来与他交谈，我才知道，几十年来，他以坚持写日记的方式持续塑造着自己和他人的美德与品格。谢全仁曾经指导过麦肯锡的一位年轻助理。之后他们的一次偶遇让谢全仁有了写日记的念头。这位助理因为与导师在路上不期而遇异常兴奋。他当即邀请谢全仁去自己家里做客。晚餐时，他向谢全仁分享了自己离开麦肯锡进入音乐行业的成就和喜悦。他由衷感谢谢全仁在他主动寻求职业转型的过程中扮演的重要角色。谢全仁让他详细说说当时的情况，他的回答让谢全仁颇感意外。以前这位年轻人也曾向其同事们咨询如何最大限度发挥自己对音乐的热爱，他对谢全仁说："你是唯一鼓励我放弃麦肯锡的工作、追随我所热爱之事的同事。"

谢全仁依稀记得当时的场景，但他没有意识到那句话的重要性。他只知道，"即便那时失去一位优秀的助理会给工作带来不便"，他仍会这么做。告别这位前助理之后，谢全仁赶往机场。在候机时，他走进一家精品店，买了一本他能找到的最大最厚的万宝龙日记本，这个本子有将近 300 页。他登机后开始写日记，讲述他与这位前助理偶遇的故事，写下他受到感谢的原因，以及他们的对话带给他的感受：非常感动，并感恩有这样的机会能让他对别人的人生轨迹产生重大影响。

从此以后，谢全仁决定，凡有人对他的教导表示感谢，他就在日记本上记下来。他记日记的动机与收集他人的称赞无关，相反，他感受到一种使命，那就是要教导尽可能多的员工，他相信写日记可以激励他完成这一使命。他下定决心，自己整个职业生涯的核心任务就是要致力于从事大量的教导工作。对他来说，把员工放在第一位既是个人使命，也是终身事业。然而有讽刺意味的是，因为谢全仁性格内向，麦肯锡的其他很多合伙人只是把谢全仁当作思想领导者和为企业引进资金的“造雨人”，很少有人从一开始就把他看成一位有潜力的领导者。谢全仁试图把他的使命纳入自己在麦肯锡的“职业培训项目”（他的“个人商业计划”），有人却告诉他，这个使命没那么重要，可以把它“放在计划的附录中”，并强调其他因素才更有助于实现他的使命，比如：为公司招揽客户，贡献才能。

谢全仁为写日记这件事确立了一些基本规则。首先，他不会也不愿为了增添日记条目，而刻意索取别人的称赞。如果有人感谢他，那一定是因为对方想要感谢他。其次，日记内容必须具体。自己究竟做了哪些事，对他人的生活产生了什么样的或大或小的影响？当自己获得别人的反馈时，自己的感受如何？他在日记本的扉页上写道：“我所写的每一则日记，只用于激励自己在帮助他人成长方面做得更多、更好。”他相信，员工的职场品质可以得到塑造与培养，而他自己的职场品质也会因为这些关系与经历得到完善。他写日记的好习惯形成了良性循环：他愿意帮助别人，别人也愿意帮助他成长为一位更优秀的导师。最终，写日记成为一项重要的领导力实践，帮助谢全仁实现经久不衰的领导力目标：帮助他人过上完满而有意义的生活。他鼓励员工更全面地看待成功，成功部分取决于我们是否有能力让他人的人生变得更成功，是否让这个世界变得更美好。他曾经写道：“大多数公司的高管就像是参加比赛的马，他们存在的全部意义就是‘全力赛跑，并在赛场上赢得胜利’。但还有一种选择，那就是主动塑造人生，在工作和其他领域充分展现自我价值。”[1] 让员工变得更优秀是一种“软成就”，这与“硬成就”是相得益彰的，而不是相互对立的。

谢全仁为自己树立了一个目标：一旦写满近 300 页的日记本，他就结束在麦肯锡的全部工作，然后离开麦肯锡。25 年后，他写下了最后一则日记，然后兑现了诺言，用他的话说就是“从麦肯锡退休”。从那以后，他的职业完全转型，变成了领导者的咨询者、顾问和导师，并成立了自己的品牌——LinHart。通过他的努力，至今他有 300 多位客户要么在工作中拥有了更大的热情和使命感，要么创建了有价值的企业，要么也开始为他人提供指导和帮助。他和那位老妇人一样，向我展现了改变始于拥有帮助他人的决心。

几年前，我参加了谢全仁的 60 岁生日宴会。我发现他的学员在开他玩笑的时候都有一个共同的看法。他们都表示，在每一个教导环节，谢全仁总是能看到他们自己未发现的潜力，这大大帮助了他们开发自己的潜能并培养好品质。

获取更有使命感和持续性的成功

在商业领域，成功的传统定义就是利润的最大化。然而，这一定义显然没有考虑加里·里奇和谢全仁等人提出的能产生广泛而深远影响的价值观。他们仅通过致力于帮助员工持续成长，就提升了所在组织每一方面的表现。他们所做贡献的影响范围远超他们所在组织的范畴，并通过价值观的力量、持久的关系和恒久的企业文化持续发挥影响力。实际上，职场品质比任何一个人的力量都更为强大。

关于成功，我设想了一种全新的、更宽泛的定义，它体现了职场品质的力量：一种更具使命感、更自觉和更深层次的成功，而不仅是基于利润或股东回报的成功。追求利润和股东回报并没有错，我的意思不是说，追求职场品质就要全然不顾利润和股东回报。在商业领域，业绩当然很重要，但我们可以眼光更长远、更开阔。

从根本上讲，业绩表现和股东回报是一系列原则、实践和人文关怀的“副产品”。我承认业绩表现的可持续性和长期性主要取决于好员工、价值观和企业文化，而非取决于其他因素。然而，追求职场品质并不需要牺牲其他方面。即便是用传统的市值评估法来评估，最终也会反映出职场品质给企业带来的价值。传奇投资大师本杰明·格雷厄姆[①]说：“短期来看，市场是投票机，但长期来看，市场是称重机。”虽然很多股票的价格短期来看是由“大众投票”决定的，但长期而言，市值能够同时反映企业的隐形价值和财务表现。[2]像 WD-40 公司这样的企业总能实现长期可持续的增长，业绩表现也总能得到市场的认可，这并不是偶然的现象。

追求利润不是一种足以保证企业长期成功的价值观。而追求职场品质则可以让我们进行更深入的思考：我工作的目的是什么？我的工作有没有为组织做出贡献？我的价值观有没有对职场关系形成正面影响？因为这些关系对于建立友善、同情和互助的长期文化十分重要。成功的含义不仅仅是赢得大众的短期投票，因此，我们必须丰富成功的含义，将职场品质包含在内。

已故的约翰·伍登（John Wooden）被誉为“美国大学篮球史上最伟大的篮球教练”，他在美国中西部的一个小农场长大。他深知有必要更全面地看待成功。在加州大学洛杉矶分校任教期间，他在 12 年内带领球队赢得了 10 座美国大学生篮球联赛冠军奖杯，指导 4 支球队取得赛季 30 胜 0 负的战绩。1971 年至 1974 年，他带领棕熊队创下了联赛历史上最不可思议的 88 场连胜纪录。在作为球队教练的 29 年职业生涯中，他的胜率超

① 本杰明·格雷厄姆著作颇丰，他和戴维·多德合著的《证券分析》被称为“投资者的圣经”，已由湛庐策划出版。他的传记《华尔街教父格雷厄姆传》已由湛庐策划出版。——编者注

过了 80%。[3] 然而，令人惊讶的是，伍登总是回避使用“赢”这个词，他反复思考成功的真正含义。他不喜欢“赢”这个词，因为他说：“有时你的得分比对手多，你也可能是输家；有时对手的得分比你多，你也可能是赢家。”① 伍登认为成功不仅事关输赢。

伍登在成为教练之前，是印第安纳州南本德市的一位英语老师。1934年，他对成功有了自己的看法，并开导那些抱怨自己的孩子没能考取全班最高分的家长。伍登告诫家长，不要在意其他孩子考了多少分。伍登的父亲曾告诉他，永远不要试图比别人做得更好，而是要向别人学习，然后尽全力做最好的自己。[4] 不要尝试比别人做得更好，又要尽你所能把每件事做到最好，这听起来似乎自相矛盾，然而，这正是获得成功的关键秘诀。成功一定源于做最好的自己，既为了自己，也为了别人。伍登将他对成功的看法运用于整个教练生涯。对他而言，成功意味着“获得心灵的平静，知道你已竭尽所能做到最好，并为此感到满足”。[5] 在这句话中，没有一个字与“赢”有关。

这正是我在探寻职场品质的过程中想要寻求的答案。有些领导者和其他人获得了传统意义上的成功，比如股东回报、物质财富或者胜率。我不仅关注他们所获得的成功，而且关心他们获得成功的方式。我的整个职业生涯都贯穿着这一探究过程，我建立的职场关系和教导关系也经历着这个过程。我总是自问，在价值观和品格方面，我是希望更像他们，还是希望更不像他们？在做人的品质方面呢？伍登的说法是对的，对于很多成功人士，也就是那些获取了财富和名气的人，我们根据成功的传统定义可能会把他们视为赢家。但事实上，声望上的成功和对他人职业生涯的长期影响更重要。职场品质拥有强大的力量，能将成功之于一个人和一个组织的含义提升到更高的层面：成功关乎意义、本质和影响。

---

① 伍登这句话的意思是：即便你赢了对手，但你没有发挥出自己的最佳水平，你仍是输家；即便对手赢了你，但你发挥了最佳水平，你就是赢家。——译者注

我认为，一门成功的生意不仅应该实现股东长期利益的最大化，还应该看重这一目标的实现方式、持续性和影响力。我们需要转变商业领域对话的方向，探讨我们应该如何践行职场品质以及帮助他人拥有职场品质。商业应该成为能给社会带来巨大改变的管道和媒介。为扭转商业社会玩世不恭的倾向和弥补信任的普遍缺失，我们需要倡导职场品质。约翰·麦基是全食食品公司（Whole Foods）的联合创始人，他在《自觉资本主义》（*Conscious Capitalism*）一书中阐述了职场品质的原则。

> 利润最大化是商业的唯一目标，这种几乎被奉为圭臬的观念大大抹杀了资本主义的名声和商业社会的合法性。我们需要从一种全新的视角出发，重建商业的真正本质：商业的目的是改善人们的生活并为股东创造价值。[6]

我喜欢约翰·麦基的这段话，因为它充分诠释了职场品质的力量，还丰富了商业成功的内涵：商业既要为股东，也要为利益相关人带来深刻的改变。对于股东而言，成功与否意味着赚钱与否，有时甚至是牟取暴利。实际上，一门成功的生意应该每天都能对相关的广泛人群产生积极影响。全食食品的股东人数很少，但利益相关人众多，从农民、种植户到拣选、包装、运输的工人，再到店面工作人员和品牌形象大使，最后到顾客，共同形成了一个巨大的生态系统。企业可以主动重视它的利益相关人，鼓励人们获得成功，在经营过程中弘扬职场品质。约翰·麦基和全食食品的例子表明，职场品质在商业中也是一种竞争优势，最终会给经营带来帮助。事实上，我们能够在践行职场品质的同时，充分实现股东和利益相关人的利益。

践行职场品质还可以使我们在生活和工作中拥有长期的幸福，产生长期的意义和价值。科学研究证明，投资人际关系比投资金钱和名气，更能使人过上健康、幸福和成功的生活。2015 年，罗伯特·沃尔丁格博士（Dr. Robert Waldinger）是哈佛大学成人发展研究所（Harvard Study of Adult

Development）主任，他在 TED TALK① 的一场演讲中发布了一项超长期研究的报告，该研究跟踪了 724 名男子在过去 75 年中的生活。[7] 沃尔丁格博士系统观察了这些受试者，并进行一系列的医学测试，他发现获得长期幸福的最重要的单一因素是人际关系的深度和质量。沃尔丁格博士认为，该项研究最令人惊讶的发现是，人在人际关系上的融洽程度与身体的健康程度显著正相关。在援引对“慢性炎症、应激激素循环和特定环境下某些类型的基因开合”的研究成果时，沃尔丁格博士反思道：“其中一个令人惊讶的结论是，人际关系与身体健康具有显著关系，我们的情感生活和身体之间存在着真实而有效的关联。”[8] 只要将时间和精力投到他人身上，就会给我们的生活带来幸福。我相信，这一结论既适用于生活，也适用于商业经营，你需要把经营好与他人的关系放在第一位。

毋庸置疑，我在整个职业生涯中感受到的幸福和享受到的成功，都直接源自身边那些践行职场品质的人。他们乐于助人、善用智慧，为他人提供指导。我在职业生涯中，总是将他人的利益放在最优先的位置，而不是优先考虑创意、产品和利润。这意味着，在评估经营决策的时候，我会以是否符合全部利益相关人的最佳利益为标准，并努力实现这一目标。无论是在评估工作机会还是一个可能很棒的想法时，我总是会思考：我会与谁共事？这项决策会对谁产生影响？我的决策是否同时尊重了我和员工的价值观？这一决策对于我们共同追求的真理、同情和完满等价值观意味着什么？后来，我参与创办了两家颇有影响力的战略咨询公司。这两家公司可以说是在以人为中心方面贯彻最彻底的公司了。之后，我又与另一位导师迪克·哈林顿（Dick Harrington）共事，他是我现在所创公司的合伙人，我们曾一起帮助拥有 4.5 万名员工的《财富》500 强企业汤森路透集团（Thomson Reuters）实现企业文化转型。最近几年，我与他人共同创办了一

① TED 是美国的一家私有非营利机构，同时也是“技术”（Technology）、“娱乐”（Entertainment）、“设计”（Design）的英文单词缩写。TED 在全球运营 TED 大会，邀请各个领域的杰出人物，分享“值得传播的理念”，受到全世界的欢迎，它成功的秘密是什么呢？《TED 演讲的秘密》一书揭示了让演讲内容打动人心的秘密。本书简体中文版已由湛庐策划出版。——编者注

家保健零售服务连锁企业 MiniLuxe，我担任董事长。MiniLuxe 用全新的技术和体验重新定义了美甲护理行业，在经营过程中，它积极造福于成千上万的美甲技师和客户，为此，我深感自豪。8 年前，我与大学室友在波士顿共同创办了一家投资公司 Cue Ball，我担任首席执行官至今。在这家公司，我一直向风险投资行业传播一种新理念：利益相关人优先，每个环节都要以人力资本为中心。

我在事业和生活中做决策时，通常都要考虑一个因素：力争与具备职场品质的人共事。我在职业生涯中最开心的一件事，就是有幸与一些同事共事了很多年，甚至是几十年。我很享受我的工作，主要是因为和一群具备职场品质的人共事。如果你把重心放在有正确价值观的人身上，那么其余的事情也就迎刃而解了。我坚信，如果你位高权重，你就既有责任成为最好的自己，也有责任成就他人。

对个人成长而言，工作是最重要的影响因素之一。因此，商业领导者必须肩负起重大的责任，利用无处不在的机会传播职场品质。这也让我深入思考，我对同事和利益相关人负有哪些责任。在企业经营过程中，如果年轻同事实现了工作目标的一部分原因是你的指导，那么你体验到的快乐将是无与伦比的。如果我们曾经帮助过的人取得了巨大成就，我们都会为他们感到自豪。我想起一个例子。斯泰夫 · 杰伊（Stef Jay）曾经是我之前所在的数字和互联网战略咨询公司泽福（ZEFER）的实习生。那时，我第一次当首席执行官，还在学习如何做一个领导者。所以，我搞砸的事情比我做好的事情更多。然而，无论我要求杰伊做什么或者需要她做什么，她总是保持正能量和乐观的态度，同时还真心实意地关心同事。

之后，她在高盛工作了 14 年，事业有成。似乎是出于命运的安排，她后来嫁给了泽福公司的另一个同事。这些年来，我很喜欢与杰伊交流。有时，她会给我打电话，向我寻求职场建议。通常，我会告诉她怎么做才符合她的最大利益。其中，有一条建议是我每次必提到的：没有什么能比我们身边的人更重要，因此，我们总是应该更看重企业团队和公司文化，而非企业竞争力、公司名气和个人薪酬。

我相信，杰伊一定会在做决策时把他人放在第一位。今天，她已经是沃尔玛全球电子商务公司的高管，还是育有两个孩子的超级母亲。我们之间的关系也发生了变化，现在轮到我给她打电话，听取她对数字和电子商务行业发展趋势的看法。她和其他曾得到我指导的同事现在都非常优秀，并且十分享受他们的事业，我不仅感到自豪，还真切地感受到幸福。这是真正的奖赏和更大的成功，而这些来自践行职场品质。我认为，我们都应该追求这样的奖赏和成功，让自己和他人一起获得更大的幸福，并竭尽全力去实现它。

企业家箴言，践行 5 种职场品质

完善品格、追求职场品质，已经成为我过好生活、养育孩子、创办企业和领导公司的核心原则。我希望我的公司既能创造非凡财富、实现商业目标，也能积极影响我们的合作伙伴、同事、创业者、投资人及其他利益相关人。然而，直到最近，我才真正体会到一种感受：有些人出现在我面前会让我感到鼓舞和振奋，同时也会让我变得更加踏实和自信。当我有这种感受时，就试图把它封存起来，随后再重新审视它，以搞懂原因。

后来我开始隐约意识到，我之所以会有这种感受，是因为他们帮助我提升了自己。我很想知道，自己如何也能让他人体会到这种感受，如何将帮助他人当成自己的一种生活、工作和领导方式。所以，三年前我决心深入反思自己的人生经历，同时想彻底明白职场品质在领导力、哲学、历史和文学中的含义。最终，我发现尽管具备职场品质的人出类拔萃的原因多种多样，但如果我们能知道大多数具备职场品质的人做决策依据的一些元理论、框架和思路，将有助于领导者和员工沟通，从而改变我们的工作方式。这就是我撰写本书的初衷。

自始至终，我拥有的智慧来自我有幸遇见的导师、卓越的领导者和促使我每天精进职场品质的人。我不可能列出所有帮助过我的人，仅列出很有代表性的一部分导师，他们积极影响了我，也鼓舞着我去影响别人。他们是：当代广告创意大师杰伊·恰特（Jay Chiat）；现任哈佛商学院院长尼汀·诺利亚（Nitin Nohria）；传奇风险投资人和格雷洛克公司荣誉退休董事长亨利·麦坎斯（Henry McCance）；我公司的第一个投资人弗农·洛博（Vernon Lobo）；泽福公司早期董事会成员和康泰纳仕集团前执行副董事长凯茜·维斯卡迪·约翰逊（Cathy Viscardi Johnson）；终身导师谢全仁；同事迪克·哈林顿，他任职汤森路透集团首席执行官长达 17 年；马茨·莱德豪森（Mats Lederhausen），他曾领导过 Chipotle 公司和 Redbox 公司[①]，是第一个将商业领域的使命哲学呈现给我的人。

然而，领导力并非只体现在商业领域。实际上，商界人士要尽可能多地了解其他领域，这一点非常重要。因为很多人质疑利润主导的商业领域究竟存在多少职场品质，特别是在投资行业。最后，我不仅想要探究领导者的才能，更想要探究领导者的职场品质，后者值得我进行更深入而广泛的研究。在其他领域，几个德高望重的人给了我深刻的洞见和鼓舞，他们自身就具有领导者气质，包括爵士乐艺术家赫比·汉考克（Hebie Hancock）、建筑大师摩西·萨夫迪（Moshe Safdie）、麻省理工学院媒体实验室跨学科研究员和教授内里·奥克斯曼（Neri Oxman）、塔夫茨医疗中心（Tufts Medical Center）肿瘤学家杰克·埃尔班博士（Dr. Jack Erban），以及荣誉退休将军斯坦利·麦克里斯托尔（Stanley McChrystal）。

为撰写本书，我总共进行了近百次采访，这些采访让我获益良多。多元化的解读非常重要，因为显然，每个人都知道成为拥有职场品质的人的重要性。很多采访对象虽然不是名人，但仍对于职场品质有自己深刻的洞见。因此，我从他们身上获得了启发。我的采访对象也包括我生活中的无名英雄和

---

① Chipotle 是肯德基旗下的墨西哥玉米煎饼连锁店，Redbox 是麦当劳旗下的 DVD 自助租赁公司。——译者注

我认识的小有名气的人，他们的品行在生活中鼓舞着我。本书记录的关于他们品行的故事也对我产生了积极影响。这些人包括：我的父母和家人；我的高中老师瓦勒里·派克（Valerie Pike），她后来成为我们大家庭的朋友；最高法院大法官索尼娅·索托马约尔（Sonia Sotomayor），她在第二巡回法院当法官时，我的妻子是她的助手，我们一直保持着联系。所有这些人的品格力量以及他们对职场品质的共同追求，为本书的观点做出了巨大贡献。我认为关于职场品质这样的主题，视角越丰富，就越能够更好地甄别、厘清和理解职场品质的本质。

首先，在决策过程中，好员工和企业家会有意识地、主动地把利益相关人放在第一位，而不是选择性地放在第一位；如果你想成为这样的人，就需要坚持长期这样做。其次，好员工和好企业家通过持续提升自己不断成长。他们不仅努力完善自我，还认为自己有责任帮助他人成长。再次，尽管好员工和好企业家也认同才能的重要性，但他们更看重强调职场品质而不是推崇才能的价值观。然后，好员工和好企业家都是现实主义者。他们明白职场品质的养成既需要下苦功夫，也需要在理想与现实之间不断寻求平衡。最后，好员工和好企业家既能在艰难环境下，也能在日常生活中抓住一切可能的机会践行职场品质。简而言之，只要有机会践行职场品质，他们就会去这么做，而不是受现实情况所迫。他们已经把践行职场品质当成了习惯。

当我们发现或体验到职场品质时，上述五个维度通常会同时起作用。我们应该学着具备并发展这五个维度，鼓励我们所关爱的人也养成这些特质，并在我们的工作中践行职场品质。我将之总结为“企业家箴言”，它指导着我的生活和事业。本书会详细探讨这五个维度，下面我们先简要了解一下。

企业家箴言

职场品质 1，把他人放在第一位

职场品质 2，帮助他人成为最好的自己
职场品质 3，追求职场品质优先于追求才能
职场品质 4，在现实与职场品质之间寻求平衡
职场品质 5，抓住一切机会践行职场品质，不必受环境所迫

职场品质 1，把他人放在第一位

“把他人放在第一位”这个原则似乎是不言而喻的，实则不然。“你的一切行为都要顾及他人利益”，这句话意味着我们要主动而持续地把他人放在优先位置，以他人利益为出发点。这个原则来自哈佛商学院前教授乔治斯·多里奥特（Georges Doriot），他也是“风险投资之父”和欧洲工商管理学院的创建人。多里奥特经常举一个思想实验的例子：假如有一个二流团队，拥有一流想法；还有一个一流团队，拥有三流想法，你会选择加入哪个团队？很多人会选择拥有一流想法的二流团队。但多里奥特的回答则是，你应该总是选择一流团队。为什么？因为观念和行业的变化比人的变化更快。一流的团队领导者可以及时调整和改变计划，激励团队成员落实一流的想法，并在这个过程中坚守组织的核心价值观。

那么，为什么很多人没有选择加入一流团队呢？因为大多数人喜欢有潜力的想法而不看重团队成员的价值观和品格。不顾团队质量而痴迷于想法，可能会让团队最终执行不力、结果平平。尽管一流的想法能够吸引一流的团队，但通常二流的想法只能吸引三流和四流的团队。我认为多里奥特的答案毫无疑问是正确的。一流的团队坚定地以职场品质为中心，同时还拥有令人钦佩的专业能力。加入他们，你就能更容易实现卓越的商业目标。

在商业领域和日常生活中，最值得敬佩的领导者都是那些遵守他人优先原则的人。多里奥特告诉我们，是人创造和执行了伟大的想法，但反过来是行不通的。也就是说，只有好企业家才能把职场品质传递给他人，只有好企

业家才能实现伟大的成就。把他人放在第一位是一种长期行为，不是短跑式的偶然之选，而是马拉松式的长期选择，是持续一生的追求。让践行职场品质成为一种生活方式，你会有这样的态度、倾向和行为吗？你愿意塑造这种品格，在思考和行动时自觉地践行职场品质吗？

职场品质 2，帮助他人成为最好的自己

多年来，谢全仁一直在鼓励和帮助他人塑造职场品质，使他们逐渐充分发挥出最大的潜能并重新认识自己。我们身边那些致力于帮助他人成长的人，都认同一条最基本的真理：我们都有共同的人性。基于此，好企业家不会太在意他人的简历、工作角色和职业地位，他们会真诚地与他人打交道，帮助他人成长为最好的自己。他们正直、自信，拥有耐心和慷慨的品质，比如某位独居老妇人，在夏季一个炎热的午后，邀请一位少不更事的推销相框的年轻人在她的客厅喝茶聊天。最具同情心和人性关怀的时刻，莫过于人们愿意克服自身性格弱点，聚焦人性共同点而非差异的时候，比如：某人给我们一个出乎意料的热情拥抱或者主动与我们握手的时候，或我们与陌生人产生片刻连接的时候。

如果我们忽略自己的职业角色和公司层级制度，就能充分利用整个组织的潜能。我所得到的重要帮助，有些来自行政人员和初级员工，他们对我的帮助之大，远不止替我分担了工作量。他们的真诚和出人意料的洞见激励着我成为更好的领导者。最近，一位年轻的同事在快下班的时候来到我的办公室，问我是否能跟她交流几分钟。她的神情有些紧张，向我解释说，我曾在那周初向下属表示因为项目截止日期快到了，所以我压力很大。她认为，我这种做法不会有激励大家的效果。她说："你表示压力很大，我们就会认为是我们让你失望了。我们感到很困惑，你平时不是这么看待我们的，这不是你的行事风格。"事后，我给她写了一封电子邮件，感谢她的坦诚和勇气。指导他人绝不应该只是自上而下的行为。我们周围的人都有资格教导我们，帮助我们成为最好的自己，反过来，我们也可以帮助他们。

如果每个人都能放下架子，打开心防，关注共同的人性，这个世界会发生什么？我们都有梦想和心爱之人；我们都渴望得到他人认可、拥有影响力、获得安全感、得到他人的关注和重视；我们害怕死亡，同时又能够反思自我价值；我们既很强大，又很脆弱；我们能够给予孩子无尽的爱，却在工作中隐藏了真实的人性。记不清何时，我们接受了这种职场观念：展现人性意味着不够职业化，但事实上，展现人性其实只是意味着我们共同拥有一些深刻的东西。

如果我们在职场中多展现出一些同情，在实践领导力时注重人性，我相信，在不牺牲商业目标的情况下，我们一定有能力塑造更多的职场品质。

职场品质 3，追求价值观优先于追求才能

我提到职场品质时总是强调还有比才能更重要的事物。在商业领域我们需要才能，但只有才能是不够的。职场品质比才能更重要，它是一个人目标、本性和基本价值观的表达。职场品质比才能更具价值，诺曼·施瓦茨科普夫（Norman Schwartzkopf）将军说："践行领导力是有效地结合战略素养和个人品格。但如果必须二选一，那就放弃战略素养吧。"[9]

我在哈佛商学院读书时，和大多数同学一样都认为，在大学要学习的是硬技能，比如，金融、技术和运营管理。然而，校友们和教授们苦口婆心地告诫我们，我们更应该记住软技能主导的知识，比如领导力。此言不虚，如今，我们大多数人已不太记得从教授硬技能的课程中学到的计算公式或者现金流折现模型，但我们发现软技能在工作和生活中的重要性超出了预料。

我们对才能的偏好在商业领域的其他方面也很常见。多年来，我采用定量指标评估求职者的才能：毕业院校、学科成绩、接受专业培训的年限、为前任雇主创造的销售业绩或价值。然而，这些指标不可能鲜明呈现求职者的

职场品质。如果所有大学的新生录取只基于SAT①分数，那么我会质疑今天大学生生源的丰富性和多样性，质疑学生是否还具有鲜明的个性和巨大的潜力。个人简历和传统面试无法告诉我们求职者在职场品质方面更细微、更隐蔽的特质。虽然分数、成绩、职位都是有用的数据和资料，但只依靠它们很难预测人们的潜力、性情以及最重要的职场品质。

商业领域正在发生变化。如今，优秀的领导者不仅聪明、机敏，富有战略素养，还展现出一种难以定义的特质。这种特质既包括卓越的口才，还包括软技能。后者影响了领导者工作、领导和生活的方式。管理学教授悉尼·芬克尔斯坦（Sydney Finkelstein）在《超级老板》（*Superbosses*）一书中，详细介绍了某些受人尊敬的领导者不同寻常的领导方式，包括以身作则、亲力亲为、持守价值观和企业文化、以富有灵活性和创造性的方式实现目标等[10]。比如，为了考察应聘者是否符合组织的价值观和文化，超级老板们经常发明一些非常规的招聘办法。我的导师广告界传奇人物杰伊·恰特会向应聘者提出一些稀奇古怪的问题，或者在面试中做一些非常规的事情，以考察应聘者应对突发情况的能力。世界名厨艾利斯·沃特斯喜欢在面试开始时，与应聘者谈论与餐饮业无关的一些图书，以评估他们的批判性思维能力。[11]

不按套路出牌的领导者、超级老板和好企业家的非凡之处在于，他们总是将职场品质和以人为本的价值观放在优先位置。我们都会本能地赞同和欣赏这些精妙、复杂的品格与价值观，然而在实践中却往往让才能优先。这主要是因为评估很困难，所以我们需要想出不同的办法更好地甄别好企业家，比如恰特和沃特斯的做法以及我们接下来要深入讨论的例子。此外，对于培养卓越的领导力和组织文化而言，这些职场品质和价值观也是必不可少的。好企业家及其所带来的价值观和文化，才是企业获得长期成功的秘诀。因此，我们应该努力建立起共同的价值观和评判标准。

---

① SAT是由美国大学委员会主办的考试，SAT分数是世界各国高中生申请美国大学入学资格的重要参考。——译者注

职场品质 4，在现实与职场品质之间寻求平衡

追求和促进职场品质是我们与生俱来的倾向，也就是说，人性本善。然而，由于现实世界存在诸多障碍，践行职场品质常常面临挑战。我们经常需要在彼此冲突的目标之间寻求平衡。例如，一方面，我的确很重视自己所在组织中的理想主义者，因为他们乐观、充满正能量；另一方面，我也意识到实用主义者对于组织也非常重要，因为他们能提出和执行具体的想法。理想主义者与实用主义者彼此冲突的场景很常见。在日常工作中，我们经常在目标与现实的时空之间不停转换，因此冲突几乎每天都会发生。然而，好员工知道，他们需要在事情的优先次序与现实的各种压力之间寻求平衡。他们最令人敬佩的地方在于，他们总能在冲突中求得平衡。

本书第二部分将探讨我们在践行职场品质过程中所面临的挑战。懂得如何在面临冲突时寻求平衡至关重要。寻求平衡通常是一个耗时的需要沟通和体悟的过程，我们需要拥有耐心，运用智慧以及得到好企业家的帮助。幸好我们可以实现平衡。我们需要时刻意识到，现实与职场品质之间的冲突真实存在。我们还要给他人足够的时间，耐心等待他们找到平衡点并满怀信心地推进工作。

职场品质 5，抓住一切机会践行职场品质，不必受环境所迫

哈佛商学院院长尼汀·诺利亚区分了领导者的才能与品格。当我第一次听到他的这个观点时，我猜测他是想说服商人克服无节制、贪婪和奢靡的弱点，而这些正是商业领域饱受诟病的地方。诺利亚之所以这样区分，难道不正是为了提醒人们做正确的事吗？毕竟，过去几十年商业领域问题丛生。关于金融丑闻、企业腐败的案件频频爆出，公众对企业的信任度迅速下降。不断加剧的贫富差距和动荡的政治局势引发公众的持续声讨与抗议。

起初，我以为诺利亚的目的只是找出提升组织诚信和品格的方法，减少商业领域中的恶行。但实际上，诺利亚想要表达的内涵更为丰富。关键在

于，践行职场品质不仅仅是为了减少恶行，更是为了在商业领域塑造更多的职场品质，这也是职场品质应有的使命。仅在面临危机时践行职场品质是不够的，我们还需要抓住一切可能的机会主动践行职场品质，特别是当我们身居要职能够带来积极变化的时候。扪心自问，我们是否做到了抓住一切机会主动引领和驱动积极变化？我们是否既能在困境时持守价值观，又能在任何情况下做到君子慎独？

践行职场品质就是不断践行正向的价值观，直到它成为你下意识的行为方式：抓住一切可能的机会践行职场品质。如是，我们就能带来真正的变化。毕竟，变化始于每个人为他人带来变化。

我有幸遇到过另一个好企业家，传奇风险投资公司格雷洛克的荣誉退休董事亨利·麦坎斯，他也是我的导师。麦坎斯曾领导格雷洛克公司长达 45 年，投资了 Continental Cable 电缆公司、领英、Workday 公司[①]等知名公司。他教导我练习风险投资，学会如何将他人放在第一位，他也把帮助他人实现梦想当作自己的人生使命。麦坎斯说："如果你一生能帮助 10 个人的人生发生改变，这些人又再影响另外 10 个人的人生，如此循环，结果会如何呢？"

一路走来，我们都曾得到过身边人的帮助，而我们应如何回馈身边的人，对他们产生积极影响呢？

如果我们主动选择践行职场品质，就有可能在全世界不同的行业点燃积极变革的火种。这种可能性激励着我撰写本书。我希望你自问：你愿意与哪 10 个人建立关系，展开一段职场品质养成之旅？你是否愿意成为他们事业的支持者，在他们需要的时候成为他们的依靠，在他们面临两难选择的时候成为他们的顾问或导师，在他们成功的时候为他们喝彩？当你有条件帮助他人的时候，你是否会挺身而出、说到做到？你能激励这 10 个人去帮助更多的人吗？

---

① Workday 是美国一家提供人力资源解决方案的公司。——编者注

GOOD PEOPLE

职场箴言

- 每件事都要以人为始，以人为终。我们在做决策时应该把人放在第一位，这个理念根植于以人为本的价值观。
- 人与人是彼此连接的，我们能够帮助他人成为最好的自己。当我们抛开自己的职业角色和地位，真诚地为他人的最佳利益而行动时，我们共有的人性光辉就在闪闪发光。
- 才能很重要，但品格和价值观更重要。真正卓越的领导力不是优秀的工作技能或专业能力。对于企业家而言，才能是相对容易获得的东西，而职场品质因根植于一系列核心价值观，反映了企业家的品行，所以更稀缺，也更有价值。
- 践行职场品质需要找到平衡点。由于理想与现实之间存在差距，因此，践行职场品质并非易事。关键是要找到平衡点，以防现实的压力完全压倒我们对职场品质的追求。

第 2 章

重新定义“职场品质”，搭建“职场品质金字塔”

GOOD PEOPLE

THE ONLY LEADERSHIP DECISION THAT REALLY MATTERS

我们在小时候就已经学会用榜样人物而非具体的标准来描述良善的人，比如阿蒂克斯·芬奇[①]，他让我想起了埃比尼泽·斯克鲁奇[②]。孩提时的我们都会被超人和蜘蛛侠这样的超级英雄所吸引，由此我们粗浅地认识了善与恶、对与错。然而，随着时间推移，我们的生活阅历、际遇和榜样人物会逐渐增多。我的榜样之一就是那位退休的社会工作者，那位老妇人无意中在我心里播下了种子，让我努力成为一个终身践行美德的人。有些人可能会从他们的信仰获知道德规范，比如，《圣经》中提到的黄金法则："你们愿意别人怎样待你，你们也要怎样待人。"我们到三四十岁的时候，大多数人对于何为美德都会形成一种直觉上的共识。

美德常常具有鼓舞人心的力量，这种力量让我们具有人情味、获得灵感、开阔眼界。美德的力量通常来自一系列品格、特质和价值观，我们直接或间接从父母、老师和信仰学习美德，但在商业领域只有极少数美德要素得到了讨论和传播，那就是职场品质。在商业语境下，职场品质往往是才能的

① 阿蒂克斯·芬奇是小说和电影《杀死一只知更鸟》中的男主角，被誉为"英雄律师"，同时也是一位好父亲。——译者注

② 埃比尼泽·斯克鲁奇是查尔斯·狄更斯的小说《圣诞颂歌》中的主角，他从一个守财奴转变成一个大好人。——译者注

代名词。哪个工程师最专业？在一流的中学和大学中哪个学生的成绩最好？哪个员工做出了最优异的销售业绩？毫无疑问，我们希望身边都是极具竞争力的好员工，他们可以做出十分出色的业绩。然而，如果我们真的想要把领导力和企业绩效提升到更高的水平，就应该关心员工工作的理由和方式。我们需要全面理解职场品质的含义，同时考虑品格和价值观。

更全面的职场品质的含义将受人尊敬的企业和领导者与仅仅强调才能的企业和领导者区分开来。我相信，职场品质与好企业家对于个人、企业和社会的成功而言都是必不可少的，对于我们想要创造的美好未来而言也是至关重要的。企业的领导者往往是形成变革的重要力量，原因有三点。首先，工作占据了人们大量的时间，除睡眠之外，我们有一半或一半以上的时间都在工作。其次，企业能够提供创新的产品和服务，进而对很多人产生影响。最后，我们的工作场所提供了大量的机会，使我们能帮助年轻人养成良好的工作态度、形成过硬的工作技能、塑造正确的思维方式。我采访了最受尊敬和最有成就的人，从四星上将到大型医院肿瘤科负责人，其中有些人的确相信，在组织中传扬价值观而非只注重才能，才是他们的职责。这种做法将有助于企业形成面向未来的竞争力和企业文化。

要想让企业创造真正的长期价值，职场品质是最重要的驱动力。然而，多数人无法就好企业家的定义达成共识，更不要说就评判好企业家的标准达成共识了。在商业领域，为了方便评估，我们习惯了获取仅反映业绩表现的硬数据。然而，我们如何才能同样看重无形的品格和价值观？因为品格和价值观也十分重要，主导了员工的行为与表现。

因此，我们需要搞清楚职场品质在日常生活和工作中的含义，而不是在哲学与心理学中的含义。在工作场合，我们需要把这种软技能变得更加具象化，具有可操作性。如是，那些我们明知正确但很难定义和量化的事情，就可以先予以重视并落实了。

我们举个例子，分析一下“酒”这个字的含义是如何随着时间演变的，以及现代酒业是如何产生的。没有这种演变，就不可能有品酒师这个职业。当品酒师用恰当的字词、类比和隐喻来描述酒的味道与品质的时候，“酒”这个字就别有一种诗意、诱惑和优雅。几个世纪以来，酒不过是一种强化饮料，用来替代当时可能不卫生的饮用水。后来，《纽约时报》刊发了一篇文章，标题是“喝酒，从日常到消遣”，这表明喝酒已经从一种司空见惯的日常行为变成了消遣行为。[1] 结果，酒业整体发生了变化，酒的品类更加丰富，人们需要用更精确的词汇来描述不同酒品的特点。

我们已经学会通过水果的品种来区分酒的特点，学会通过分解每一种坚硬的矿物质来识别栽种水果的泥土的特征，学会通过分析酒渣（酒桶里的沉淀物）来分辨酒桶的材质。然而，与酒有关的专业术语是近几十年才出现的，至少在美国是这样的。直到 20 世纪三四十年代，美国才有了品酒师这个职业。[2] 他们提出了辨别酒品特征的新体系，比如，按照颜色、味道和起源对酒品进行分类。在每一种类别中，品酒师又按照专业术语进一步细分，比如，用描述常见颜色的词，诸如浅色、砖红、红宝石、墨色等词汇来描述颜色；用描述香水特点的词，诸如黑莓果、苔藓、森林等词汇来描述香气；用描述织物特点的词，诸如有劲、重、轻、鞣酸等词汇来描述味道；用类似风土等词汇来描述酒的历史和地理风貌。

同样，我们能够优化定义和改进评判好企业家的方法。我们对于职场品质和好企业家有一种直觉上的认识，就像对酒一样，但我们还可以提出一些更值得深入探究的问题。比如，优秀的企业家与卓越的企业家有什么区别？一个朋友与一个真正可交心的好朋友之间有什么区别？一个冷漠的顾问与一个值得信任的导师有什么区别？如果我们超越了才能探究让好企业家出类拔萃的原因，我们就超越了表象，试图发掘那些激励着好企业家的无形的品格、价值观和话语。

因此，我认为很有必要将我对职场品质和好企业家的粗浅理解，扩展成一个具体的系统：金字塔框架和词库，以便进一步对构成职场品质的各种价值观进行分类、定义。在构建金字塔框架和词库的过程中，我试图先介绍普遍含义，再解释如何具体行动：先用金字塔框架解释好企业家的含义，再探讨如何实践职场品质。

没有普遍认同的定义和语言，就无法阐明如何具体行动。也许其他框架也能充分阐释好企业家的含义。但我希望自己提出的关于职场品质的系统能够在商业领域抛砖引玉，引发更多的讨论，最重要的是，我希望它能帮助你更多地践行职场品质。

巧用 3 个工具，认识职场品质

定义乃基石，但我们还需要了解行为地图上的细节，以找到沿途通向目的地的标记。通过框架和语言，我们可以更具体地理解定义的含义，还能掌握践行职场品质的细节。

有时，我们会交叉使用定义、框架和语言，而忽略它们在含义上的细微差异。定义是对词汇含义的概括说明。框架则是一种帮助我们更好地理解定义的结构。我们可以把框架看成一种心智模式，它提供了锚定点，让我们在具体语境中理解定义，就像地基锚定了房子的方位。语言则丰富了锚定点之间的空间，为框架增加了维度、色彩和层级，使我们可以更深入地探索整个概念。在了解这三类工具之后，让我们看看如何应用它们来理解好企业家和职场品质。

对好企业家的一般定义是：致力于持续完善价值观，帮助自己和他人成为最好的自己的人。

图 2-1 展示了职场品质金字塔框架。如果把框架看成一座建筑，那么该建筑有三块主要的基石：真实、同情和完满。这三块基石是我们追求职场品

质的锚定点。美国知名心理学家亚伯拉罕·马斯洛因提出需求层次理论而闻名于世，我在构建职场品质金字塔的过程中，受到了他的启发。马斯洛需求金字塔的底层是人们最基本的生理和安全需求，再往上就是满足归属和自尊的需求。只有在满足了这些需求之后，我们才能上升到自我实现阶段。职场品质金字塔的架构与此类似。

- 金字塔的底层是真实，真实是最基本的价值观：你所有的行为、思考和感受一定要表里如一。
- 金字塔的中间层是同情：只有理解他人的遭遇，才能做出无私的行为。
- 金字塔的最高层是完满：自我实现，感恩你周围的人，感恩生活中的所有际遇。

构建框架便于我们剖析艰深的概念。在各个领域，人们用这种方法形成了很多重要的洞见。马斯洛的需求层次理论为发展心理学做出了巨大贡献。在计算机网络领域，Bootstrap、Foundation、Semantic 都是用户界面设计的语言框架。在商业领域，波士顿咨询集团发明了“明星业务和瘦狗业务”这一市场成长和市场份额的矩阵框架，而迈克尔·波特则提出了关于竞争战略的“五力模型”。每一种框架都能帮助人们把想法转化为行动。

语言的作用在于发掘、明确和增添框架的细节。就这个例子而言，语言有助于描述职场品质金字塔各个层级的价值观。如果把职场品质金字塔看作一座建筑，语言就是填充房间的个性化物品、装饰物和色彩，并赋予房间品味、格调和生命。真实、同情和完满这三种价值观分别对应职场品质金字塔的不同层级。此外，我们还要用心智模式、练习和行动这三个步骤进一步描述每种价值观，从而完善职场品质金字塔的内涵。图 2-1 就是职场品质金字塔框架，我们可以借此理解好企业家的概念及其背后的含义。

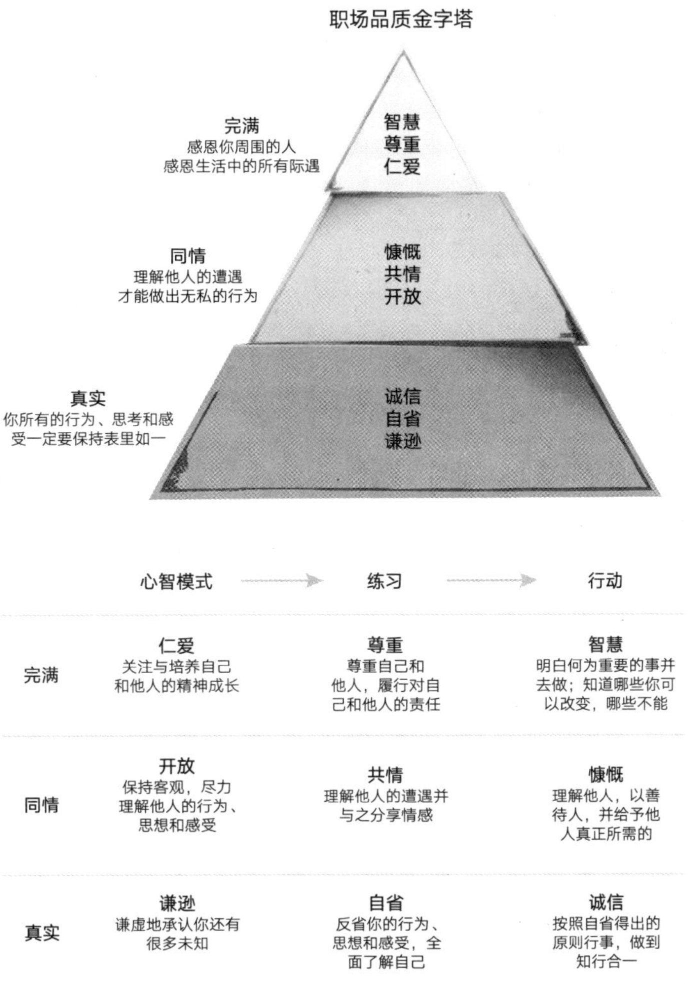

图 2-1　职场品质的框架和语言

语言的重要性远超人们想象。如果正确使用语言，就可以阐明任何一个主题。大量研究表明，我们如何讲述和谈论某个主题会影响我们对该主题的看法。比如，20 世纪二三十年代，语言学家爱德华·萨丕尔（Edward Sapir）和本杰明·沃尔夫（Benjamin Whorf）证实了语言与认知密不可分的假说。虽然当代语言学家、心理学家和人类学家不会声称语言决定了我们思维与认知的全部过程，但都认同语言深刻影响着我们认知世界的方式。共同的语言可以帮助我们对所有概念形成共同的认知，这是一条基本原理。用经济学家海曼·明斯基（Hyman Minsky）的话来说，我们必须打开职场品质的“箱子”，为践行职场品质打造坚实的地基。

我们可以用很多词语来描述好企业家，但真实、同情和完满是三块最重要的基石。我和同事在斟酌哪些是最重要的价值观时，从三个角度考虑问题：首先，哪些词语最精炼地表达了职场品质的本质？其次，这些词语是否能引起人们的共鸣？最后，这些词语是否反映了职场品质长期发展的结果？最终，我们决定以真实作为金字塔塔基，以同情作为塔身，以完满作为塔尖。

在我的职业生涯中，我曾与几十位令人敬佩的领导者交谈，并为撰写本书采访了近百人。显然，那些受人尊重和敬佩的领导者，无一不把追求职场品质当成是一项长期的事业，甚至是一生的事业，他们持续追求和践行我们提出的三种价值观。同时，也孜孜以求由此衍生出来的其他职场品质。我们可以把真实、同情和完满看作三个音符，当它们被同时奏响时，就会形成悦耳的和声。在好企业家身上，我们也能发现类似的和谐。

真实、同情、完满，重新定义职场品质

真实、同情和完满，这三个概念似乎抽象难懂，但都可以从心智模式、练习和行动三个方面加以阐述，便于更好地理解。比如，对于真实而言，正确的心智模式是什么？哪些价值观可以帮助我们每天更好地练习真实？最终，我们如何在行动中体现真实？在后文，我们将针对每种价值观分享众多案例，还将分别用一章来阐述职场品质金字塔每一层级的价值观。在此之前，我们先分别概述这三种价值观。

真实

真实是职场品质金字塔的基石，谦逊、自省和诚信分别是真实在心智模式、练习和行动方面的要求。这三个词合在一起，比单独的“真实”一词所表达出来的含义更有层次感、更为丰富。如果我们不能真实对待自己和他人，职场品质的根基就不会牢靠。我们需要在所有的行动、思考和感受中做到诚实、一致、真实和可信。在日常生活中，使我们做出购买某一品牌的商品或光顾某家餐厅的决定的，正是我们想再次获取过去一贯感受到的美好体验。受人尊重的领导者也具有一致性。如今，企业的管理层普遍致力于提升员工的工作投入度，但其效果取决于管理者的品格：如果管理者真实对待自己和员工，员工就会信任管理者。而要做到真实待人，我们就必须在语言、行为和价值观上保持一致。

与职场品质金字塔其他层级一样，真实始于正确的心智模式或倾向：允许表达真相。真实所要求的第一点就是谦逊这种心智模式。谦逊要求我们承认自己远非完美，即便是最优秀的人也有偏离正确方向的时候。在谦逊和自省方面的一个模范人物，是美国著名家居连锁店家得宝公司荣誉退休董事长和前首席执行官弗兰克・布莱克（Frank Blake）。他曾经向董事会解释，为什么他不是首席执行官的合适人选，因为他几乎没有零售从业经历。[3]尽管布莱克在专业能力上可能不如其他候选人，但凭着谦逊和自省，他仍在这家零售巨头的八年任期中大获成功。

真实所要求的第二点是自省，自省是企业家成功的关键。如果我们诚实地反省自己，就能了解自身的优点和缺点，以及影响自己做决策的偏好。每个人天生在某些领域拥有热情或天赋，而在另一些领域则不然。我们需要为自己想要实现的目标设立客观标准，然后用标准来衡量自己的行为。正确的心智模式、练习和行动能够让我们成为最好的自己，并对自己感到满意。在具有了谦逊的心智模式和自省的能力之后，我们还要做到诚信、知行合一，在行为、思想和感受上保持一致。诚信是真实所要求的第三点，也是真实和品格的终极体现。

同情

职场品质金字塔的中间层级是同情，同情是职场品质在人性方面的体现。通过理解他人，同情可以产生无私的行为。同情要求在心智模式、练习和行动方面做到开放、共情和慷慨。

开放是同情所要求的一种心智模式。开放意味着减少偏见，拓宽眼界。共情体现了我们与别人感同身受的能力。比如，我们可以通过更好地倾听他人来共情。慷慨是同情在行为上的体现，意味着我们愿意基于共情采取行动。慷慨的行为可以很简单，比如，给某人一个拥抱，为同事提供建议，参加志愿者活动。所有这些慷慨行为都将同情转化为具体行动。如果我们具有开放、共情和慷慨的精神，我们就具备了自觉慷慨行事的品格。

好企业家之所以能教化员工，正是因为他们富有同情心。他们身上的品德感来自他们无私的行为，而这种无私又来自对他人遭遇的理解。一个人自身并不能展现出职场品质。根据我的经验，只有那些真正给予了员工关怀和关注的领导者，才能收获最高的员工忠诚度和满意度。关注员工的方式多种多样，可以是承认员工的独特贡献，也可以是花时间了解员工。同情是很容易被他人感知到的。好企业家能让员工觉得自己变得更加优秀了。这种感受是职场品质的试金石。下面我会探讨评判好企业家的一条标准，就是看他是否付出多于获取，是让员工感到更乐观还是更悲观。

完满

完满要求在心智模式、练习和行动方面做到仁爱、尊重与智慧。如果说同情产生关怀，那么完满则让我们感到满意，并感恩身边的人和生活中的际遇。医学专家迪帕克·乔普拉（Deepak Chopra）曾与我分享，感恩“所有的一切，并为这一切感到满足”。[4] 加州大学洛杉矶分校篮球队前教练约翰·伍登曾说过：“成功意味着获得心灵的平静，知道你已竭尽所能做到最好，并为此感到满足。”[5] 你可以经常问自己这个问题：你最亲近的人有没有过上完满的生活？完满意味着你知道你会努力过上真实而富有同情心的生活，并为这种生活而感到满意。

仁爱是完满的心智模式，将有条件的同情提升为无条件的爱，超越了特定情形下的慷慨之举。仁爱是一种持久的心智模式：我们的满足和终极的自我实现来自帮助他人实现自我价值以及获得成功。

我们不应该仅仅在需要的时候才践行职场品质，而应该抓住一切可能的机会践行职场品质，这很重要。为了做到这一点，我们需要练习尊重。完满要求我们尊重自己，同时也尊重他人。尊重不是顺从或服从，而是履行我们的承诺，理解我们对他人的责任和义务。

接下来，我们要依智慧行事，这是一个寻求平衡方案的过程。这种方案既事关与我们打交道的人，也关系到我们要做出的周全决策，因为我们都认为“谋事在人，成事在天”。也许我们无法做到绝对的完满，但我们仍然要致力于主动而持续地追求职场品质，以发挥自己和他人的全部潜能。

构筑理想模型，搭建职场品质金字塔

如果你想搞清楚自己为什么会如此看待他人，或者想要知道如何改善某种境况，你可以从真实、同情和完满切入，评估和理解你所面临的问题。我们天生就倾向于变得更真实、更富有同情心和更完满，同时我们还能影响他人做到这三点。

不过，职场品质并不是一种绝对的要求。我们无法用具体的尺度或可量化的标准去衡量职场品质。职场品质超越了绝对的量度，它是一种理想化的追求，要求我们足够谦逊，承认我们在追求职场品质过程中所面临的冲突和挑战（本书第二部分将具体讨论这些冲突）。职场品质在本质上是不断变化的，是一个有机的整体。我们无法照着检查清单定量地评估职场品质，因此，主观能动性就显得十分重要，也就是要以使命为导向，持续不断地追求职场品质。

下文我们将深入探讨职场品质最基本的要素和职场品质金字塔的塔基：真实。

GOOD PEOPLE
职场箴言

- 定义职场品质的最佳方法就是构建一个结构化的、一致的、通用的框架和词库，以指导我们的行为。职场品质金字塔有三个层级：真实是塔基，同情是塔身，最后是我们努力要到达的塔尖——完满。
- 好企业家的话语体系与价值观建立在心智模式、练习和行动的基础之上。真实、同情和完满是职场品质金字塔的梁柱。我们描述每个柱子所使用的语言都基于一些基本的价值观，这些价值观帮助我们填充真实、同情和完满之间的空隙。
- 构建好企业家框架的最难之处在于认识到，追求职场品质是持续一生的旅程。这个过程以真实为始，然后是同情，最终实现完满。与完成其他特殊的使命一样，追求职场品质是一个循环往复的过程，需要主动作为，努力精进。

第3章

职场品质金字塔的第1层，真实

GOOD PEOPLE

THE ONLY LEADERSHIP DECISION THAT REALLY MATTERS

不出户，知天下；不窥牖，见天道。

——老子，《道德经》[1]

谦逊、自省、诚信，真实的3个层次

职场品质的根基是真实，真实的基石是谦逊。当我们给自己设定了错误的或不切实际的目标时，往往会被迫感到谦卑。在我的职业生涯中，最令我难堪的一段经历，正好与互联网泡沫这一现代经济史上最不可思议的现象同步发生。

很少有人能够早早就预见到互联网商业化的未来，然而我是其中的幸运儿。1994年，我开始正式工作，成为麦肯锡的商务分析师。机缘巧合之下，我在麦肯锡遇到了我的第一位事业合伙人。尽管我们都为麦肯锡效劳，但我们扮演的角色迥然不同。那时，麦肯锡的商务分析师在向客户做报告之前，会将手绘的图片交给图表制作部的专家来制作专业的幻灯片。在麦肯锡多伦多办事处的图表制作部，我第一次见到了吴卡明（Kaming Ng）。吴卡明是一位很有才华的图表制作专家。他非常善于组织信息，也很擅长设计陈述过程中的互动环节。

只要情况允许，我总是尽可能让吴卡明来制作图表。因为他比其他同事更聪明、效率更高，而且能更好地理解我的意图，将我那些混乱不堪的数据表格整理得条理更清晰。我们喜欢一起谈论信息设计。在几次午夜畅谈之后，我们可能意识到了我们的才能是互补的，可以一起开创一番事业。

几个月之后，吴卡明和我开始在本职工作之余共同创建一家多媒体展示机构 Zephyr，后来更名为“ZEFER”（泽福）。我们的工作得到了一些麦肯锡合伙人的关注，很快，大量的订单蜂拥而至，我们忙得团团转。1996 年，我准备入读哈佛商学院时，吴卡明和我引进了新的团队成员，试图把泽福的战略和定位聚焦在互联网领域。如今，全球互联网商业网站的数量已超过 10 亿，但在那时，互联网还是新生事物。1994 年，当我第一次见到吴卡明时，全球只有 2 700 个网站。1995 年，这个数字变成了 2 万。很显然，互联网商业化开始爆发。[2] 那时，我们很难想象如今会有近 10 亿个网站，不过，我和吴卡明坚信，我们创立的机构会成为“互联网领域的麦肯锡”，作为一站式服务平台，为大规模的互联网应用提供创新工具和技术工具。

然而，我们和大多数人一样都不知道互联网经济的前景如何。但我们似乎胸有成竹。所以，我们在 1996 年正式成立了泽福公司，这是美国第一家互联网咨询和网络应用开发公司。接下来，公司发展迅猛，令人难以置信。公司员工从几十名增加到上百名，至 1999 年年末，员工人数接近千人，公司一年的营业收入突破 1 亿美元。“ZEFER”是“zephyr”的语音拼写，寓意召唤从西方吹来的和风。在公司最早的 logo 中，第二个“E”被设计成了“Э”，以表示连接左脑思维和右脑思维，代表着吴卡明和我共有的创业与经营哲学。我们的创业时机非常好。市场对互联网这种新媒体的需求十分旺盛，泽福令人惊叹的成长轨迹绝对是硅谷创业公司梦寐以求的。与此同时，我开始对一些互联网创业公司进行天使投资，并且都取得了非常好的回报。我记得我当时感叹道：“真是得来全不费功夫啊！”

那是一段疯狂而兴奋的岁月。创业公司在起步时没有任何收益，也没有合理的商业模式，就可以获得夸张的估值，恐惧和贪婪四处蔓延。很多全球知名公司开始担心，它们将被互联网公司干掉。这就是现代版的“亨利·福特时刻”：再见，四轮马车！你好，汽车！这与如今的出租车行业对优步、传统酒店行业对爱彼迎的感受如出一辙。泽福公司在这波互联网浪潮中顺风顺水，业务模式如同向淘金者售卖锄子、盘子和铲子，一切都十分顺利。趁着客户根本就不懂何为互联网和应用程序，我们开始大规模地建立网站、开发应用程序。

这时，泽福看似大获成功，我却开始迷失自我，把谦逊和自省抛到了九霄云外。泽福已是行业明星，而我则是互联网浪潮中的明星人物，我不禁飘飘然起来。的确，我取得了一点儿成绩：刚从哈佛商学院毕业，我就和同学赢得了哈佛商学院商业策划大赛冠军，我们的商业策划案例被两所商学院收录。当时科技领域最畅销的两种出版物《红鲱鱼》(*Red Herring*)和《行业标准》(*Industry Standard*)经常提到我们，其中一家杂志还邀请我当专栏作者。在我读哈佛商学院的最后一年，泽福公司的融资金额达到创纪录的 120 万美元，毕业后第 2 年，融资金额达到了 1 亿美元。同时我们轻而易举就持续获得了大量新客户。我们开始相信自己的成功故事，将媒体的正面宣传和顺利融资看成是企业成功的标志。显然，这种想法是很危险的。

然而，我们丝毫没有察觉到危险，继续盲目地高歌猛进，计划让泽福公司在 2000 年上市。我们夜以继日地准备投行所需的 S-1 文件，这些文件披露了公司的经营信息和未来发展规划。上市之前，我们要将这些文件呈交美国证监会备案，并分发给潜在投资者。这是上市的必经程序。最后才是创业者梦寐以求的上市敲钟的那一刻：企业的形象标识将悬挂在华尔街股票交易所的大门上。

当所有的经营指标向好，我们以为只有天空才是我们的极限时，怎会料到未来的逆转？公司持有股份的同事，私下盘算着上市后自己所持股份升值多少，有时甚至是在公开场合讨论。我记得很清楚，有一次，在视察纽约办事处时，我估算了如果公司上市后我的个人财富：在各种假设条件下，我的市值都不会低于千万美元。这个数字令我大吃一惊。然而，2000 年 3 月，当公司开始上市路演时，麻烦来了，股市出现巨幅波动。我们眼睁睁看着纳斯达克指数一天天走低，最终蒸发了三分之一的总市值。短暂的上市窗口就这样关闭了。曾经，我们是互联网浪潮的领军企业和核心企业。现在，我们却成了泡沫破灭的领军企业和核心企业。这是我们能够想象到的最离奇的一段经历。

我们本以为第二天就能在纳斯达克上市了，敲钟、进入上市俱乐部。然而现实却是，我们在上市前最后一分钟撤回了上市申请。曾经拥有成功形象的企业很快就变成了公众的笑柄。在实现上市前的最后阶段，那些一路追捧我们的媒体，现在反过来把我们上市失败当成互联网泡沫破灭的典型征兆。事实上，泽福公司预计上市的那一天正好是纳斯达克指数有史以来跌幅最大的一天，不过，那仅仅是持续数月下跌的起点。

从短期来看，我们因为没能成功上市而失望。但我们意识到我们的价值观从根本上讲是有缺陷的，这使我们更加沮丧。我们认为上市就代表了成功，而不是把企业的社会责任、打造创新产品和影响世界当作成功的标准。我们偏离了企业的使命，相比关注成长的质量，我们更关注成长的速度。此外，我们还按照资本市场的要求去经营泽福，而不是按照企业的使命去打造它。我们偏离了企业的真正使命。我们为公司上市耗费了大量时间，而不是用这些精力去打造一家面向未来的伟大企业，其实上市与否并不重要。可想而知，后面的事态令人沮丧。我们重新整顿公司，申请了破产保护，完成了三轮裁员，后来经营才重新日趋稳定。最终，公司被收购，而这绝不是我们当初希望看到的结局。

上市失败令我羞愧难当，几乎无地自容。不过，上市失败让我们找回了初心，这也算是些许慰藉吧。值得庆幸的是，这个失败的教训发生在我职业生涯的早期。泽福就像是一个速成班，让我很快意识到职场品质对于企业的重要性，否则，我可能要付出更长的时间和更多的代价才能意识到这一点。这件事让我明白了：一定要在经营管理的每个方面都坚守企业使命；在每个环节都力争以人为本；打造一家伟大的企业胜过争取短期的财务回报；学会在倾听和真正理解他人的基础上更好地与他人沟通；注重内在激励而非外在激励。最后一个教训：一定要搞清楚你身边的哪些人才是真正值得信赖的关键人物。

最后一个教训很重要：在关键时刻，谁能站出来助你一臂之力，谁不能？上市虽然失败了，只不过是让自尊和财富暂时受损而已，但这促使我发现，有些我关爱、信任的人其实只把我们之间的关系当成了利益关系。这时，我就更能认清自我，更深刻地理解诚信、友谊和美德。

筹备上市的公司在准备 S-1 文件的过程中，有一段静默期，在此期间，公司高层不能对外谈论公司的情况，但能以上市发行价格向朋友和家人配售股票。如果朋友和家人相信这是一笔能赚钱的投资机会，他们就会争相购买。有些朋友和家人想尽了一切办法，但还是没能获得预期的股票，对此，我非常内疚。然而，一旦事情的进展不如我们的预想，有些人就会觉得他们的权利是理所应当的，转而责怪我。那段时间，我非常焦虑、困惑、沮丧和郁闷，而那本来应该是我们喝庆功酒的日子。

阅历是最残酷的老师。它先考验我们，再给我们教训。股市崩盘给泽福造成了不可挽回的损失。不过，一路走来，我有幸在职业生涯早期就获得了大量的人生智慧，而很多人要花几十年才能领悟到这些智慧。我明白了经营企业绝不应该牺牲企业的真正使命，牺牲领导者的谦逊和自省，牺牲正直的价值观。

谦逊，培养持续一生的创造力

海明威曾经写道："优于别人并不意味着高贵，真正的高贵是优于过去的自己。"[3]海明威的话表明，真实始于自己和自己的人生使命。我在总结泽福的教训时，如果没有谦逊的态度，就不可能直面现实。谦逊能够时刻提醒你所做的每一件事的核心使命是什么。在《从为什么开始》（*Start with Why*）一书中，西蒙·斯涅克①表明，实现商业目标的过程（how）和为什么（why）远比目标（what）本身重要。[4]不要偏离了你的为什么和你的使命。

在 2001 年出版的《从优秀到卓越》一书中，吉姆·柯林斯探讨了 5 个级别的领导者，他把第 5 级经理人定义为那些带领团队实现了最佳业绩表现的领导者。他认为他们最核心的品格是真正做到了谦逊。[5]这篇探讨第 5 级经理人的文章发表在《哈佛商业评论》上，很多读者对这篇文章感到很困惑，认为柯林斯的结论是反直觉的。我猜测，在这篇文章发表之后，柯林斯的观点被商业领域采纳的不多。为什么这么说呢？因为正如柯林斯所说，保持谦逊或者具有谦逊的品格这种重要的美德，很少被看成领导力的关键特征，更不要说被当作卓越领导者的关键品格了。在商业社会，很多人认为追求真实和诚信是老生常谈，但职场品质金字塔中关于真实的各种先决条件，包括自省和谦逊，是商业实践和领导力实践新近强调的理念。

柯林斯是提出软实力成就卓越领导者理论的最早一批的学者。他认为，卓越的成就来自卓越的性情，卓越的性情来自主动践行诚信和谦逊的价值观。这听上去似乎匪夷所思。毕竟，媒体总是喜欢强势和夸夸其谈的首席执行官。无论是在上市公司还是在非上市公司，金钱和头衔等外在激励总是过于丰厚、耀眼，以至于一些高管认为他们的表现已经足够优秀，但实际上却

① 西蒙·斯涅克是美国著名的广告营销专家、领导力哲学专家。他的著作《如何启动黄金圈思维》《无限的游戏》已由湛庐策划，分别由浙江人民出版社和天津科学技术出版社于 2019 年和 2020 年出版。——译者注

表现平平，甚至可以说是极其糟糕。演员迈克尔·迈尔斯（Michael Myers）曾经说过："努力获得名气是创造力的天敌。"[6]无论我们天生具有什么样的职场品质，无论我们想要追求什么样的职场品质，外在因素以及我们接下来要探讨的冲突都会诱惑我们偏离职场品质。

只有真正做到谦逊，才能培养持续一生的求知欲和开放心智，才能创造更大的可能性，带来更强的创造力，造福更多的人。谦逊让我们重新思考和定义成功与失败。比如，在 WD-40 公司，人们并不把暂时的挫折看成失败，而是当成学习的机会。"失败"这个词已经从 WD-40 公司的字典中被删除了。关键在于，谦逊要求我们区分清楚，哪些是我们能够掌控的主观因素，哪些是我们无法掌控的客观因素、变量和信息。

由于柯林斯做出的巨大贡献，如今，谦逊已经被广泛视为领导者必备的一种价值观。在成为商业领导力的核心要素之前，宗教人士和心理学家早已把谦逊看成值得追求的核心品格，并且很多伟大的历史人物都非常谦逊。在本杰明·富兰克林的自传中，他把谦逊视为自己必须践行的 13 条美德的最后一条美德，这是只有苏格拉底等圣人先哲才具备的能力。虽然不可能做到尽善尽美，但仍要为之竭尽全力。[7]实际上，大多数人离真正的谦逊还差得远，但意识到这一差距却至关重要，也是进行自省的一部分。

很多人误以为谦逊就是小看自己，但这种看法是不正确的。谦卑和谦逊并不等同于放弃自尊。谦逊只是较少考虑自己，而不是几乎不考虑。我们难道不是认为自己更重要吗？我们难道不相信自己更正确吗？谦逊正好带来了一种平衡的力量。

扬罗必凯广告公司（Young & Rubicam）首席执行官彼得·乔治斯库（Peter Georgescu）由于不同寻常的早年经历，也将谦逊当作自己的领导原则。第二次世界大战前夕，他出生于罗马尼亚的布加勒斯特，9 岁时在一座劳改营幸存下来。后来，他移民到美国，那时他既没受过教育，也不会说英语。然而，他展现出了惊人的毅力，最终进入普林斯顿和斯坦福大学。之后，他加入了扬罗必凯广告公司，为公司效力了 37 年，并成为公司董事长和首席执行官。乔治斯库将他的成功归结为，用正直和忠诚的价值观领导团队。他认为，只要领导者能够向前推进工作，要做到谦逊并不会让你牺牲其他重要的商业品格和价值观。他在《成功的原因》（*The Source of Success*）一书中写道："毫无疑问，领导者都是偏执狂。他们既有坚定的信念，同时又不乏谨慎的怀疑，愿意学习和倾听，拥有强大的执行力。"[8]

这引出另一个问题：通过不断地训练，是否能够培养出谦逊所需的心智模式？如果谦逊的职场品质是可以后天培养的，那么是哪些因素阻碍了我们具备这种职场品质，又是什么使我们在生活和领导力实践中自然而然地保持谦逊呢？

关于情绪与美德之间的互动关系，贝勒大学伦理学客座教授罗伯特·罗伯茨（Robert Roberts）的阐释最清晰。他引用了本杰明·富兰克林在自传中的一段话：

> 在现实生活中，也许没有哪一种天生的情绪比骄傲更难驯服了。我们想要竭尽全力掩饰它、克服它、打败它、抑制它，但它仍然活着，还时不时跳出来表现自己。[9]

最终，罗伯茨将谦逊定义为不骄傲，极大地改变了关于谦逊的传统认知。然后，他又指明，骄傲的负面因素，包括嫉妒、傲慢或自以为是才是谦逊的真正敌人，而非骄傲的正面因素。[10] 这个理论很有用，根据这个理论，我们可以更充分地意识到哪些因素让我们远离谦逊。实际上，理解和培养谦逊心智的最佳方法，是认识到骄傲的负面作用：骄傲所带来的风险随着职位的上升而增强。如果我们傲慢、骄纵、势利、自以为是，或者别人认为我们有这些弱点，我们就很有必要反省自己的行为、举止和决策。我们难道没有曾经利用位高权重的身份帮自己获利吗？我们难道没有在赢得一场谈判或争论之后曾经自鸣得意吗？通过不断反省自己的言行举止，你就能学会自省，并提高对骄傲和谦逊的敏感度。

自省，规避习惯的陷阱

我认为，要想成为冠军，自省也许是最重要的品格。

——著名女子网球运动员比利·简·金（Billie Jean King）[11]

如果要我在职场品质金字塔的真实中间选择一个最重要的品格，我一定会选自省。相比其他品格或价值观，自省有助于我们更好地认识生活中的成功与失败，而这些成功与失败又会对他人产生正面影响或负面影响。我们在自省时必须绝对诚实地看待我们的行为，因为行为是结果的源头。最后，持续自省是通向卓越的必经之路。如果我们经常自省就更可能在所有的行动、思考和感受上保持表里如一。

我在和别人合著的第一本书《热爱、实干、勇气和运气》（*Heart, Smarts, Guts, and Luck*）中，通过分析成功企业家在做决策过程中常见的四种核心特征，探讨了如何做到自省。践行自省需要热爱、实干、勇气和运气，这些特征不仅可以帮助我们提高在工作上成功的概率，还能帮助我们过上与真我一致的生活。通过了解和掌控我们所具有的核心特征，我们就能更好地辨识自己的优势和劣势，从而更好地做出决策。我和我的合著者通过研究表明，在这四种特征中，我们通常会偏好其中一种或几种特征。如果我们能认识到自己的偏好，就能更好地补齐团队和我们自身的短板，也能更清醒地意识到这些特征在什么情况下对我们有利，在什么情况下对我们不利。

在识别好员工方面，我们也有自己的偏好。回想一下你过去的人际关系、失败的合作以及错误的聘用，哪些偏好让你做出了错误的决策？你真的做到了自省吗？自省具有双向强化的共生机制，你越能够识别和发现好员工并与之相处，就越能够实现更高水平的自省。人们最终都想努力建立一种增强凝聚力的机制，创始人或团队领导者能够与员工形成一股合力，而不是单打独斗、各自为战。

有时，企业似乎会把行动放在第一位，结果主动远离了自省。实际上，流程、政策以及遵守规定会产生意料之外的后果，带来盲目的行为，这与自省完全背道而驰。埃伦·兰格（Ellen Langer）是哈佛大学心理学教授，于 1989 年出版了经典之作《正念》。兰格作为正念运动的发起者，一直认为自省和诚实可以使我们的事业、生活更有深度和意义。[12] 2014 年，我与兰格一起主持了波士顿图书节的论坛活动，我们谈到了自省和自觉的重要性。兰格给我举了一个她最喜欢用的例子，以此表明我们有多么容易进入盲目状态。

有一次，一位收银员发现兰格新办的信用卡还没有签名，便先让兰格在卡上签好名字，她再扫描商品。兰格当面签好了。收银员扫描完最后一件商品后，把小票拿给兰格签名，兰格很快照办了。接下来发生的事情很有意思，甚至让兰格有些恼怒。商场标准化的操作流程造成了盲目的行为，收银员让兰格再次出示信用卡。兰格问为什么，收银员说她需要核对签名。兰格内心在尖叫："可是，我刚在你面前签了两次名啊！"兰格还是同意了，将信用卡递给收银员，然后目瞪口呆地看着收银员接过信用卡，将签名与小票上的签名核对，确保两处签名是一样的。显然这一流程的目的达到了：确保商品购买人与信用卡持有人是同一个人。然而，就这次情况而言，两者显然是同一个人。这就是盲目。

人们很容易在无意中掉进标准化流程和习惯的陷阱，盲目行动，就像兰格的经历那样。几乎不需要外在条件，我们就会失去自我，以我们从未设想过的方式行动。我们经常都会盲目地、不假思索地服从命令，因为我们常常被教导要遵守规则，而不是培养良好的辨别能力。在商业社会，我们应该谨慎行事，不要让标准化的操作流程减弱了我们的自省意识。就像克服性格的弱点有助于培养职场品质，当情况允许时，我们也需要违背既有规则。领导者应该让自己的团队敢于反省、敢于表达、敢于以人为本。

好员工可以帮助我们保持内在的真实和自省，不失去自我，并培养出更多的好员工。换句话说，良币驱逐劣币。如果我们身边有很多好员工，就会受到他们的影响，成为最真实、最完满的自己。同时，我们也能更明白自己的行为举止是否符合好员工的标准。好员工愿意克服自己的性格弱点，卸下自己的身份和地位，以帮助他人变得更真实、优秀。

当然，事物还有另一面。在很多情况下，我们身边的人不一定会帮助我们实现最大利益。滥用职权的领导者常常不顾团队的价值观，将自己的喜好强加于人。总而言之，我们的所有行为都会受到身边人的影响。因为自省十分重要：自省让我们更好地理解自己的偏好，能让我们懂得自己的偏好是一种内部预警系统，每当我们违背自己信奉的原则时，这个系统就会发出警报。不过，我们是否真的容易受到旁人的影响呢？是的！研究显示，负面影响会将我们置于一种糟糕的境地：我们的行为会完全不符合自己的价值观，有时甚至丧失了自我。

著名的斯坦福囚犯实验就是这方面的例子。1971 年，斯坦福大学心理学教授菲利普·津巴多①选择在斯坦福大学心理学院大楼地下室进行实验，将 24 个随机选择的受试者分成两组，让其中一组扮演囚犯，另一组扮演看守人。[13]结果大大出乎津巴多的意料，看守人的行为真的就像极端独裁分子，而囚犯则普遍变得很顺从。随着实验的进行，假想与现实的界线变模糊了，囚犯的情绪开始崩溃。津巴多不得不仓促终止了实验。这一经典实验要是发

① 菲利普·津巴多是美国心理协会前主席，曾荣获“心理科学终身成就奖”，被誉为当代心理学的形象和声音。其唯一自传《津巴多口述史》和其他知名著作《不再害羞》《雄性衰落》已由湛庐策划出版。

生在 80 年前该多好啊。[①] 不过，实验的研究结论仍具有持久的说服力：如果我们不能有意识地反省自己的行为，而是盲目相信身边的人，我们的行为很快就会变得不可理喻。避免掉进自欺欺人或受人操控陷阱的最佳办法，就是与有正能量的好人在一起。

解决商业社会和人类社会问题的关键，就是要加深对自己的了解，认同、欣赏并促进优质的人际关系。尽管我们大多数人没有生活在一个由囚犯和看守人组成的世界，但我们的生活中并不缺少类似的人物：从被过分宣扬或夸大的社会名人，到经营旁氏骗局的不法商人，再到积极招募新成员的极端组织。所有这些外部因素都会对我们的内在品格造成负面影响，更不用说一旦这些人得逞，随之而来的名声、权力和财富会给我们带来怎样的负面影响。真实，包括谦逊和自省，是商业社会中卓越领导力和真正掌控力的基石。真实可以帮助我们坚守和促进我们每个人与生俱来的美德。

那么关键问题是，我们该如何培养自省能力，最终成为更诚实、更正直的人？以下是 5 种练习技巧：

1. 冥想并保持清醒。冥想是让你内心平静的一种简便方法，你可以在冥想过程中时刻保持清醒。那么如何专注于自己呢？有一种简单的方法。大多数冥想法都专注于呼吸，感受吸气和呼气的节奏，在冥想过程中，你可以不时地问自己一系列问题："我想实现的目标是什么？我的哪些行为是有效的？哪些行为阻碍了我前进的步伐？我需要做出什么改变？"

   除此之外，你在冥想时还需要专注于自己的想法、感受和环境。也就是说，要留意周围的环境，并在有利的环境中加深对自己的了解。我常用的冥想法是非正式的。我经常在日常生活中进行自我反省，比如，在洗碗、浇花时，或者星期六上午在波士顿美术博物馆美国艺术展区写作。在适宜的环境中，让脑海中的想法形成文字，这真是再美妙不过的

① 作者的意思是，如果该实验发生在第二次世界大战之前，实验的成果也许会让更多人意识到自己在盲目服从纳粹邪恶的指令。——译者注

冥想了。这样的清净时光既是自我反省的好时机，还增强了自我反省的效果。

2. 写下你的主要目标和优先次序。要想让自省的效果更好，最好的办法就是写下你想要做什么，然后跟踪进度。例如，沃伦·巴菲特在做投资决策时，一定会详尽阐述自己的投资理由。他的投资日记既是一种历史记录，还可以用于事后评估：投资结果是归功于他的正确判断，还是仅仅归结于运气。如果你对成功没有自己的想法，或者如果你没有衡量输赢的记分牌或标准，那你的自省就不可能有效果，在商业领域尤其如此。人们通常会给自己设定目标和优先次序，却不知道判断目标实现与否的标准。你可以尝试写下自己的目标，公之于众，并把它列入工作检查清单。在 Cue Ball 投资公司，每年年初我们都要求首席执行官在纸上写下 5 个最重要的目标，然后向董事会和全体员工公布，所有人都可以监督首席执行官的目标完成情况。书面公告是练习自省和诚信的绝佳工具。

3. 心理测试。在我的上一本书中，我与合著者介绍了一套我们自己设计的企业家能力倾向简易测试。测试者要回答一系列问题，这有助于发现自己真实的性格和天生的偏好。比如，你的行为主要受理性驱动还是感性驱动？你是否认为你更容易受热情驱动？你更关注微观细节还是宏观图景？答案没有正确和错误之分，我们的目的是帮助测试者认识他们在生活和行为中的性格倾向。除了我们设计的测试，还有其他一些有名的测试，包括迈尔斯 - 布里格斯测试和预测指数测试。

4. 寻求值得信任的朋友和同事的帮助，但要选择品德高尚的人。我们总是在无意之中选择了交往对象，但这种无意识的选择就像一面镜子如实反映出我们的言行举止。如果你想有意识地选择朋友，那么就需要评判他们是否具有真实、同情和完满的品格。如果你想得到坦率、诚恳、客观的回答和视角，有一个很好的办法就是让你的朋友当参谋。最近，有一位做风险投资的同事发给我一封电子邮件：“请你像朋友一样告诉我，我最近有些观念或想法是否不正确，这些念头是否会让我的行为走偏？我只是想诚实地审视自己！”还有一种方法：当你想寻求改变时，让朋友提醒你。比如，“瞧，我知道在与别人交谈时我总是有争强好胜的倾向。

帮我个忙，当我出现这种苗头时，最好悄悄提醒我，我好抑制这种倾向”。让一些你可以信任的靠谱的朋友直接给你建议和提醒，因为我们常常需要这样的帮助。

5. 定期的正式反馈。除了朋友和家人，你还可以利用工作单位的反馈流程和机制。如果单位没有这样的流程和机制，你也可以采用某种定期反馈法。如果应用得当，积极而正式的反馈能够让我们更好地了解自己的优势和劣势以及所处的水平，以便进一步改进。在 Cue Ball 投资公司，我们鼓励创始人建立正式的定期反馈机制。所有员工都能通过一种安全、专业的反馈方式向创始人提供反馈，评估创始人的价值观、能力和工作方法。搜集正式的书面反馈或者调查问卷似乎是一种过时的企业行为，但很多公司，无论规模大小，都想采用这种方法，结果却做不到，这真的很奇怪。反馈只是一种坦诚地对话的方式，目的是更好地了解个人或组织的表现。有一种搜集反馈的简便方法，就是让员工写下并及时更新自我提升的目标。我们的团队就是这么做的。其他搜集方法还包括现场调查、360 度指导和辅助、从 Yelp 和 Glassdoor① 这样的在线服务机构获得反馈。即使无法得到完美而精准的反馈，你也应该努力寻求大致准确的反馈。

诚信，树立值得信赖的形象

真实最终体现在我们的行为之中，尤其要看我们是否诚信行事。诚信意味着一个人的行为总是与他的价值观相吻合。诚信就是绝对的自我一致，因此：

> 你所做的，就是你所说的；
> 你所说的，就是你所想的；

① Yelp 和 Glassdoor 都是美国著名的点评网站，前者主要涉足餐饮、旅游等消费服务领域，后者主要是企业点评和职位搜索。——译者注

你所想的，就是你所感受的；
明白了你的感受，你就认识了自己。

如今，人们需要深入认识自己，了解自己将来想成为怎样的人，确定人生方向，因为这些问题与诚信密切相关。我们已经知道，做、说、想和感受是相互联系的。我们的感受决定了我们是谁，而我们的感受是我们内在价值观的副产品。如果我们的所思、所说、所做与我们的价值观相吻合，我们就真正做到了诚信。因为这种绝对的自我一致，卓越的领导者获得了他人的信任。简而言之，诚信就是知行合一。

大多数人可以本能地感知到身边的人是否遵行自己的价值观。如果管理者、领导者或机构将尊重视为价值观，就需要努力在行为中体现出尊重，并且采用公开、真诚和以人为本的行为方式。在组织的每一个层面，都必须要有清晰的愿景，而只有可行的原则和坚定的价值观才能保证愿景的实现，并赋予组织灵魂、意义和使命。我们不仅应该在领导者层面上谈论诚信，还应该在企业愿景或品牌灵魂层面上谈论诚信。对大多数领导者和机构而言，制订价值观、目标和愿景是一件相对容易的事，但要真正做到自省，并在我们偏离使命和价值观的时候直面现实，则要困难得多。

更大的挑战还在于，我们很难把价值观和文化变为个人或组织的一种存在方式。价值观和文化不是伪装或强制形成的，而是来自日常行为、经历和记忆的日积月累。与好企业家打交道可以让我们走正确的轨道上。Athenahealth 健康公司的员工与流程部门（People and Process）前首席运营官和负责人、MiniLuxe 公司现任董事长莱斯利·布鲁纳（Leslie Brunner），与我有类似的感受。她强调：

在我看来，要从两方面做到诚信。很多公司奉行诚信的价值观，遵守行为规则，但又允许员工自行其是。我认为不仅应该在自己的行为中体现诚信，还要帮助他人这样做。只是想成为一家诚信的公司法

> 人是不够的，你还要帮助他人成为最好的自己，并把它作为你核心使命的一部分。[14]

布鲁纳认可并提拔擅长帮助他人成长的员工。这一管理哲学完全符合我们对好企业家的定义：那些致力于持续培养价值观，并帮助他人成为最真实和最好的自己的人。这是一种重视价值观、原则和文化的心智模式与态度，而不仅仅重视个人能力和业绩。

我和布鲁纳在探讨如何进一步提高个人和组织的诚信水平时，谈到了另一个相关的问题：懂得失败的力量。Cue Ball 投资公司合伙人和布鲁纳都强调，我们的日常工作总是充满失败。但我们不仅需要与失败相处，还要拥抱失败，而不是指责那些敢于尝试的员工。关键是要公开、透明。乔纳森·布什（Jonathan Bush）是 Athenahealth 健康公司的创始人、领导者，他在公开、透明方面做到了极致。布什鼓励组织内的所有信息都要公开透明，不管是好消息还是坏消息。有一种好方法有助于企业培养敢于承担风险、善于从失败中学习的文化，那就是把那些犯过大错的员工安置在显眼的岗位上。这种高度透明的做法体现出企业崇尚诚信的价值观，能够在员工中树立值得信赖的企业形象。

职场品质的起点和终点都是真实，我们可以通过自省、改进和谦逊来做到真实。本杰明·富兰克林有一种培养诚信的方法。他只要觉得他人有可学习的优点，就把这个优点记录下来，同时他也记录自己的弱点，以便于长期评估自己的品行。

富兰克林在 20 岁时给自己制定的个人使命是让自己具备更多的美德，尽最大努力成为品行优良的人。富兰克林在自传中写道："从那时起，我开始构想一项大胆而艰巨的任务，成为道德完美之人。我希望我在任何时候都不会犯错，我会克服所有导致我犯错的天生性情、后天习惯，不再与身边的顽劣之人打交道。"[15] 为了完成这个任务，他写下自认为最重要的 13 条美德，并期望自己拥有这些美德。这则美德清单比我认为好员工和好企业家应该拥有的价值观要求更高。以下就是富兰克林列出的 13 条美德：[16]

1. 节制——食不过饱，饮不过量。
2. 静默——言则于人于己有益，不做无益闲聊。
3. 条理——各样东西放在固定的地方；做事情有一定的时间限制。
4. 决断——决定做应该要做的事，决定后坚持到底。
5. 俭朴——花钱须于人于己有益，不糟蹋浪费。
6. 勤奋——爱惜时间；时刻做有益之事；不做不必要的事。
7. 真诚——不欺骗人；思想纯洁公正；说话要出于诚意。
8. 公义——不行于人有害之事；做好自己分内之事。
9. 中庸——不走极端；对人少怀怨恨之心；容忍别人对我应有的惩罚。
10. 整洁——身体、衣服和住所务必整洁。
11. 平静——不因琐事或不可避免的普通小事而烦恼。
12. 贞洁——节欲，不伤害身体，不许损害他人的安宁或名誉。
13. 谦逊——效法苏格拉底等圣人。

富兰克林在记事本上列出这 13 条美德，如果违背其中任何一条，他就会在记事本上记下来。通过查看和反思记录，就可以按月或按年检视自己的行为轨迹。富兰克林对每一条美德的定义都非常清晰，我个人最喜欢的是他对“勤奋”的定义：“爱惜时间；时刻做有益之事；不做不必要的事。”为了做到这 13 条美德，富兰克林悉心设计了一个系统的行动计划，以帮助自己践行美德，并时刻反省哪些行为有利于养成美德。图 3-1 是富兰克林的行动计划。[17]

在领悟和追求自省方面，富兰克林拥有异乎寻常的能力。他通过自律保持诚信。准确地讲，在他的 13 条美德中，有三分之一都是“命令”。《富兰克林自传》摘录了他的日志。他的日志展现了军人般的风格：他用检查表来检视自己每天做了哪些好事。表 3-1 就是他的美德日志表。

时段	时间	安排
早上 自问：今天我要做哪些好事？	5 点 6 点 7 点	起床，洗漱，静默；计划一天的工作，坚定一天的决心；享用早餐
	8 点 9 点 10 点 11 点	工作
中午	12 点 13 点	阅读，或者查看我的日记，午餐
	14 点 15 点 16 点 17 点	工作
晚上 自问：今天我做了哪些好事？	18 点 19 点 20 点 21 点	整理事务，晚餐； 听音乐、娱乐、聊天； 检视当天的行为
深夜	22 点 23 点 0 点 1 点 2 点 3 点 4 点	睡眠

图 3-1　富兰克林的每日计划

表 3-1　美德日志表

	星期一	星期二	星期三	星期四	星期五	星期六	星期日
节制							
静默		*	*		*		*
条理	*			*	*	*	*
决断	*				*		
俭朴	*				*		
勤奋		*					
真诚							
公义							
中庸							
整洁							
平静							
贞洁							
谦逊							

《写作生活》(*The Writing Life*)的作者安妮·迪拉德(Annie Dillard)似乎与富兰克林志趣相投。她写道:“通过观察我们如何过每一天,当然可以预见我们如何过这一生。我们每时每刻的行为就是我们一生的行为。按计划行事可以让我们远离无序和幻想,高效利用每一天。”[18]

我完全相信井然有序在工作中的重要性。每天,我尽可能参加晨会,会议内容包括浏览每天和每周的重要事项、安排解决重要事项的会议时间、检视前期会议事项的落实情况以及需要采取的补充措施。通过遵循计划和安排,我们可以优化执行任务的时间。受到富兰克林创建检查清单和表格习惯的启发,我创建了一种用于晨会的分层序列卡,包括接下来最重要、最优先的事项是什么?我今天准备做什么?之前决议的事项落实情况如何?在哪些情况下我没能完成计划?尽管这些问题听上去有些刻意造作,但我完全没想到效果很好。现在,我的目标是要改进检查清单,不仅要包括能力事项和计划事项,还要以职场品质为中心审视自己在这方面有没有取得进步。

富兰克林的做法紧紧抓住了两个关键点：休息和放松。更确切地讲，他根据每日例行遵守的纪律和命令进行自省，使自己成为一个终生学习者，并由此成为一位终生的领导者。如果我们将富兰克林式的惯例和反省与终生学习的习惯相结合，就更有可能做到行为诚信和一致。

富兰克林的例子说明做到诚信和一致是一生的功课。富兰克林想要实现道德完美的使命非常高贵，但要真正做到并非易事。不妨想一下我们要做到绝对的行为一致会有多难。不过有时，做到行为一致只需要坚持一种习惯：针对当前或未来要实现的目标每天自问，就像富兰克林每天早上那样："我今天可以做哪些好事？"[19]

真实是我们每个人都应该努力寻求的职场品质，同时真实对企业和品牌也至关重要。那些深受客户喜爱的品牌，比如，高端户外用品品牌巴塔哥尼亚、有机食品连锁超市 Trader Joe's 杂货连锁店、西南航空、SoulCycle 连锁健身店、宜家、爱马仕和香奈儿，它们都有一个共同点：坚持不懈地追求并保护品牌的诚信，无论是在品牌的知名度、独特性、所代表的生活方式方面还是在超奢侈形象方面。起初我们可能会把保护品牌的诚信看成一种营销或宣传手段。然而，这些品牌之所以强大，正是因为纯粹和诚信的品格支撑着营销或宣传。这一点是千真万确的。简而言之，无论企业是否清晰地表达了自己的价值观，都要在实际工作中践行。这才是真正的品牌形象。

真实以及随之产生的谦逊、自省和诚信的价值观，可以作为企业根本的指导原则，并帮助企业成为深受客户喜爱的品牌。真实让企业脱颖而出。同时，企业在经营过程中也需要做到真实，这样有助于分辨哪些事情是核心的、紧要的，哪些是需要放弃的，或者可以帮助企业提升到新的发展阶段。职场品质可以成为商业领域的变革力量，因为领导者在个人层面遵行职场品质的做法能够扩散到组织中的其他成员，最终让职场品质成为组织文化的一部分。

领导者在做重要或困难的决定时，应该从适用的指导原则和组织文化方面思考。如果组织将“利益相关人优先”作为价值观和指导原则，那么领导者在做出困难决策时，应该问自己：“这么做会对‘利益相关人优先’的价值观有何利弊？”WD-40公司董事长加里·里奇认为，原则和价值观之于个人和组织的重要性就像河堤决定了河流的走向。我们每天在工作中有很大的自由度做出各种各样的行为，而当困难的决策摆在我们面前时，正是价值观的河堤决定和指导着我们的行为。真实，包括谦逊、自省和诚信，就是我们所有人的河堤，相当于我们的根基。如果我们对自己不诚实，如果组织于己不诚，我们就不会知道自己或组织究竟赞同什么价值观，也不会知道职场品质为何物。

GOOD PEOPLE

职场箴言

- 真实及谦逊、自省和诚信是好企业家与好组织的核心价值观。
- 理解谦逊的最佳方式是理解谦逊的反面，即骄傲，特别是自负。谦逊的心智模式是真实的基础。
- 自省，意味着心智上的诚实，敢于拿起镜子照出自己的优点、弱点和偏好。幸而，自省是一个不断实践的过程，我们可以通过冥想、写作、做心理测试以及获取来自同伴的和正式的反馈得到改进。
- 当我们达到自我一致时，也即做我们所说，说我们所想，想我们所感，我们就做到了真实和诚信。最终，当我们的行为总是符合我们的使命和价值观时，诚信就存在于个人身上或组织之中。

第 4 章

职场品质金字塔的第 2 层，同情

GOOD PEOPLE

THE ONLY LEADERSHIP DECISION THAT REALLY MATTERS

同情是源于理解的美丽之花。

——佛教禅宗大师释一行[1]

在美国，近1万名肿瘤医生每年要医治大约170万名新增的癌症病人。每天大约有1 600人死于癌症，普通人患癌率高达40%～50%。[2]我们身边可能有人曾患癌症，我们一定永远无法忘记自己刚听到这个不幸消息时的反应。

我当然也不会忘记。2001年夏天是我人生的重大转折点。那时，我离开泽福公司，开启了新的职业篇章。在此期间，换工作、筹备婚礼、搬家等一大堆繁杂之事困扰着我。一天早上，当我坐往返航班刚到达纽约机场时，接到一个意外的电话。我的父亲给我打电话说："我要告诉你一个坏消息。"我22岁的弟弟詹姆斯被诊断患有一种罕见的癌症，而且预后很不理想。我惊呆了。我没有听错父亲的话吧？我让他再说一遍，因为我根本不敢相信这个事实。詹姆斯如此年轻，身体如此健康，怎么可能？詹姆斯并不知情。后来，詹姆斯告诉我，他没有感觉到身体有什么异常，根本不敢相信医生在他肺部发现了一个网球大小的非精原细胞生殖细胞肿瘤。

我天生就擅长解决问题。接下来几周，我通过私人关系和职场人脉多方联系，并花了几天时间研究医学文献，最后列了一张清单，总结了全世界最好的肿瘤医生和癌症治疗机构。父母和弟弟从加拿大飞到我居住的波士顿，开始一起为弟弟四处寻医问药。我很乐观，相信我们一定可以进入波士顿权威的癌症治疗机构进行治疗，这家机构就排在我所列名单的前列。

经过几周努力，我们最终与一位顶级癌症医生预约了会面，这位医生正好是詹姆斯所患癌症方面的专家。我们到医院之后，在等候区又耐心等了 1 个多小时，直到有位医师招呼我们进会议室。那位医生见到我们时，脸上没有一丝笑容。他直接切入正题告诉我们，詹姆斯的确得了一种罕见的癌症，而他正是这种癌症的专家，他希望詹姆斯能当他的一个癌症研究项目的实验对象。事后看来，我相信他的动机是很好的。但在那时，他作为医生日常工作惯例的那种直言不讳和冷酷无情却让我很不满：他告诉病人得了癌症、随口说几句安慰的话、询问病人是否愿意成为实验对象。那天离开医院之后，我们对弟弟能得到医治的信心不足了。

毋庸置疑，那位医生的专业能力很强，拥有极高的声望，但他缺少了某种东西。那一周，我们又见了其他几位医生，他们身上都缺少某种说不清道不明的东西。很可能因为他们每天都在治疗疾病，所以更关注癌症本身，而不是癌症病人。人们会觉得，这些医生好像对病人漠不关心。他们很少真心关心病人，他们似乎对让病人成为他的实验对象更感兴趣，而不是用心把每一个病人医好。

神经外科医生保罗·卡拉尼什博士（Dr. Paul Kalanithi）在他的回忆录《当呼吸化为空气》（*When Breath Become Air*）中，讲述了自己被诊断患有晚期肺癌的故事。他去世后，这本书才出版。作为一个患者，他突然深刻意识到，医生真心关怀病人，而不是把病人当成实验对象有多么重要。他写道：

> 保卫生命的召唤，不仅仅是保卫生命，也是保卫别人的个性，甚至说保卫灵魂也不为过。这种召唤的神圣之处，是显而易见的。我意识到，在给病人的大脑做手术之前，我必须首先了解他的思想、他的个性、他的价值观，以及他为什么活着，要遭遇什么样的灾难，才能合理地终止这条生命。我是如此渴望成功，也为此付出了很大的代价，有些无法避免的失败让我感到几乎无法承受的负疚感。正是这些包袱，让行医变得神圣而完全无法想象：背负起别人的十字架，你总有时候会被重负压垮。[3]

如果卡拉尼什博士还活着，他一定会成为一名很有天赋、极具人性关怀的医生。我们一家很幸运。我们坚持寻医，运气不错，最终找到了一位医德与专业兼备的医生：新英格兰医疗中心的杰克·厄本（Jack Erban）博士。他既是一位专业能力过硬的医生，又是我见过的最具同情心的人。那时，我和弟弟、姐姐、父母已经处于十分疲惫、惊恐、沮丧和焦虑的状态，但厄本博士最终让我们安下心来，并帮助我们恢复了乐观的情绪。

厄本博士向我们耐心介绍了詹姆斯的治疗方案，而其他医生最多只与我们交流了 10 分钟或 15 分钟。他的从容、自信、开放、谦逊和专注，给我们留下了深刻印象。我们在候诊室或检查室谈论病情，有时我们能察觉到，厄本博士很希望接待下一个正在排队等候的病人，但他每次开口说话时的语气总是那么柔和、温暖、富有同情心和爱。他是所在领域的专家，也在医院身居要职，显然，那天还有很多病人在等着他，但他为我们花了很长时间，超乎慷慨之举。在给詹姆斯安排了各项检查之后，他向我们保证，当天下班之前他会与我们再交流 1 个小时，以进一步诊断病情，并向我们介绍不同的治疗方案，告诉我们该如何正确看待病情。在此之前，我们一家带着焦虑、恐惧和未知的情绪走进厄本博士的诊室，但那天晚上在医院待了近两个小时后，当我们离开医院时，我们感受到了厄本博士的关怀，甚至重新变得乐观起来。我们每个人都认为，厄本博士就是最适合詹姆斯的医生。

之后与厄本博士的会面和交流进一步印证了我们对他的印象。我们告诉厄本博士，我们在网上针对詹姆斯的诊断结果做了详尽研究并咨询了其他几位顶级专家，他们的某些看法与他不一样。他并没有为自己辩护，把我们数落一顿，或者采取冒犯的举动。相反，他称赞了我们的努力，并主动安排了一次电话会议，与我们咨询过的那些顶级专家进行交流，交换意见，以便更好地了解詹姆斯的病情，找出最佳的治疗方案。

在詹姆斯患病的这些年，厄本博士跟踪了詹姆斯的每一次血检、MRI、CT 扫描和 X 光报告和体格检查。他组织了几次高强度的化疗，监视了三次大手术，其中包括剖开并分开詹姆斯的胸腔，将化疗后的癌症残余物取出来。在詹姆斯治疗的每一个疗程，厄本博士都来探望我们，向我们提供建议，给予我们安慰。我们感觉到我们在他眼里很重要，同时他还能深切体会到我们的感受。我跟厄本博士的其他几个病人交流过，每个人都对厄本博士的真诚、开放、理解和同情表达了深深的感激。这就是厄本博士所做的一切。

我们一家都十分感谢厄本博士挽救了詹姆斯的生命。我认为，厄本博士是我人生中遇到的最好的道德榜样之一。当我为撰写本书采访厄本博士时，他只是淡淡地说，能为他人提供服务是他的荣幸。即便医生都有“责任做好服务和治疗工作”，这种责任也是医生的才华和荣幸。厄本博士随后告诉我：“我在一个平等相待的家庭长大，这在我心里留下了印记，让我觉得平等待人十分重要。医疗体系等级分明，实现平等并非易事。我只是想按照自己的标准公平对待每一个病人。”[4]

神经科学家、耶鲁大学教授舍温·努兰（Sherwin Nuland）在《医魂》（*The Soul of Medicine*）一书中，讲述了 20 多个医生的先进事迹，这些医生的真正才华体现在他们富有同情心，而非他们的医治能力或专业技能。[5]努兰在职业生涯中花了大量时间研究医患关系的重要性，以及医生对病人的态度在治疗中所起的重要作用。他批评当代医疗服务没有让病人优先于医学研究。他的批评是否也适用于商业社会呢？毕竟，商业社会只把员工看成被雇用者，而不是一个有血有肉的人。努兰认为，医疗教育体系看重教授学生医疗技能和方法，却忽略了病人的情绪与心理。努兰倡议要用更全面的视角来看待医疗和病人护理，医生应该走下高高在上的神坛，在病人最脆弱的时候给予他们人性的尊重。努兰的这一倡议让我想起了哈佛商学院院长尼汀·诺利亚的话：无论在个人层面还是组织层面，领导力不仅与能力有关，更关系到品格和同情。

在弟弟患病 15 年之后，我很荣幸厄本博士成为和我们亲如家人的朋友。我们彼此都很享受除医院之外各种社交场合的相互陪伴。只要我得知亲朋好友被诊断得了重病，无论何时我都会第一时间拿起电话联系厄本博士，而他总能提供帮助，做好了随时履行服务和医治职责的准备。癌症仍在折磨着无数的人，我很感激有厄本博士这样的医生，他是所有有幸认识他的病人的靠山。

厄本博士在同情心方面做出的表率——开放、理解和慷慨，印证了我的观点：真正的领导力超越了才能。我十分相信，只有在商业和领导力中体现人性，才能真正激发员工的主动参与意识，并为组织带来持久的价值。从医疗到商业、学术和艺术，在所有领域，同情心都是工作的必然要求，有助于吸引和留住人才。

开放、共情、慷慨，同情的 3 个层次

一位非常成功的企业家曾经告诉我，要让世界变得更美好，最好的方式就是让利润最大化。我不同意他的观点，因为这句话意味着同情和商业不能兼容。的确，商业人士很少看重同情这个价值观：我们很早就知道或者习惯于认为，商业是无关人性的竞争性行为，成功只能用硬指标来衡量。标准的操作流程和最佳实践阻碍了人们在工作场合培养同情心，比如“末尾淘

汰”“不进则退”“出易进难”。人力资源考评政策通常按部就班地考核员工硬指标，而不是主动培养员工归属感、帮助员工成长、增强员工参与感。即使企业明确了价值观，通常也是以客户优先，先外后内。我们常常被教导，要想赢得商战，需要比其他所有人更聪明、更有竞争力。

当然，传统的商业流程、实践和哲学并非毫无道理。组织需要一些手段来确保员工履行职责、评估绩效、管理风险。但这些政策通常以牺牲同情心为代价，以至于经营结果的重要性超过了经营过程。换句话说，商业人士经常被教导要像我们一家遇到杰克·厄本博士之前所遇到的那些医生一样，只强调专业技能，不看重医患关系。然而，假如我们制定政策奖励自我反省、自我成长和其他职场品质，商业领域会变成什么样子呢？如果我们真的这么做了，就会经常自问，诸如：我的行为会怎样影响到他人？我可以变得更有团队意识或更有同情心吗？如果我是收到某个评价或反馈的员工，我的感受如何？我可以变得更慷慨吗？

职场品质金字塔的第二层是同情，同情是一种无私行为，能让我们完全理解他人的感受。我们应用开放、共情和慷慨这三种价值观来描述同情，而且三者的先后顺序不可颠倒。跟真实和完满一样，培养同情的价值观也需要从培养心智模式开始，再进行练习，最后行动。同情始于开放的心智模式，在开放的心态下，能够立足当前、不怀偏见和不做评判。然后练习共情，这意味着我们需要站在他人的立场看待事物。最后慷慨行事，这是一个人同情心最具体的体现。

同情和能力不是相互排斥的，明白这一点至关重要。实际上，同情可以提升组织的使命感和经营绩效。尽管有些商业领导者的平步青云是通过牺牲员工实现的，但只有最具同情心的领导者才能取得更大的成功，因为同情是他们使命的核心部分，因为他们关心其他员工的福祉，并建立相关的企业文化来促进对员工的关怀。

开放，拥抱更多可能性

我的办公室墙上挂着一幅苹果公司的整版广告，那是广告创意大师杰伊·恰特的照片。恰特是我的导师，也是他所在领域的卓越领导者。恰特去世后，《纽约时报》在发布讣告的第二天，就刊登了苹果公司的广告，广告语只有两个字：Think Different（不同凡响）。恰特和他的事业合伙人李·克劳共同为苹果公司设计了广告史上最具标志性和最具突破性的广告。我从恰特身上受教颇多，但这些年来，最让我受益的教诲是他让我理解了概率在生活中的作用，因此我的心态更开放了。

恰特总是可以在一堆垃圾中发现金子。我参加了他的追悼会之后，和他的一位朋友进行了交谈。我们很想知道，恰特身上还有哪些优点是我们未曾注意到的。我们都认为，他对新鲜事物有着开放的心态，他的思维方式非常独特。他在否定一个想法之前，愿意给每一个想法充分而公平的展现机会，哪怕是很平庸的想法。这些优点都值得我们学习。这次交谈还启发我提出了“24×3 法则”。规则如下：每当有人告诉你一个新的想法时，你在否定该想法之前，试着忍耐 24 秒钟；然后，再忍耐 24 分钟；如果你真想保持开放的心态，那就再忍耐 24 小时。在此期间，你要尽力论证该想法的可行性，直到得出确实不可行的结论为止。

消除我们有意或无意的偏见，拥有开放的心智模式，可以扩展、充实和丰富我们的想法。开放的心智还能让我们拥有求知欲。回想一下杰克·厄本博士是如何欢迎并听取其他博士意见的，即使对方的看法与他相反。而那些固执和傲慢的人则将自己牢牢封闭在无知而消极的圈子里。没有开放的心态，就不会有共情能力和乐观精神。开放驱逐了偏见的荫翳，从而让职场品质熠熠生辉。

那么如何在组织层面拥有开放心态呢？美国最大的鞋类 B2C 网站之一

美捷步公司首席执行官谢家华打造出了我所见过的最开放的企业文化之一。美捷步的核心价值观是“冒险、创造和开放”，而另一个价值观则是“让沟通建立起开放和诚实的关系”。谢家华开放的媒体政策体现了他是如何践行这些价值观的。媒体和来宾可以提出任何问题，公司鼓励员工真实而开放地回答这些问题。有一次，我作为受邀演讲嘉宾参加了美捷步公司的全员大会，有人在会上举手提问，说有当地媒体质疑公司在商业中心的发展规划并对此表示关注。谢家华平静地回复道：“是的，那家媒体给了我们很有价值的反馈和意见。”

开放的思维和灵活的应变能力建立在职场品质金字塔的塔基之上：真实，以及真实所要求的自省。回想一下前面的例子，也许我们可以更容易理解这些价值观是如何相互关联的，比如，越能做到真实和自省，就越能够做到开放和同情。收银员让埃伦·兰格当面在信用卡和小票上签了名，但随后又让兰格再次出示信用卡，以核对签名的真实性。这是一个典型的反面案例。我还见过很多其他无意识、不自知的行为，但并非是因为人们缺乏职场品质，而是因为人们受到了愚蠢而官僚式的规则或流程的影响。

前几年的夏天，我在一处度假胜地的户外酒吧撰写本书的一部分内容。有一位女士为自己和朋友点好饮料，拿出两张 20 美元的钞票准备买单，服务员却告诉她，该店不接受现金支付。这位女士告诉服务员，她是来这里参加婚礼的，当天早些时候她把钱包弄丢了，只能用现金请朋友喝杯饮料，感谢朋友的招待。然而，服务员还是重申，酒吧有规定，禁止接受现金。最终，这位女士和朋友只能悻悻而去。随后，我亲眼看到服务员把女士点好未喝的饮料一杯杯倒进了水槽。他完全可以把饮料暂时放一边，万一那位女士又拿了一张信用卡回来买单呢？如果他已经打算把饮料倒掉，为什么不干脆送给对方呢？我很想告诉服务员，为什么不跟主管沟通一下呢？酒吧也许确实禁止接受现金，但难道不允许任何例外吗？

虽然企业需要工作流程作为防护网，避免出现有损企业利益的行为，但有些规则的确太不近人情。这家酒吧不接受现金的初衷也许只是为了让商品销售不入账或被不诚实的员工偷盗所造成的损失最小化。在美国，零售服务业类似的损失占每年总收入的2%，[6]大约2 000亿美元。[7]这可不是一个小数。因此，企业总是寻求各种办法来避免这类损失。但是，如果企业注重流程和内控，而非原则和价值观，那么这种内控要达到什么程度？如果你知道大多数员工都是善良和诚实的，那么你应该打造一个系统来防范少数几个坏人，还是应该打造一个系统来教导、培养和奖励具备开放、慷慨、诚实与尊重常识等价值观的好员工？

我发现，企业通常会高估规则的作用，而低估价值观的作用。我们总是用各种规则去约束员工，却低估和小瞧了员工践行职场品质的意愿与能力。而具有开放的心智模式的企业家则相信：如果组织的价值观是清晰的，好员工自然会遵行这些价值观，基于流程和规则的系统应该被设计只用于令人遗憾的例外情况。我的一位同事说得好："组织中只有一个坏人并不意味着我们应该把每个人都当坏人看。"过于烦琐和严格的流程、规则与内控常常会造成意想不到的负面后果，损害了客户体验和组织文化。

设想一下，如果那位服务员能对各种事态抱有开放的心态，并有权按麦克里斯托的分布式决策法对客人说："我真为你今天的遭遇感到遗憾，希望你能尽快找回钱包。这些饮料是我们送给你的。"那位女士的体验会有多么不同！这一小小的慷慨之举花费不多，却能在员工参与度和客户满意度方面产生巨大回报。

在组织层面培养更开放的心智和文化，可以让我们更容易接受新观念与各种可能性。尽管有很多方法可以展现出你对员工的关心，但有一种方法是至关重要的：悉心聆听员工的看法；员工向你汇报新想法时，你应该对他们表示肯定并授权给他们，让他们能够在有意义的工作上做出重要决策。但要做到这一点，我们必须能够从他人的视角看待事物，所以我们要练习共情。

共情，触发积极的改变

同情的第二种品格是共情。共情可以被定义为“一种推测他人感受的想象；一种完全理解他人境况、遭遇和想法的状态；一种理解、觉察、感知和间接经历他人过去或现在尚未清晰表达出来的感受、想法和体验的行为”。[8]

20 世纪最有影响力的美国心理学家之一卡尔·罗杰斯（Carl Rogers），是从整体和人性的角度理解人类与人际关系的先驱。罗杰斯相信，悉心倾听需要理解说话者的话外音和感受。领导者应该学会理解员工、客户、同事和导师话语背后的动机与情绪。罗杰斯在 1974 年美国人事与辅导协会（American Personnel and Guidance Association）的一场演讲中说道：“多年来，越来越多的研究数据证明，人际关系中的强共情可能是我们已知能够让人改变的最有效的因素，也肯定是最重要的因素之一。”[9] 我们将在第 11 章探讨如何成为一名合格的导师，现在我们只需要知道，每一方都具有共情能力，是所有有意义的人际关系和教导关系中的关键因素。

我发现，最优秀的企业家往往具有强烈的共情能力，从而能为组织，甚至整个世界带来积极改变。像 Athenahealth 健康公司前首席运营官莱斯利·布鲁纳和 WD-40 公司首席执行官加里·里奇这样具有同理心的团队领导者，展现了关心他人和帮助他人成长的愿望与能力，他们甚至把员工利益放在自身利益之上。这些领导者是古代服务型领导者在今日的再现。他们相信，帮助员工成长，放权给员工，而非利用职位的权力和信息优势，才能提升员工的业绩表现及工作投入度。当代服务型领导力理论之父罗伯特·格林利夫（Robert Greenleaf）认为，领导者应该不断努力，让组织的权力从集中变为共享。他建议，服务型领导者应该问自己如下问题：“他们所服务的员工得到成长了吗？这些被服务的员工是否变得更健康、更聪慧、更自由、更自律，从而更有可能也成为服务型领导者？”[10]

畅销书作家和管理专家肯·布兰佳也有服务型领导力方面的著述。他强调，服务型领导者不是要奉承员工，也不是放弃带领团队实现组织愿景、价值观和目标，两者都不是组织的高层管理者的责任。真正的服务型领导者能够针对责任在员工和组织之间寻求平衡，他们充分授权，允许员工做有意义、有价值的决策。他们身上体现出好企业家的原则：我们生活和工作的使命体现在帮助他人成为最好的自己。

从本质上讲，我们要做到共情，就要放下自己的虚荣和偏见，从而更好地体会他人的感受。多年来，我学会了如何处理冲突和分歧：在表达自己的观点或看法之前，先充分肯定他人的努力，认可他人的成果。承认他人的沮丧或愤怒是消除负面关系的第一步。接下来，要找到激怒对方的原因，进而理解他的情绪。我们经常忘了自己是如何对待他人的愤怒的。我们不应该装聋作哑，或者把他人的愤怒视作非理性的情绪，而是应该理解他的情绪，并试图安慰他。因此，我们不应该说："我不知道为什么你会如此愤怒。"而应该像这样说："我知道你很愤怒，也理解你的情绪，我很抱歉，也许这是因为我在会上不赞同你的观点，但如果另有原因，我愿意努力理解你，消除我们之间的隔阂。"我们应该做出实际的努力，去理解他人的情绪及其背后的原因。我们应该培养自己悉心倾听每个人的能力，而不是有选择性地倾听。因为我们通常只愿意听我们想听的信息，所以很难真正倾听或理解他人所要表达的全部含义。

寒暄语言是指我们在日常社交中经常使用的程式化词语或语句。寒暄语言只是一种方便而惯用的表达，并非发自内心的问候。"你好吗？"是一个典型的寒暄式问题。我们并没有真正期待听到该问题的答案，这么问只是出于礼貌。

要想成为一个更优秀的听众，有一种办法是不问寒暄式问题，而是问一些发自内心的简单问题。以下是 5 个最重要的非寒暄式问题，你可以像这样去问那些你想要深入了解的人。这些问题既可以用于采访、教学或正式的总结会议，也可以作为开启谈话的有效方式，比如，在一次即兴的无主题午餐席间，你可以用这些问题来开启与他人的谈话。

1. “你过得好吗？”这是真正的非寒暄式问候，其一问一答虽然也相当简单，但听起来你真的很关心对方。本书的一位被采访对象马克·塔特姆（Mark Tatum）是美国职业篮球联赛副理事长和首席运营官，他从小在布鲁克林①的一个穷街区长大，他的母亲靠为学校做清洁工作谋生。很多雇主忽视他的母亲，或者不把她放在眼里。塔特姆对那段日子印象深刻，因此他一直特别强调，要尽可能向自己遇到的每个人学习。他不止一次提醒我：“每当你问‘你好吗？’时，要向对方展现出，你真的很想知道对方到底过得好不好。”[11]
2. “关于你的情况，请告诉我一些我不知道的信息，好吗？”我每次问这个问题的时候，都会想起一个令人感动的故事。这个故事是我们所投资公司的员工告诉我的。那家公司有一位职场妈妈，既要照顾孩子，又要照顾常年生病、曾是糕点厨师的丈夫。为了得到公司的一份工作，这个妈妈屡败屡战，锲而不舍，最终如愿以偿。领导者应该了解员工的经历，了解他们所看重的东西。他们的故事常常会让你感到惊讶，更重要的是，了解的过程能够帮助你与员工建立起真诚的人际关系。
3. “今后几年，你最想做什么事情？”先问员工现在的工作角色是什么，然后再问他，现在从事的工作对于实现他的长远目标或者全部潜能有什么帮助。了解员工追求的目标是非常重要的，无论目标是否与公司有关。
4. “你现在的工作让你开心吗？”莱斯利·布鲁纳在 Athenahealth 健康公司当了 7 年人力资源总监。她教会我问员工这个问题。这个问题很简单，但你会得到出人意料的答案。你只需要发问，倾听，学习。
5. “我能为你做些什么吗？”乐高集团首席执行官约根·维格·纳斯托普（Jorgen Vig Knudstorp）曾经说过：“不要责怪失败，而是要责怪你为什么没有帮到他人，或者寻求他人帮助。”[12] 我最近要求我所在公司的团队负责人向下属问这个问题。当然，要结合实际情况提问，问具体的问

① 布鲁克林街区位于美国纽约，曾以脏乱差著称。——译者注

题，比如，公司的哪项政策最让你感到不满？如果你手上多出500元钱，你准备用来做什么？如果可以休假，你在假期会做哪些特别的事情？

这些问题似乎很平常，但企业领导者很少这么问，你可能对此很惊讶。很多时候我们只是在自说自话，因为我们没有开放的心态。所以，当我们听别人说话时，我们表面上在听，但没有用心去倾听和理解。

慷慨，用有限的资源成就伟大的事

如果你了解进化论，就不会对本小节的内容感到惊讶了。查尔斯·达尔文在《物种起源》一书中提出了进化论，认为进化是由遗传变异和自然选择造成的。如果确实只有适者才能生存，你可能会合理地认为，那些把资源紧握在自己手上、拒绝与他人分享的祖先更容易存活和繁衍。但生物学先驱爱德华·威尔逊认为，这个规则有一个例外。证据表明，人类和蚁族都是能够为了集体利益牺牲个人利益的物种。但重要的是，这种牺牲只会发生在如下情况：人类或蚁族不需要为资源匮乏感到担忧，或者生活在公平和正义的群体中。[13]

此外，人类天生就有获取、储藏和保护资源的能力。只要我们的生命没有处于危险之中，并且所在群体遵行公平正义的文化，我们就愿意与他人分享或者赠予他人资源。由此可见，竞争和同情是可以兼容的。这个机制解释了为什么有些公司的员工投入度和满意度高，因为这些公司对员工的奖励既基于员工的业绩表现，又基于员工关心他人和帮助他人成长的能力。

行为慷慨的人也能从自己的慷慨之举中获益，越来越多的研究证实了这个观点。简而言之，帮助他人能让我们感到快乐。这是一个合理的悖论：利他有时也是自利。回顾自己的经历，我发现当人们的行为超越了自身利益具有更大的目的和意义时，人们会更快乐、更健康。亲社会行为（Pro-social behavior）是指有意让他人而非让自己受益的行为，但同时亲社会行为也能让行为人获得很大的互惠利益。

哈佛商学院教授迈克尔·诺顿（Michael Norton）是行为观察小组成员。他发现，无论是穷人还是富人，当人们把钱花在他人而非自己身上时会更快乐。我曾经有幸与诺顿教授一起主持一场论坛，期间，我们讨论给予是否有利于自身福祉和自我实现。诺顿讲了一个实验。实验人员给每个受试者一张 5 美元礼物卡，受试者需要选择是送出这张 5 美元的礼物卡，还是留给自己用。然后，实验人员测试受试者的满意和开心指数。结果几乎是压倒性的，送出礼物卡的受试者开心指数更高。

你可能会说，那只是 5 美元的礼物卡，如果礼物卡金额更高，或者干脆让受试者直接送钱，结果又会如何呢？答案是，没有区别。诺顿和他的两个同事伊丽莎白·邓恩（Elizabeth Dunn）和劳拉·阿克南（Lara Aknin）发现，受试者的开心指数是稳定的，与受试者是否被告知要行善、行善的频率以及行善金额的多少无关。他们进一步发现，影响开心指数唯一重要的因素是，善款是否确实用于救济他人。[14] 尽管收入和幸福在一定区间内确实是相关的，但我们花钱的方式似乎与我们赚钱的多少同样重要。

慷慨的人认为帮助他人是自己的义务。那些作什一奉献的人会捐出一定比例的收入（通常是 10%），因为他们相信，回馈社会是道德高尚的人应该做的事情，也能为世界带来更多的改变。“捐赠誓言”（Giving Pledge）是由沃伦·巴菲特、比尔·盖茨及其前妻梅琳达·弗伦奇于 2010 年共同发起的一项运动，旨在鼓励全球最富有的人挺身而出，捐献自己的大部分财富。所有的捐赠者都写了捐赠信并签名。捐赠者在信中承诺捐出个人财富的一半给盖茨基金会，并大力宣扬基金会的使命：将基金会的慈善资金用于解决重要的全球性问题。仅仅 6 年之后，将近 200 名富豪签下了承诺，包括大卫·洛克菲勒、埃隆·马斯克和蒂姆·库克。我很想知道这些捐赠者的感受：他们是在创造非凡财富的时候更满足，还是在承诺捐赠的时候？我猜应该是后者。

让我们看看艺术家艾尔·赫什菲尔德①的例子。有一次，他巧遇查理·卓别林。卓别林问他，如果你想完全发挥自己的艺术天赋，追求艺术梦想，需要哪些条件。赫什菲尔德没明白卓别林的意思，卓别林又换了一种方式问他："你需要多少钱，才能充分发挥你优美而极简的线条艺术风格，继续走突出描绘名人的个性特征这条艺术之路？"年轻的赫什菲尔德回答说，需要很大一笔钱。卓别林没有一丝犹豫，就开出了一张支票，交给赫什菲尔德，让他按照自己的想法去做。卓别林的慷慨不仅为赫什菲尔德提供了实现自己艺术使命的机会，还让人们可以欣赏到赫什菲尔德的艺术作品。

此外，慷慨的表现形式还可以是付出时间和提供机会。沃顿商学院的教授亚当·格兰特在他撰写的畅销书《沃顿商学院最受欢迎的思维课》中提供的证据表明："那些只求贡献不求回报"的付出者最终会更成功，因为他们最终在正确地做事和做正确的事这两个方面都做到了极致。

他举了一个例子，美国医学院最具合作精神和最愿意付出的学生，毕业后更容易实现杰出的成就。[15] 亲社会行为可以带来很多好处。感激、认可和帮助员工与提供物质奖励的效果是一样的。

我们每年进行一次"省察之旅"，有助于培养同情心。我们可以用这种方法来养成美德，培养慷慨的本能。我们应该定期评估和了解自己自省的程度，衡量自己在有条件行善的时候有多少次做到了乐善好施。每年的"省察之旅"不需要像去麦加朝圣那样艰苦而漫长，可以非常简单，比如，单独或与他人一起从事义工，或者每年抽出一天时间反省，抑或是找个风景区反思工作，这些行动都可以帮助我们在工作和生活中变得更具同情心。以往我所在公司最特别的年度活动，是员工带着家属参加公司年会。但我们决定今后尝试用作一天的义工来代替年会。职场品质与奉献紧密相关，无论是奉献时

① 艾尔·赫什菲尔德是美国著名漫画家，他擅长运用简单的黑白线条描绘各界名人，被誉为"线条之王"。——译者注

间、金钱还是某种形式的礼物。不存在一条公式，可以决定我们应该奉献的数量。实际上，奉献的习惯远比奉献的数量更重要。

在商业社会，慷慨总是被狭隘地等同于薪水、奖金、股权和升职。物质奖励固然重要，但如果这就是企业表达对员工慷慨和关心的唯一手段，那么企业就错失了最重要的东西。吉姆·古德奈特（Jim Goodnight）领导数据分析系统公司（SAS）近 40 年，期间，该公司一直被视为美国最受尊敬的雇主之一。公司通过为员工提供诸如儿童养育补贴、工作与生活平衡咨询、专业的健康顾问和休闲娱乐设施等福利，以实际行动表明了对员工健康和福祉的关心。实际上，早在推行这些福利措施几十年前，古德奈特就已经在致力于创建一种让员工感到信任和尊重的企业文化。公司为员工提供了日常工作所需要的弹性和自主性。最能体现公司慷慨文化的事件发生在 2008 年全球金融危机期间，古德奈特承诺不裁掉任何员工。那一年，公司利润创下了历史新高。

然而，领导者不应该只通过特殊事件来体现慷慨。有些被提拔到公司高层的领导者已经养成了一种认可员工所做贡献的日常习惯，这意味着不忘记也不忽视他们的贡献。没有同事的贡献，这些领导者也不可能因为表现突出而被提拔。我知道具备职场品质的人总能记得一路上帮助过他们的人。他们有时发条感谢的短信；有时组织大家聚一聚。慷慨之举并不复杂，但必须真诚。我在 20 多年的职业生涯中，看到很多人以不同的方式达到了新的事业巅峰。我认为在践行谦逊、同情和慷慨的价值观方面，美国最高法院大法官索尼娅·索托马约尔是最好的榜样。

我夫人在纽约第二巡回法院做联邦法官时，同时也是索托马约尔大法官的秘书。索托马约尔大法官平易近人，用心关怀每一位秘书。她的美好品格在那时就已经很突出了，今天依然如故。索托马约尔大法官表达她感激之情的方式非常有代表性。比如，最近我们一家寄了一张孩子度假的照片给她。她回了一封感谢信，在信中表扬了孩子，并送上她对孩子的美好祝愿。我敢肯定，她还会对其他送她小礼物的家庭也用这种感谢方式。此外，我还亲眼见过索托马约尔大法官另一种表达感激和慷慨的举动：她力争每年组织一次聚会，让曾经和她一起工作的秘书及家人团聚。有一年，她组织的聚会正好临近万圣节，于是，她筹划了一场盛大的星期日早午餐会。至少有 150 人参会，都是她曾经的秘书及家人。我注意到索托马约尔大法官特意花了很多时间与孩子们待在一起，并将带在身上的糖果分发给孩子们。她一大早就准备好了这些糖果。类似这样的例子还有很多。比如，一位和她一起工作了多年的助手即将退休，她为他组织了一场别开生面的欢送会。在我看来，她就是最好的榜样。其他领导者也应该向她学习，做到像她那样仁爱和慷慨，尤其是在登上人生巅峰之后。

> 美德与品格就像人们的性格，很难理解和定义。我不知道是否仅用一个词就能描述美德与品格，但如果只有一个词，我能想到的就是：孩子。
>
> ——临床心理学家斯蒂芬·波特（Stephen Porter）博士

孩子们几乎每天都在提醒我们什么是美德的本质：美德就是蕴含着巨大潜能的想要改变生命的本能。我的大儿子过 10 岁生日时，我们决定在家附近一家非常温馨的日式烧烤店聚餐。席间，有一位学过扎艺术气球的厨师，拿出一些气球放在餐桌上，作为礼物送给孩子们。他挨个儿问每个孩子喜欢哪种颜色，然后就把那种颜色的气球系扎成一种小动物形状。然而，当厨师来到我的 5 岁双胞胎女儿面前时，有些颜色的气球已经送完了。一个女儿得到了自己想要的橙色气球，而另一个女儿想要的粉红气球却没有了，眼里泛起小泪花。最终，厨师想办法说服了她接受红色气球，他解释说："红色只不过是颜色更深的粉色。"然而，正如墨菲定律，厨师刚把红色气球放在嘴边吹，气球就爆了。女儿哭了起来，几分钟之后，我和妻子终于说服她选择蓝色气球，而对面有个小男孩也选择了蓝色。我们告诉厨师，女儿想选蓝色。然而，他很温柔地说："非常抱歉，蓝色气球也用完了。"

女儿又失望得大哭起来。这时，我注意到对面那个手握蓝色气球的小男孩对我使了一个眼色。他慢慢站起来，走到我们桌前。女儿看到小男孩走过来，渐渐止住哭泣，用衣袖擦了擦脸上的泪水。男孩在桌前站了几秒钟，最终迈出了决定性的一步。他一边紧握蓝色的狗狗气球，一边害羞地对我女儿说："你想要我这个气球吗？"

问问你自己：为了帮助他人，你愿意做些什么？你总是能通过"蓝气球测试"吗？你多长时间做一次善事？

自省和同情将人类与其他物种区别开来，而有些人似乎比其他人具备更多的这些伟大的人性特点。赫比·汉考克就是这样的人。很多人把赫比·汉考克视为历史上最伟大的音乐家之一。汉考克在长达 50 年的音乐生涯中，改变了爵士乐的面貌，对很多风格的音乐产生了长期影响，包括嘻哈、打击乐和古典音乐。汉考克鼓励我从不同角度思考人类美德和技艺的起源。

每当有记者问汉考克为何能影响音乐领域这么多年时，他总是说："首先，也是最重要的一点是，我知道我只是一个凡人；其次，我碰巧是一个玩音乐的凡人。"音乐只是一个载体，汉考克用音乐表达了他的内在人性以及那种尽力成为最好的自己的深深的渴望。

简而言之，汉考克通过将自己的人性与天赋、技能和动机相结合，在音乐领域达到了非凡的高度。汉考克为音乐领域树立了举世瞩目的榜样。真正有责任心的好企业家必定拥有真实、同情这样的基本价值观，他们应该在所有行为中体现这些价值观，而这些行为同时还展现了诸如开放、共情和慷慨的品格。只有当我们真正关心他人，无论是更好地了解他人还是帮助他人在职场中成长，我们才能成为将专业能力与同情心相结合的更优秀的医生；成为将娴熟技巧和内心灵魂相结合的更优秀的音乐家；成为既用脑又用心的更优秀的企业家；成为既能争取最好的业绩表现又能与员工建立良好关系的更优秀的全能型企业家。这一切都取决于身居要职的企业家如何作为。他们需要在领导团队的过程中无惧展现同情心；他们需要明白，只有努力帮助员工实现潜能，他们才能实现自己的目标：改变行业格局、培养有活力的企业文化以及创造持久的商业价值。

GOOD PEOPLE

职场箴言

- 同情由三种基本品格构成：开放、共情和慷慨。开放意味着消除偏见，共情意味着真正了解他人，慷慨意味着行为仁慈。
- 开放的心智使我们能够接受新想法，并乐观地看待新想法。如果企业拥有清晰的能被普遍遵守的价值观，就会授权员工做一些重要的决策，并相信员工能够做正确的事情。
- 慷慨让付出者和接受者同等受益，慷慨是带来巨大变化的重要力量。归根结底，富有同情心的领导力就是不断地表达：我们关心你，你很重要。
- 从根本上讲，同情作为一种人性特点，居于职场品质的核心位置。富有同情心的好企业家都能牢记如下事实：我们都是人，人与人是通过共同的价值观来连接的。在富有同情心的组织中，每个成员都会因为感受到彼此的亲密和共同的使命而在工作上更加投入。

第 5 章

职场品质金字塔的第 3 层，完满

GOOD
PEOPLE

THE ONLY LEADERSHIP DECISION
THAT REALLY MATTERS

我不会假装自己无所畏惧，但我最主要的情绪是感恩。我有所爱的人和爱我的人；我从他人身上所获甚多，也有一些回报给予他人；我享受阅读、旅行、思考和写作，由此我与世界发生关联。

——神经病学专家奥利弗·萨克斯（Oliver Sacks）[1]

爱、尊重、智慧，完满的 3 个层次

我在家里和办公室里都挂着一幅相同的照片，乔治·塔梅斯（George Tames）拍摄的《最孤独的工作》。[2] 画面中，美国前总统约翰·F. 肯尼迪从总统办公室的南窗望向窗外，他耸起双肩，双臂撑在办公桌上。即便只能看到肯尼迪的背影，我们也能感受到他的疲惫和压力。这张照片充分呈现了作为领导者的另一面：尽管影响力和成功能带来阶段性的喜悦，但与此相伴的是他们所要面临的困难、失败以及独自做出重大决策的孤独。

1962 年 10 月古巴导弹危机爆发，肯尼迪不得不做出一系列艰难的决策。我们在面临压力的时候追求完满，即爱、尊重和智慧相互结合、彼此强化的一种状态，这可以帮助我们做出正确的行为。我们身边的道德高尚的人可以帮助我们实现完满，他们不仅偶尔给予同情，还经常提供建议和支持。

正如很多书里所写的那样，肯尼迪的弟弟罗伯特·肯尼迪在化解古巴导弹危机的过程中扮演了关键角色。他也是肯尼迪的亲密顾问，肯尼迪非常倚重他的建议和判断。当时，美国国家安全委员会执行委员会向肯尼迪提出了两个选项：一个选项是形成封锁，以阻止更多的导弹进入古巴岛；另一个选项是立即展开军事行动，空袭古巴。最终，肯尼迪选择了封锁。我们不可能完全体会肯尼迪那时的内心起伏，当时他的决策将对无数人的生命产生严重后果。古巴导弹危机迫使肯尼迪做出了最困难的决策。著名政治科学家格雷厄姆·艾利森在他的一本关于该危机的重要著作中，非常贴切地把肯尼迪面临的挑战称为“决策的本质”（Essence of Decision）。[3]

所有人的生活都充满了艰难困苦、成功与失败、光明与黑暗，但领导者会经历更多这样的时刻，特别是当他们不得不独自思考并做出最困难决策的时候。正是在这些特别的时刻，他们才能最敏锐地感知到他们的成就有多大、他们的失败有多痛、他们的韧劲和毅力有多强。

领导者，尤其是卓越的领导者，进行的工作是一项孤独的事业。莎士比亚在《亨利四世》中写道：“为王者，无安宁。”[4] 真正的领导力要求自我牺牲，以让他人免受孤独和不安。领导者只能在私下疏解自己的困惑，努力控制自己的情绪。的确，很多领导者主动选择了与孤独为伴。

领导者可以通过寻求完满来缓解孤独。一个人不可能在突然间变得完满，这需要巨大的耐心和勇气。那些力图追求完满和平静的人会发现，这个旅程既漫长又痛苦。追求完满不是百米冲刺，而是徐缓而大步的长跑；即便我们绝不可能达到完满的终点，至少我们也得到了心灵的平静，在逐渐趋于完满的过程中，离完满越来越近。完满是一个人职场品质的最高境界。完满融合了爱、尊重和智慧，位居职场品质金字塔的塔尖。总而言之，具备爱的心智、练习尊重和智慧行事，我们就能迈向更大的成功：一个人竭尽全力想要追求的更完满的人生。

我们在喜欢自己所扮演的角色时能感到完满。完满是我们对所遇到的人、环境和际遇感到满意并感恩的一种状态，完满还意味着我们意识到自己可以竭尽全力帮助他人成为最好的自己。我们是否在工作和生活中本能地帮助他人实现幸福？我们是否尊重了自己和他人？我们是否积累了足够的智慧和经验，能够区分判断好坏，并正确行事？

国家领导者的决策影响了整个国家，准确地讲，是整个世界。虽然我们是普通人，但这并不意味着我们应该低估自己向善的能力。无论我们的地位如何，都只能由我们是否竭尽全力帮助他人来评判我们所具备的美德。大规模的变革往往始于几个人的努力，每一处积极变化都是从一个人的努力开始的，然后是几个人，最后扩展到很多人。对企业家而言，完满意味着应该让企业和员工信守这种成功观：不仅仅看重短期的经营业绩，更看重业绩的持续性以及企业对所有利益相关人产生的影响，就像约翰·麦基在全食食品公司所做的那样。因此，对我们每个人而言，人生的关键问题是：我们是否增进了我们的社区利益？这种利益不仅要用财务报表上的数字来衡量，更要用代表了更高利益的职场品质来衡量。最优秀的企业家明白这个道理：我们的意义必定超越了财务报表上的一堆数字，我们必须致力于长期践行企业的优秀品格和文化，我们必须持续帮助我们身边的员工成长。

也许，你会认为用完满来评判领导力、用职场品质来评判成功这些愿景过于理想化。在领导职位上的人似乎注定要面对压力和孤独，怎么可能做到完满？企业家是否能把他们的权力当成一种荣幸，继而把帮助员工成为最好的自己当成责任和最高使命？只要我们能理解企业家面临的真实挑战，只要我们能根据现实情况调整我们的预期，只要我们能坚定不移地与身边的好员工共事，我们就有可能做到完满。是的，通向完满的道路需要付出持续的努力。是的，持续的努力需要让好员工聚集在一起，让他们带来积极的变化，创造持久的价值，同时实现他们自身的潜能。此外，实现完满是有可能的，只要我们能从拥抱爱开始。爱是普世价值观，是我们已知的生活中最强烈的情感。

爱，与客户建立信任

为了体验完满，一个人应该既接受他人的爱，同时更多地爱他人。那些全身心服务于他人的人展现了爱的最高境界。在商业语境中讨论爱似乎很怪异，但事实上，最受人尊敬的企业家往往是那些受使命驱动、服务于他人的人。我的商业合伙人马茨·莱德豪森曾经说道："谈论爱并不俗气，因为领导力的核心就是爱。这才是真正的领导力。"关于爱，莱德豪森最喜欢以下这个定义：

> 爱是愿意拓展自我，为了自己和他人的灵命成长……爱与爱的行为是统一的。爱是行动的意愿，也就是说，爱既是一种意愿，也是一种行动。意愿意味着选择。我们并非天生就会爱，我们只是选择了去爱。
>
> 著名心理学家 M. 斯科特·派克[5]

爱和被爱意味着，你愿意为他人的幸福而付出，你在用有意而为的心智模式给予爱。相比我们之前讨论过的同情，爱是更深厚、更感性、更亲密的情感。因此，爱不是欲望和爱情的同义词，而是以培养和服务他人为导向的行为。

为什么在商业社会谈论爱会让很多人感到不安？因为对专业领域而言，爱似乎是一种过于强烈的情感。如果你认为"爱"这个词太过宏大和私密，不适用于商业领域，那你可以把它换成"影响"，甚至可以是"关心"。不过，难道企业不就是想让客户"爱"上它们的品牌和产品吗？难道员工对工作的高度投入不就是"爱"的另一种说法吗？领导者宣称他们想追求爱的企业文化，但他们常常没有按他们所宣扬的付诸行动，这真是太讽刺了。领导者要想让员工爱上自己的公司，就必须让员工爱上自己的工作，并树立更远大的使命。

我在读到凯文·罗伯茨（Kevin Roberts）的《爱的品牌》（*Lovemarks*）一书时，第一次在商业语境中见到“爱”这个词。罗伯茨是盛世长城国际广告公司（Saatchi & Saatchi Great Wall）前董事长，他试图把爱带入品牌与客户之间的对话。他认为，企业不仅应该致力于打造品牌，还应该致力于打造“爱的品牌”。罗伯茨在书中写道：“爱的理想主义是商业的新领域。通过建立尊重和激发爱，企业可以感动世界。”[6]

罗伯茨的书很快获得了强烈反响。消费品品牌迅速采纳了罗伯茨的哲学：最伟大的全球品牌需要与他们的消费者展开真心实意的对话。罗伯茨认为，要做到这一点，品牌必须在尊重和爱这两个独立的维度上得到客户高度认可。那些缺乏尊重和爱的企业只不过是在售卖产品而已，而那些品牌知名度很高的企业也并非就能自动打造出“爱的品牌”。有些品牌哪怕没有与消费者形成情感上的连接，仍有可能得到人们的青睐，这就是传统的“商标品牌”概念。对有进取心的企业而言，关键问题是如何从打造“商标品牌”变为打造“爱的品牌”。前文所列举的那些公司坚守自己的价值观，并将价值观作为决策的过滤器。从爱马仕或香奈儿之类的奢侈品品牌，到巴塔哥尼亚或 Trader Joe's 杂货连锁店之类的消费品品牌，再到 Soulcycle 健身连锁店或宜家之类的生活方式品牌，这些公司通过持续的实践和行动来增加品牌价值，并与消费者建立起真实的关系。

无论你的公司是像 Trader Joe’s 杂货连锁店那样的大众品牌，还是像爱马仕那样的奢侈品牌，都不重要，重要的是完整而持久地践行品牌所代表的价值观。我曾有机会与 Trader Joe’s 杂货连锁店前董事长道格·劳赫（Doug Rauch）和爱马仕美国公司现任董事长鲍勃·查维斯（Bob Chavez）打交道。我很快就意识到这两家公司是如何坚守价值观的。Trader Joe’s 杂货连锁店的品牌理念是要为客户创造价值：“我们非常认真地对待‘价值’这一概念。我们努力保持低成本，因为我们省下的每一分钱，就是你省下的每一分钱。”像 Trader Joe’s 杂货连锁店这样的产品驱动型公司必须做到物美价廉。[7] 这一理念早已深入 Trader Joe’s 杂货连锁店的企业文化，劳赫说道：“文化才是企业真正的实力，能让企业与客户产生‘化学反应’……对于零售业而言，文化意味着用心服务客户。”[8]

我们再来看看另一类非常不同的公司，爱马仕。爱马仕的品牌和产品似乎不属于我们这个星球。但在更深层面，爱马仕和 Trader Joe’s 杂货连锁店又有相似之处，二者都坚守自己的价值观。爱马仕是历史最悠久的独立奢侈品牌之一，也是世界上最著名、最有价值的品牌之一。爱马仕成功的关键是，毫不动摇地坚守悠久的手工制造传统。公司对每一款产品的品质都有近乎苛刻的要求，同时又尊重手工打造的历史传承，拒绝任何形式的规模化生产。[9] 如今，爱马仕已经大大拓展了自己的产品线，但跟 Trader Joe’s 杂货连锁店一样，仍然持守自己的核心价值观和个性。关于品牌成功的秘诀，查维斯的想法与劳赫如出一辙，他认为爱马仕品牌之所以能屹立 180 多年不倒，是因为“爱马仕总能做到一致和真实，总能坚持不牺牲品质和手工传统的文化和承诺”。[10]Trader Joe’s 杂货连锁店和爱马仕都对产品精益求精，这是两家公司坚定奉行自身价值观的一种表现。

自 2000 年以来，罗伯茨的理论已经成为盛世长城国际广告公司的核心工作方法。消费者和在线社交媒体经常发表对品牌的看法，除了上述品牌，他们还将其他一些品牌视为“爱的品牌”，包括健力士、Ben & Jerry’s 冰激凌、谷歌、沃比帕克（Warby Parker）眼镜和 Moleskine 笔记本。[11] 为什么有些品牌能激发出爱，有些却不能？我在职业生涯的早期，认为打造品牌的最佳方式，就是专注于让客户最大程度地爱上公司的品牌、服务和产品。作为一名管理咨询顾问，我知道如何帮助公司调研市场需求，然后打造核心竞争力，提供客户所需的产品。这是一种由外而内的方法，虽然仍然管用，但我发现，公司用这种方法通常无法与终端客户建立起情感联系。如今，我采用了相反的办法。我相信，最强大的企业和品牌应该践行由内而外的品牌哲学。企业先在管理者和组织层面建立自我关怀的文化，然后再投入精力与客户建立情感联系。想想你自己对爱的体验：完满和自爱是与他人分享爱的前提条件，想想前面提到的那些被誉为“爱的品牌”的公司以及其他你所喜爱的品牌，你就会知道持续成长和成功的企业深深根植于一系列共同的价值观，这些价值观最终形成了企业与客户之间的信任和情感连接。

费边·福特穆勒（Fabian Pfortmüller）是 Holstee 公司的联合创始人。这家公司总部位于纽约布鲁克林，生产和销售环境友好型产品。福特穆勒深深影响了我，启发我形成了关于由内而外的爱的想法。福特穆勒曾经用同心圆打比方：最小的圆是自爱，第二个圆是将我们的爱给予他人，第三个圆包含了对相互连接的所有人的爱和感恩。将爱给予他人，也就是从一个小同心圆到一个更大的同心圆，能够使我们体验到一种深层次的快乐和一种诚挚的愿望，希望我们的爱能帮助他人实现梦想，甚至胜过实现自己的梦想。知易行难，关键是我们必须在工作和生活中先做到自我关怀和自爱，然后才能做到由内而外地关心和爱护他人。

一般而言，一家企业给人的感觉要么是有爱，要么是冷冰冰的，很简单。我评估一家潜在的被投资企业时，总是会参观这家企业的办公场所，看看是否能“感受到企业中的爱”。我最近考察的一家企业的财务和用户数据每个月都在翻倍增长，营收很快就能达到千万量级。但是我在参观这家企业的办公场所时发现环境静悄悄的，办公桌空荡荡的，总感觉哪里不对劲儿。于是，我放弃了这家企业。你不一定需要员工流失率、员工服务年限和财务数据等量化指标，才能判断一家企业的状况。

不过，员工工作投入度调查仍是评估一个组织是否有爱的一种有效办法。在当代管理学理论中，员工工作投入度是过去十年来非常流行的概念，主要涉及如下问题：企业需要为员工创造哪些条件，才能让员工热爱自己的工作，让员工有动力扮演好自己的工作角色。WD-40 公司高达 98% 的员工表示，他们乐意告诉别人他们在 WD-40 公司工作。[12] 员工只有工作得开心，才能把幸福感传递给客户和其他利益相关人。热爱企业的快乐员工都能在工作、产品和服务中体现出这种爱，而客户也一定能感受得到。满意的员工可以带来满意的客户。你的员工就是你关键的利益相关人，因此如果他们对你的使命和品牌非常投入、充满热情，简而言之，如果他们热爱他们的工作，你的企业就能变得强大而有影响力。

那么，好企业家应该怎么做，才能与员工建立情感联系，打造出爱的品牌呢？企业家需要将员工在企业中所扮演的角色与企业的愿景和价值观联系起来，让员工明白他们的工作有助于企业实现更大的使命，因此他们是企业愿景中很重要的组成部分，这种内在激励比明显的外在激励有效得多。领导者需要问自己如下问题："我是否向员工清晰地传递了企业的愿景和价值观？我应该怎么做，才能将帮助他人成功放在工作的优先位置？我应该如何授权员工在其职责范围内做出自我决策？是否有一种办法能让我听到员工真实的声音？"回答这些问题将有助于开启更多爱的机会。

我和我的合著者在《热爱、实干、勇气和运气》一书中披露，有 70% 的成功企业家，其事业是由热爱所驱动的。大多数人都认为一个充满激情的创始人是一家企业的核心，但实际上，商业领域存在很多不同类型的爱。古希腊人对不同类型的爱提出了精细入微的定义。C.S. 路易斯在 1960 年出版的《四种爱》一书中所探讨的四种"爱"，就是基于古希腊对爱的定义。[13] 那么，我们如何将不同类型的爱应用于领导力和商业语境呢？

- 欲爱（eros）是情欲之爱。古希腊人相信，如果对情欲之爱不加节制的话，是很危险的。欲爱令人如痴如醉，甚至可以让我们做出不理性的行为。在商业语境中，欲爱是"感官之火"（fire in the belly），有时能让创业者想出"疯狂"的创业好点子。然而，这种激情最终需要得到控制和引导，以使企业进入下一个既不冒进又具有持续性的商业发展新阶段。
- 友爱（philia）意味着忠诚、友谊、同志、情感和陪伴。在工作中，友爱是我们努力与同事建立的互爱和共事关系的基础。
- 情爱（storge），路易斯把它称之为"感同身受"，类似于我们前面讨论的同情。同情意味着完全站在他人的立场考虑问题，同情是人与人相互理解的基石。

- 仁爱（agape）是无条件的牺牲之爱，就像母亲对自己孩子的爱。中世纪著名的哲学家圣托马斯·阿奎那把仁爱描述为一种“成就他人的意愿”。路易斯认为仁爱是四种爱中最伟大、最良善的爱。我和我的合著者在撰写《热爱、实干、勇气和运气》的过程中，都想找到爱在生活和工作中的真正含义，而四种爱正好适用于这两个领域。然而，在那本书中，我们所探讨的最有趣的爱也是我认为对于完满而言最重要的一种爱，就是仁爱。实际上，服务型领导力和职场品质，也就是我们所说的把利益相关人放在第一位，都要求我们做到仁爱，或者要求我们爱得足够深，甚至可以为了实现更完满的使命而牺牲自己的利益。

无论我们是领导者、管理者还是基层员工，我们每天都会为工作做出牺牲。毕竟，我们有一半的清醒时间都在工作，因为工作是我们的谋生手段。然而，我们都应该牢记孔子的一句话：“知之者不如好之者，好之者不如乐之者。”① 通过为公司愿景做出自己的贡献以及帮助他人成为最好的自己，我们可以在工作中找到乐趣。

好企业家想要提高员工情感投入度，必须要打造真正的爱的企业文化。美国 MBA 协会创始人凯西·杰拉尔德曾对我说：“如果没有经常做到爱自己和爱他人，我不相信我或者任何人能够实现完满。爱不是甜言蜜语，不是依偎拥抱，不是浮夸享乐，而是非常严肃的事情。”[14]

尊重，激发团队紧密协作

我不介意你是否喜欢我……我只希望你把我当成人来尊重。

——美国职业棒球运动员杰基·罗宾森（Jackie Robinson）[15]

---

① 这句话出自孔子《论语·雍也》。英文直译的意思是：选择一份你热爱的工作，每天工作就不会成为你生活的负担了。——译者注

完满的第二种价值观是练习尊重，既尊重自己，也尊重他人。你会怎样对待陌生人？你身边的人如何对待衣帽间服务员、出租车司机和餐厅服务员？他们是以开放或尊重的态度待人，还是以冷漠、傲慢、甚至粗鲁的态度待人？几乎每一家企业都有谄上欺下的一类人。

你只需要观察一个人如何对待孩子，就能大概知道他是怎样的人。我曾经和我年纪尚小的几个侄女一起参加了一场新年之夜的聚会。当我向其他人介绍我的侄女们时，我发现在场的客人可以分为不同的两类人。第一类人对女孩们表示出了真正的尊重和关注；第二类人只是礼节性地握了握她们的手，然后迫不及待地转而与其他客人交谈。而聚会的主人看到我的侄女们一同来做客，相当开心，既热情欢迎她们的到来，又问了她们很多问题。聚会的主人似乎真的关心她们的经历、她们在哪里上学、她们如何看待自己的家乡波士顿。而这与其他客人的态度形成了鲜明对比，后者只是把女孩们当作不速之客。品德高尚的人在这类场合都显得富有人情味，他们能克服性情上的弱点，放下尊贵的社会地位的架子，平等对待每一个人。

尊重意味着持续遵行自己的价值观，做到我们在前文提到的诚信和自我一致。你也许不认同他人的价值观，但你应该尊重那些知行合一的人。即使始终遵行自己价值观的人和我的价值观大不相同，我宁愿与他们做生意，也不愿意与见风使舵的人打交道。我在 Cue Ball 投资公司的合伙人约翰·哈梅尔（John Hamel），把那些不愿诚实面对自己、伪装自己的人形容为“你需要费尽九牛二虎之力才能知道他们真实想法的人”。我们应避免与这类人打交道。简而言之，表里如一的人更值得尊重。

尊重是同情的“近亲”，我们在练习尊重时要倾听他人、遵守得体的礼仪、认清错误、履行承诺。从这个意义上讲，应该从养成简单的日常习惯来练习尊重，比如，不迟到、不早退、迅速认错、宽宏大量。约翰·伍登为球员设定了三条关于尊重的简单原则，球员们也的确做到了尊重自己和队友。以下是这三条原则：

1. 绝不迟到，尊重时间和对他人的承诺。伍登在出勤率和准时率方面对球员的要求非常高。迟到或者缺席训练的球员很可能会被球队开除。

2. 干净整洁，不说脏话。伍登要求球员遵守文化礼仪和规章制度，尊重所处的场合。穿着干净整洁，表明认真对待每一次训练和比赛。有一次，篮球明星比尔·沃尔顿没剃胡须就参加训练，伍登马上让他回家把自己收拾干净。沃尔顿坚称蓄胡子是自己的权力，伍登回应说："很好，比尔，我很敬佩那些信念坚定、知行合一的人，我也是这种人，因此我要开除你。"沃尔顿马上起身回家刮胡子。[16] 一直以来，我都信奉传统的教育理念：宁愿穿着讲究，也不穿着随意。

3. 绝不指责队友。伍登认为成功不仅意味着赢得比赛，还意味着在集体氛围方面和比赛过程中成功。伍登相信，最棒的比赛是虽败犹荣的比赛，既没有赢家，也没有输家。他告诫他的球员们，绝不能指责队友，绝不要在评价队友时无视队友的贡献，绝不能不尊重其他球队。

身居要职的人往往没想过刻意赢得别人的尊重，而是认为受人尊重是自己应得的。你是否是一名团队队长或一家企业的首席执行官并不重要，你只能依靠一贯的职场品质或专业能力就能得到别人的尊重和敬佩。最终，只有尊重他人的人才能赢得真正的尊重。尊重是双向的。你敬佩的人犯了错之后，愿意站出来公开承认错误吗？人非圣贤，孰能无过。问题在于，他们是否敢于坦承错误，是否敢于承担责任？

2007 年情人节，美国东北部的一场暴风雪造成捷蓝航空公司多次航班被迫取消或延误。乘客们强烈不满，有的人已经滞留了一个星期，有的人丢失了行李。而对于早已不堪重负的捷蓝航空员工来说，重新安排数百架次航班则增添了新的麻烦。公司联合创始人戴维·尼尔曼（David Neeleman）表示，这是公司创立以来 7 年历史上最糟糕的一周。暴风雪危机之后，尼尔曼真诚地向乘客道歉，他愿意为捷蓝航空给乘客造成的不便承担全责。尼尔曼的致歉信发布在互联网、公司官网和美国全国性媒体的整版广告上。就像"顾客总是对的"这句古老的格言，尼尔曼的道歉表达了对乘客真正的尊重。

尼尔曼没有用糟糕的天气作为遁词，而是承认问题，同情受到不利影响的乘客，解释公司在哪些地方做得不够好，并列出今后改进的措施，包括发布新版的《捷蓝航空客户权益规定》。这才是真正的承担责任。以下文字摘自尼尔曼的致歉信：

> 对于您及家人与同事所经历的焦虑、沮丧和不便，我们内心的歉意无以言表……捷蓝航空承诺将乘客至上的理念带入航空之旅，承诺让乘客获得更愉悦的飞行体验……我们深知，上周我们没能兑现承诺……你们理应获得更多、更好的服务……而我们让你们失望了。[17]

尼尔曼本可以把责任归咎于不可控的环境和天气，但他还是选择了正确的做法：尊重乘客的感受，并向他们致歉。尼尔曼借致歉与客户建立了情感连接。在需要诚信的时刻，在公司声誉处于危机的时刻，尼尔曼的做法赢得乘客更深的信任。

我在职业生涯中发现，最能体现领导力的时刻之一，就是高层领导者向基层员工致歉的时候。美国深受欢迎的作家韦恩·戴尔最有名的一句话是："如果非要在争论对错和友善待人之间做出选择，那就选择友善待人。"[18] 如果工作场所是员工争论对错、自我辩护的战场，那员工就很难做到相互尊重和追求完满。如果孩子们能从困境中吸取教训，而非指责他人、推卸责任，我们会表扬他们成熟懂事。作为成人，我们应该比孩子做得更好。对组织来说，最重要的是，员工的行为是体现还是偏离了组织的愿景和核心价值观。

迪克·哈林顿是我认识了 20 年的朋友和同事。我敬慕他的成功和他坚定的价值观。他从一名底层的水管工人做起，最终成为全球最大的信息服务公司的高管。我曾在汤姆森路透集团工作，是哈林顿的下属。外界人士经常要求我们公司在战略和执行上快马加鞭，但哈林顿拒绝这么做。那时，我还不能完全理解哈林顿的做法，为什么不干脆禁止这些人表达意见呢？然而，多年以后，我才逐渐明白，向所有利益相关者提供表达自身想法的机会有多么重要，因为这能让他们自己形成共识。

哈林顿在践行领导力时将个人贡献者与团队领导者区分开来。哈林顿相信，即便是最聪明的个人贡献者，特别是那些“聪明自大症”患者也不如那些专业能力较弱但能使他人成长的团队领导者更有价值。对哈林顿来说，团队的完满大于任何个人的完满。患有“聪明自大症”的员工很难尊重能力不如他们的人，他们不能赢得他人的尊重，却常常要求别人尊重他们。他们常常疏远同事，破坏团队紧密协作所需要的信任。最终，过分看重能力而忽视品德的偏见阻碍了“聪明自大症”患者实现个人完满和职业成长。我总是在寻找因价值观和行为赢得他人尊重的员工，尽可能回避因头衔要求他人尊重自己的人。

如果人们知道你的行为总是符合你的价值观，你总能兑现你的承诺，你总会去做你计划要做的事情，那么人们就会尊重你。比如，通过持续兑现对消费者的承诺以及超越消费者的期待，Trader Joe’s 杂货连锁店的净推荐指数（Net Promoter Scores, NPS）经常居高不下。这个指数是一种评估消费者向他人推荐某家公司的意愿的指标。Trader Joe’s 杂货连锁店首要的核心价值观是黄金法则：你想别人怎样待你，你就应该怎样待人。[19] 有一年在宾夕法尼亚州，冬天的一个晚上发生了暴风雪，一位 89 岁的退休海军军官被困在家里。他的女儿心急如焚，给附近的杂货店打电话，希望有一家店能给家中的父亲送一些日用品，结果却失望了。最终，她拨通了 Trader Joe’s 杂货连锁店的电话。客服代表在电话中表示，他们通常不会送货，但不用担心，他们会为这位老军人破例。30 分钟后，他们将几袋日用品送到了老人家里。此外，客服代表还额外送了一些老人可能会用到的物品，好让他可以在家里多坚持几天。并且，所有这些商品和服务都是免费的，这真是太令人惊喜了！在做完这一切之后，客服代表只送上了一句简单的祝福：“圣诞快乐！”[20]

在这个案例中，Trader Joe’s 杂货连锁店客服代表向急需帮助的人伸出了援手，充分体现了职场品质金字塔中与真实和同情有关的所有价值观。通过践行首要的核心价值观，Trader Joe's 杂货连锁店还展现了其他价值观，包括“为客户创造惊喜”和“去官僚化”。回想一下前文案例中的酒吧服务员，因为客户不能用信用卡支付，就把饮料倒进水槽。与此相反，Trader Joe's 杂货连锁店的客服代表有权基于公司的价值观在实际工作中做出决策，而不是死守规则和标准流程。Trader Joe's 杂货连锁店信奉去官僚化，因为相信员工能够做正确的事情，包括在恰当的时候打破惯例。从表面来看，Trader Joe's 杂货连锁店客服代表挺身而出，在暴风雪中给 89 岁的老军人送去了日用品；从意义上讲，Trader Joe's 杂货连锁店展现了自己的核心价值观。

作家兼学者布琳·布朗曾经说过：“勇气始于挺身而出，并让他人得以看见。”[21] 对于世界上最受尊敬的公司和商业领导者而言，其持续优异的业绩表现总是伴随着坚持不懈的美德行为，他们彰显自己的价值观并坚守如一。这听起来很容易，但知行合一绝非易事。我们总有很多事情要处理，看似都是应优先处理的紧急事件或重要事件。但正如布朗所言，有时候，我们没有准时出席会议，只是因为我们害怕面对艰难的对话，没有为对话做好准备。然而，你应该尊重他人，己所不欲，勿施于人。你希望别人承诺准时，希望别人始终坚守自己的价值观，那么你也要这样去做。哪些人是你最信任的人？哪些组织是你最尊重的组织？人们总是尊重那些尊重他人、能够在危急时刻挺身而出以及抓住一切可能的机会践行价值观的人和组织。这才是真正的领导力。

《纽约时报》专栏作家兼畅销书作家亚当·格兰特在哥伦比亚大学教授领导力课程，也在美国各地作领导力方面的演讲。在演讲中，他喜欢问听众是否有自己尊重的上司。通常，只有不到一半的听众举手。而据另一项调查统计，美国就业人群中有 65% 的人更希望换上司，而不是为自己涨工资。[22] 我想起有个同事曾给过我一项建议，这项建议是他向硅谷风险投资家学到的。他说，当你考虑是否接手一份新工作时，你需要扪心自问：你喜欢你的员工吗？你能想象自己关心员工、员工也关心你吗？你尊重上司的领导风格吗？你认为他会尊重你吗？最后，在与他人谈到你的同事、老板和工作环境时，你是否会感到自豪？

真正优秀的管理者和领导者会如实回答这些问题。他们就在实践完满的另一个部分：智慧行事。

> 她希望时刻做到聪慧和理智，但是，哎！哎！
> 她必须对自己承认，她还不够聪慧。
>
> ——英国著名小说家简·奥斯汀[23]

> 如果你看到的是某个事物的整体，那么这个事物似乎总是那么迷人，比如，星球、生命……然而，如果你近观世间的尘土和岩石，一天又一天，生活就像是一份艰辛的活计，让你感到疲乏，让你失去方向。
>
> ——美国当代著名科幻作家厄休拉·K. 勒古恩（Ursula K. Le Guin）[24]

当我们不断体验人生百态，不断向身边品德高尚的人学习判断力时，我们就是在陶冶智慧。智慧是行为上的完满状态。智慧能让我们明辨何事重要、何事轻微；何事转瞬即逝，何事经久永恒；何为正确，何为错误；何为天真幼稚，何为深思熟虑。当我们对于难题的答案模棱两可时，智慧可以帮助我们做出更好的选择。智慧还能帮助我们区分哪些事情受我们掌控，哪些却不能。智慧行事意味着我们承认，生活中的问题很少有非黑即白的答案或解决方案。

智慧，在理想和现实间寻求平衡

> 上帝啊，请赐我平静，好让我接受

无法改变之事
请赐予我勇气，好让我
改变能够改变之事
请赐我智慧，好让我
明断是非。

——美国当代著名哲学家莱因霍尔德·尼布尔（Reinhold Niebuhr）[25]

当事情进展不如我们的预期时，学会客观地思考哪些因素是我们能掌控的，对我们是十分有帮助的，可以产生不同的、更积极的结果，让我们找到不可控的外部因素，而正是这些因素导致了事情的发展方向与我们的预期完全相反。尼布尔的话非常接近智慧的完美定义，也为完满语境下的“成功”的概念增添了更丰富的内涵：成功是一种自我实现的心智状态，我们知道自己已竭尽所能让自己和他人变得更好时，就会感到自我满足。这个定义的关键词是“竭尽所能”，意味着应该把我们能够掌控的每一件事情都做好。

为了知道我们能掌控哪些事情，我们需要在预期和现实之间寻求平衡。我们对成功的感知度取决于我们为自己和他人所设定的期望值。如果我们对自己的奋斗目标有更切合实际的认知，就更能掌控自己的幸福。如果我们相信应该把每件事都做到最好，那么即便我们都已做得足够好，也免不了对自己感到失望。

关于这个问题，有一项很有名的研究。研究人员通过测试奥运会金牌、银牌、铜牌获得者的感受，揭示了幸福感知度的相对性。1995 年，康奈尔大学心理学家维多利亚·梅德维克（Victoria Medvec）和托马斯·吉洛维奇（Thomas Gilovich）以及托莱多大学的斯科特·马迪（Scott Madey）发现，获得铜牌的运动员通常比获得银牌的运动员更开心。[26] 银牌获得者最失望，因为他们总是会想，如果不是银牌而是金牌该有多好，毕竟他们与金牌只有一步之遥。而铜牌获得者则认为很有可能自己原本连铜牌都拿不到。

反事实思维是把“假使……会怎样”设想为“要是……就好了”。我们感知到的自我实现和完满程度与我们为自己所设定的预期直接相关，这些预期包括对职位晋升或奖金的期望、对财务目标的设定，或者对他人的期待。当然，如果结果是正面的，无论结果是否超过我们的预期，我们都会感到开心。但如果是与我们预期不一致的负面结果，尤其是功败垂成的情况，那就会大大影响我们的心情、自信心，我们就会怀疑是否完满。

我们对他人的期望也应该实事求是，这同样重要。符合实际的期望能让我们对他人更富有同情心，更宽容别人，接纳我们自己身上的缺点。更重要的是，符合实际的期望能让我们避免由现实差距带来的失望，这种失望会播下持续沮丧和自我鄙弃的种子。不可否认，设定合理的预期是一种悉心权衡的行为。一方面，我们想要帮助人们实现自身的潜能；另一方面，如果他们犯了错，没能达到高水准，我们也要鼓励他们。

在风险投资领域，设定财务目标和预算的时候尤其需要做到实事求是。我们在与被投资公司的首席执行官们商讨全年目标时，会让他们为公司设定最优先的事项，并提供具体的评价标准，以便董事会评估他们的工作。当然，他们最优先的事项肯定与财务目标有关，而我们作为投资人的目标则是推动首席执行官们达成甚至超越自己的目标。这是一项几乎不可能完成的任务，但我们力争每一年都做得更好。根据我的估算，被投资公司达到或超越了我们的目标的比率为 75%。这并不是一个很糟糕的结果，如果你知道自己还可以做得更好，那么就有动力实现更难的目标。但总是不能达成目标更有可能让你感到泄气，而不是让你充满动力。如果人们设定切合实际的预期，并能在过程中不断加以修正，人们就能更好地面对坏消息或者低于预期的结果。

我们在追求职场品质的过程中难免会遇到各种冲突，智慧之举通常就是在理想与现实的张力之间寻求平衡。本书第二部分将详细探讨这些冲突，当前我们只需要认识到我们每天都面临各种各样的不可调和的矛盾。比如，如何在实用主义和理想主义之间求得最佳平衡？我们的短期需求和长期目标分别是什么？我们身为领导者，在试图实现作为领导者的完满的时候，需要找到平衡点，好让自己心怀感激，内心平静，对自己的决定、成就和已经实现的所有目标感到满意。

谈到寻求平衡，涉及一个有趣的问题：我们应该何时追求自己的理想，何时对现实做出妥协？毕竟，智慧应该帮助我们分辨哪些情况能令人满意，在哪些情况下需要我们进一步努力。诺贝尔经济学奖得主、政治科学家赫伯特·A. 西蒙（Herbert A. Simon）提出了“满意即可”和“满意最大化”的概念，正好与上述问题有关。[27]心理学已经把这两个概念当作测量幸福指数的标准。我们在此把这两个概念作为衡量完满的标准。西蒙的这两个概念比较容易理解。他认为，只有两种决策者：满意即可决策者和满意最大化决策者。假设你想找一根只有大约 8 厘米长的缝纫机针，但是这种针的形状非常罕见，更糟糕的是，它掉在了数百根长度为 2 厘米至 10 厘米不等的针堆中。满意即可决策者会在针堆中快速翻找，直到找出差不多长短的针就收手了，而满意最大化决策者会在针堆中找上几个小时，如果时间允许，非找出长度完全一样的那根针不可。

无论是满意即可决策还是满意最大化决策，都不可能一招鲜吃遍天。在有些情况下，足够满意的决策就是完美的决策。比如，女缝纫工通常会遵守 80/20 法则，认为 8 厘米的针就可以用于缝制大多数衣服。然而，在另一些情况下，比如，为一座吊桥设计工程参数就必须做到准确、精准和最优化。尼布尔的话提醒我们，关键在于拥有分辨差异的智慧。实际上，我们要解决的大多数问题都不属于设计吊桥这种类型。人们可能深有体会，大多数问题都适用于 80/20 法则，求近似值足以解决问题。实际情况也的确如此。

然而，这正是问题的棘手之处：A 型人格的人往往很有雄心，常常强迫自己在每件事上都做到尽善尽美，我也属于这种人。根据常识，我很清楚这种做法通常会让人失望。研究显示，满意即可决策者比满意最大化决策者更开心，也会感到更完满。完美主义者和满意最大化决策者明白，还可以把事情做得更好，这让他们永远都不会感到满意。前文已经提到，关键在于，当不需要把事情做得完美时，学会找到适当的平衡点，权衡判断，接受妥协；而如果需要把事情做得完美，就尽量做到最好。

有一种方法可以帮助我们分辨哪些情况应该满意即可，哪些情况应该满意最大化，那就是减少选择。《选择的悖论》① 的作者巴里·施瓦茨和他的同事安德鲁·沃德（Andrew Ward）在研究中发现：关于幸福，少即是多。[28] 随着选择的增多，让我们开心的阈值也会提高。施瓦茨和沃德发现，体会到幸福、感激和完满的关键在于，意识到足够好真的就是足够好！想象一下，你在购买一台新笔记本电脑时的决策过程。几乎每个月都有速度更快、功能更强大的新款笔记本面世，它们的显示器分辨率更高，电池寿命更长。为了不在各种选项中纠结，施瓦茨建议，你可以打电话给一个朋友，这个朋友是满意最大化决策者。你问他最近买的是哪款笔记本，然后你就选那款，不要再掂量其他选项。这是完美的选择吗？也许不是。是足够好的选择吗？绝对是！

智慧还取决于时间和人群特征。耐心和时间能够带来丰富的阅历与视角，理想情况下，还能吸引很多优秀人物。在我们反省和需要的时候，他们是我们的导师和榜样。毫无疑问，当我们面对最艰巨的挑战时，优秀人物和伙伴能够成为我们的导师与支持者。我们应该多结交这样的人，他们能给予我们支持，带来互补的能力，提供值得信赖的建议。然而，再次强调：追求完满和智慧是一生的旅程。为了尽享完满的益处，我们需要耐心打磨我们的智慧，让它日臻成熟。从本质上讲，智慧是行为上的完满，是我们做出优异判断的基石。

自我完善是心理学家埃里克·埃里克森提出的一个术语，他用自我完善描述人类心理发展的最后阶段。我们在 65 岁之后的老年阶段，更容易接纳

① 这本书从心理学的角度解读人的经济行为，其简体中文版已由湛庐策划出版。——编者注

人生百态，无论成功或失败。可是，为什么我们非得等到 65 岁才能达到自我完善的状态呢？有没有办法早日达到这个阶段呢？如果你能早日践行使你自我完善的价值观，也就是类似于帮助我们实现完满的价值观，你就能早日达到智慧的臻境。事实上，大多数人身边至少都有一位老年智者，可以作为我们学习的榜样。

我有两个人生目标。第一个目标是尽早成为一位智者。为什么我非得等到七八十岁才能拥有智慧？如果你的想法跟我一样，那就尽早学习哲学和伟大的精神传统。即便你不相信存在一位至高主宰，你仍可以从宗教中汲取美妙的智慧。因此，你应该随时随地学习任何你能学到的智慧！第二个目标是，用心体会快乐、敬畏、感激以及孩子们身上常见的好奇心，而且随着年龄增长，尤该如此。我们似乎总是在人生最初 5 年和最后 5 年参透一切，却在中间这段时间奋力挣扎。

其实，在人生早期阶段实现完满是完全有可能的。我问迪帕克·乔普拉，他对何事最感激。他干脆地回答说："活着。"乔普拉曾说：

> 像孩子那样，无缘由地快乐，如果你的快乐是有缘由的，你就麻烦了，因为那个缘由很可能离你而去。[29]

乔普拉提醒我们，每个人都被赐予了生命、关系、经历和财富，我们应该依次感激这些恩典。有哪些方法可以让我们更加开心和完满呢？我从鲍比·麦克菲林（Bobby McFerrin）和他的歌曲《别烦恼，要开心》（*Don't Worry, Be Happy*）中获得了灵感，也为这个严肃的话题增添了一份轻松。以下是我用来追求完满的"鲍比清单"：

1. 与善良、开心和完满的人打交道。优秀人物会互相吸引，就像开心的人会让其他人更开心、更满足。如果你身处好人之中，就会受到他们的正能量的感染。

2. 更多专注内在品格而非外在评价。专注于有意义的角色、经历、学习和成长。在工作中，专注于你所扮演的有意义的角色和你所学到的东西，而不是专注于比较你同事的薪酬待遇是否应该比你更好。《纽约时报》专栏作家戴维·布鲁克斯在其《品格之路》一书中详尽探讨了这个问题。他认为，我们这个以竞争和出名为导向的世界过于强调简历美德（résumé virtues），我们没有花足够多的时间来塑造内在品格，即悼词美德（eulogy virtues），而后者才能使我们留得身后名。[30]

3. 不要专注于你的不足。我认识的最优秀的领导者都有一个显著特点，那就是乐观。你是像一个正能量的给予者，还是更像一个负能量的给予者？努力经受住“24×3”法则的考验，在否定一个新想法之前，多给自己一天时间考虑。最优秀的领导者在面临困难时会穷尽考虑各种可能性。

4. 随时随地友善待人。你能传递更多的快乐或正能量给他人吗？你能给陌生人一个拥抱、与某个孤独的人倾心交谈、给明显急需支持的同事提供帮助吗？这就是友善待人。为了做到这一点，我们应该鼓励他人向我们寻求帮助。你能随时想起那些你正在帮助的同事的名字吗？

5. 阅读并写下自己的所思所想。写下自己的想法是自我反省的主要方式。多读书，一边读一边折角或随意标注。还有一种特别简单的记录方法，那就是把你受启发的观点和语句记下来。

根据亚伯拉罕·马斯洛的需求层次理论，金字塔的最高层级是自我实现，即一种感受到强烈超越感的“巅峰体验”。[31]在我们追求完满的过程中，自我实现是终极目标，但自我实现与我们的利益关系不大，而是更多关系到他人的利益。根据马斯洛的观点，自我实现的人能够接纳周围的现实，并感受到一种帮助他人和参与解决更大问题的责任。

相比商业领域，完满、仁爱和自我实现是哲学与心理学领域中更常见的主题。大多数人将商业生活与个人生活区分开来，就像我们将领导力的“软实力”和“硬实力”区分开来一样。然而实际上，二者是相互交织的。根据马斯洛的需求层次理论，把生存和安全当作基本需求，进而上升到仁爱、自尊和自我实现的更高需求，为什么就不适用于商业世界和领导力呢？在商业领域，诸如仁爱这样的词汇经常被理解为满意度和文化，而自我实现则被理解为个人和职业发展。但是，让我告诉你们一个秘密：其实这些是一回事！我们用政治正确般的商业术语和委婉的词汇来让这些概念在专业语境下变得更动听，实际上淡化了这些词汇的根本含义。在商业领域和个人生活中存在相同的日常需求与价值观，如果我们能用日常用语来表达商业领域的需求和价值观，那么我们就能创造更大的商业价值，同时为社会带来更大的积极变化。

职场品质有益于商业，对于组织的成功也至关重要，这是显而易见的。追求完满就是要逐渐达到一种状态：不论断自己和他人，也不为自己和他人的错误寻找借口。在这个过程中，我们会逐渐感激我们所拥有的一切，感激我们成为更好的自己。

然而，如果追求完满是一生的旅程，我们怎么知道自己何时实现了完满呢？我们对自己已经实现的成就感到满意吗？在此，我将再次提到我最喜欢的爵士乐艺术家，赫比・汉考克。1965 年，汉考克与迈尔斯・戴维斯（Miles Davis）、罗恩・卡特（Ron Carter）、托尼・威廉斯（Tony Williams）、佛瑞迪・赫巴德（Freddie Hubbard）、乔治・科尔曼（George Coleman）共同录制了《首航》（*Maiden Voyage*）这首歌。后来，汉考克说过，他曾为这首歌的结尾绞尽脑汁。歌的旋律总是回到歌曲开头的地方，汉考克突然意识到，开头就是结尾。关于什么是完满和游刃有余，我认为最恰当的定义是：完满意味着我们兜了个圈回到原地，实现完满就是珍视和践行真实与同情的价值观。完满是人性的核心，能让人们凝聚和连接在一起，能让人们共同激发出变革的热情。尽管完满是永无止境的追求过程，但我们可以将之传递给受到我们影响的人。

GOOD PEOPLE

职场箴言

- 当领导者是一项孤独的事业。领导者如果能提醒自己身肩服务他人的责任，就能求得平衡，体会到完满。
- 完满位于职场品质金字塔的塔尖，仁爱、尊重和智慧这三个子价值观共同诠释了完满。为了实现完满，人们必须充满仁爱之心，尊重他人，智慧行事。
- 在商业和领导力的语境中，仁爱的含义主要是指服务他人。满意的员工会带来满意的客户。仁爱对于我们的事业而言至关重要，与我们共事的同事值得我们做出自我牺牲。
- 尊重是尊敬他人的行为和习惯，是特殊场合的礼节，是履行对他人的承诺。尊重还事关平等原则：我们每个人都有权让自己的行为具有特殊的意义，有权遵行自己的价值观。
- 智慧是行为的完满，是让我们明辨主观因素和客观因素的经验与知识的积累。智慧能让我们在面对模棱两可的情况时头脑清晰。我们拥有智慧，就能更好地掌握特定情况下的真相，管理我们的预期。

GOOD PEOPLE

THE ONLY LEADERSHIP DECISION THAT REALLY MATTERS

PART 2

第二部分

平衡 5 种职场冲突

是人性本善，却被撒旦的力量引向了堕落；还是相反，人性本恶，却被善的力量救赎？……过去 20 年积累的科学证据表明，我们两者兼有。每个人天生就面临善与恶的冲突。

——生物学家爱德华·威尔逊，[1]《人类存在的意义》

几年前，我在布宜诺斯艾利斯旅行，发现了探戈舞之美。从大街小巷的自娱自乐，到针对游客的庸俗表演，再到当地舞蹈家们在高水准的大剧院中演出“米隆加”（milongas）①，这种舞蹈无处不在。无论舞蹈者的技巧水平如何，都可以跳探戈，这是表达冲突和激情的一种绝佳方式：一对舞者，脚步紧凑，形若一人，不断给予和领会对方意图，舞姿中既有无序，也有和谐；两人亲密的交流，时常被激情的爆发所打断，这一切都体现在舞步的变换之中。熟悉彼此触碰和拥抱的一对舞者刚踏出克制而紧张的舞步，下一刻就迈着浪漫而轻快的舞步，从标志性的断奏开始，然后顺畅地进入慢、慢、快、快、慢的四脚同步节奏，探戈舞第一段的舞步曲线随之变得轻柔。

就本质而言，探戈舞是两个舞者之间的较量：说服与拒绝、克制与接纳、对与错。这些较量的张力提醒我们，优势与劣势是一枚硬币的两面。舞

① 米隆加是指一种风格近似于探戈的流行舞曲的音乐形式。——编者注

蹈是一种绝妙的比喻，展现了大多数人在日常生活中面临的冲突，以及追求职场品质和成为好企业家的艰难现实。

5 种冲突或对抗力量分布于职场品质金字塔。这 5 种冲突持续作用于我们，要求我们寻求平衡、时刻机警。这 5 种冲突还为人类的品格和美德增添了丰富的元素，帮助我们理解为什么成为品德高尚的人、追求职场品质需要坚定的意志与决心。

在本书第一部分，我介绍了职场品质的框架、语言和步骤。现在，我们将探讨如何在现实生活中应用职场品质。当你试图把职场品质转化为行动，但很快在生活中遇到挑战时，你会发现现实世界远没有那么简单。比如，假设你不仅想要诚实面对自己的使命，还想要诚实面对他人不同的使命，抑或是公司和同事的使命，那么在实践中，你该如何安排有限的资源、次序的先后和有限的时间？我们在现实世界中应用商业计划、财务预算或建筑蓝图时也会发现，现实情况往往比预想的更复杂、更混乱。你不可能只靠模型和电子表格就能管理好或运营好企业。生活往往不是非黑即白，更多的是不同程度的灰，充满了冲突和挑战。

我用压力一词来描绘最常见的张力。我们在现实生活中实践抽象的价值观时，会遇到各种困难和挫折；我们试图调和价值观与理想的时候，会遇到各种张力。将职场品质转化为行动要比掌握理论知识更困难。难道就没有解决办法了吗？幸好只要用对方法、养成习惯、不断实践，就像本杰明·富兰克林所做的那样，我们就能在阻碍我们追求职场品质、成为好企业家的 5 种职场冲突中求得更好的平衡。我们在践行企业家箴言和职场品质金字塔时，需要应对以下这 5 种职场冲突，如图 B-1 所示。

1. 实用 VS. 理想。如果我们的梦想是美好的、远大的、有抱负的，那么我们通常就会遇到各种现实挑战，比如，时间约束、资源不足。（违背现实的压力）

2. 短期 VS. 长期。在一个沉迷于短期利益、答案和满足的世界，用长远眼光来看待事物需要拥有耐心。（违背现实和完满的压力）

3. 犹豫 VS. 信心。我们对自己和自己的行为充满了信心，但这种信心通常需要犹豫来平衡，因为即便做有价值的事情也会面临风险。（违背现实和同情的压力）

4. 个性 VS. 共性。我们既有共同的人性，又有自己古怪、不完美的品格和行为特征，我们必须学会在两者之间求得平衡。（违背现实、同情和完满的压力）

5. 坚毅 VS. 接纳。固执己见与自我反省的界线在哪里？何时应该放弃，真心接纳和拥抱失败，然后迈步向前？（违背完满的压力）

图 B-1　5 种职场冲突

衡量职场品质以及调和职场品质与现实之间张力的关键在于平衡。你是否很难在实用主义和理想主义之间做出抉择？那就成为一个实用理想主义者吧：平衡短期与长期之间的张力，成为一个有耐心的机会主义者，在耐心中借鉴高效的实用主义。你还在犹豫和信心之间摇摆不定吗？那就学着从自己的人生阅历中学会中庸之道。我们需要在个性与共性之间找到平衡点，让别人觉得你既是一个具有个性的开放包容的思考者，又是一个能同情理解他人的品德高尚的人。最后，平衡坚毅与接纳之间的冲突能够帮助我们成为既智慧又完满的人。

我们仅仅时刻意识到这 5 种职场冲突的存在，就有了一个良好的开端，有助于做出更好的决策。

R.I.S.E.，权衡决策的方法

作为领导者，现在你已经知道将职场品质融入工作的重要性了，也掌握了在自己和他人身上塑造职场品质的框架。我也简要介绍了你在试图将企业家箴言和职场品质金字塔应用于现实世界时将面临的冲突，并很可能因此误入歧途。为了帮助你更好地管理这些职场冲突，我们将探讨一种有助于我们平衡这些职场冲突的决策流程。

需要再次强调：你的目标不是力争得到单一的答案，而是平衡你所面临的职场冲突。平衡可以被定义为：

> 一种让某人或某事保持稳定的均衡分配方式。[2]
> 一种各不相同的因素同等重要或比例适当的状态。[3]

虽然调和这些职场冲突没有放之四海而皆准的答案，但如果能找出一种可以有效解决两难问题的持续的办法，就能帮助我们做出更好、更平衡的决策。我创建了一种可靠的、可复制的方法，可以作为一套成熟、清晰和一致的解决方案。但首先，你必须先做好分内之事，能够识别和理解你所面临的问题。其次，你再与一个或多个导师，或者你最信任的知己分享你的想法。再次，做决策。最后，带着信念和信心去执行决策。这种信心源自你意识到，你所面临的冲突、价值观和决策过程共同帮助你做出了一个决定，而这个决定是符合职场品质的。我把这个过程称为 R.I.S.E.，这是基于输入信息做出有效而平衡的决策的四个过程的英文单词的缩写：识别（recognizing）、理解（internalizing）、分享（sharing）和执行（executing）。

- **识别**

你要先识别你面临的问题以及为什么会面临这些问题。然后评估真实的风险和后果，设定切合实际的预期。刚碰到艰难抉择时犹豫不决是很正常的。你需要专注于找到一个接近正确和平衡的答案，而不是浪费精力去寻求完美的答案。

- **理解**

识别和确定问题与理解问题还不完全一样。理解某个事物意味着，你已经将它内化于心，能够凭借直觉，无意识地、本能地处理你所掌握的信息。为了做到这一点，你可以在大脑中演练决策过程，用“如果……那么……”来推演各种可能的结果。这就好像你正在看一部电影，你可以让影片快进或倒退，以便知道掌握哪些决策步骤能让自己获得想要的结果。你可以给自己充分的时间和空间来反思与理解自己面临的问题。

- **分享**

你理解了某个问题及其背景之后，要把它分享给你的导师、知己和贵人。这样你能从不同的视角获得更深刻的洞见，发现你忽视的东西。虽然有些决策需要当机立断，但最重大的决定需要你深思熟虑，向你尊重和信任的人征取意见与建议。

- **执行**

现在到了坚定执行决策的时候了！一旦做了决定，就写下你的决策理由，包括理性论证和决策过程的关键要点。这些会成为你今后反省和学习的重要依据。然后说到做到，根据执行的结果和情况，调整决策方案，总结经验教训，以作将来之用。

接下来，我们将探讨如何在 5 种职场冲突中寻求平衡。虽然正确的决策过程并不一定能带来良性的结果，但可以提高成功的概率。如果你凭直觉就可以运用 R.IS.E. 平衡决策框架，那尽管用它就是。无论哪种框架，结构化的决策方法总是比凭着本能决策更有利于得到平衡的结果和事后验证。当你面临两难困境，甚至是挑战了道德观的职场冲突时，结构化的决策流程可以帮助你减少情绪的影响，为最终求得平衡提供初步的指导。不过，决策方法不应该被视作僵化的教条，而应该被视作一系列逻辑原则，它们可以帮你更好地思考如何将职场品质转化为行动。如果说企业家箴言和职场品质金字塔让我们明白了什么是真正的职场品质，那么，本书接下来的内容将分享一些故事、案例和 R.I.S.E. 方法的实际应用，更详尽地阐述实际行为中的职场品质，我们如何寻求平衡，让所有职场品质呈现于商业领域之中？

如果你经常为各种两难冲突感到困惑，那你很有必要知道我们发现的如下结论：好企业家通常能够调和大多数职场冲突。他们通过深入反省自己的价值观，可以很自然地找到平衡职场冲突的方式。本书提供的框架和你知道的其他框架都可以作为指导我们行为的原则，用于强化和放大我们与生俱来以及后天养成的价值观。除了遵行自己信奉的价值观以及运用一些常见的决策框架之外，好企业家还会在关键的决策时点向值得信任的同伴、顾问、导师寻求建议，R.I.S.E. 方法也包含了这个步骤。向少数几个值得信赖的人寻求获得深刻的洞见远比泛泛征求众人的意见更为重要。下文中的人和事将告诉你，如何才能成功管理与职场品质相冲突的 5 种职场冲突，最终实现平衡。

第6章

职场冲突1，实用VS.理想

GOOD PEOPLE

THE ONLY LEADERSHIP DECISION THAT REALLY MATTERS

脱离实际行为的理想主义只是一个美梦。然而，如果将理想主义与实用主义相结合，就像你卷起袖子，让现实世界为你折腰，那么理想主义就很令人振奋。理想主义非常真实，也非常强大。

——音乐家保罗·大卫·休森（Paul David Hewson）[1]

24岁那年，我第三次作为实习生在瑞士达沃斯世界经济论坛工作。论坛在瑞士阿尔卑斯山山脚下举行，由于每年都能吸引众多重要人物参会，需要大量临时人员为贵宾和其他参会人员服务。我很幸运，会务组安排我作为时任新加坡总理的李光耀在论坛的临时代表和贴身助理，这对于我来说是一个千载难逢的好机会。我异常兴奋，因为我在哈佛读书时深入研究了新加坡的发展案例，我最重要的导师谢全仁也来自新加坡。我理解并尊重国家领导人的事业，因为我相信，即便他的某项政策极具争议，但其主观意图也是好的。在他的领导之下，新加坡成为亚洲经济强国。但那时，我并不太了解李光耀是如何平衡好理想与现实的。

李光耀参会三天，我为他提供全程服务，成为他的左膀右臂，并希望成为他的智囊。我知道我的职责是做一个基层服务人员，需要与他的助手联络与协调。我的工作方向很简单：让李光耀在参会期间一切顺利。

很多人将李光耀视作当代政治史上最伟大的公众领导人之一。他广受赞誉，因为他把新加坡这个城市型国家变为全球主要的航运港口和“亚洲四小龙”之一。我刚上岗，就收到李光耀助手的一个特殊请求，让我联络当地的电信服务机构，在两个独立的房间安装两部可以同时响铃的保密电话，其中一部要有来电提示功能。我强烈感受到李光耀非常重视细节。李光耀助手还提醒我，李光耀每天早上有游泳的习惯。此外，他还提到会给我一本关于李光耀出行偏好和礼仪礼节的小册子。

虽然前两年的夏天，我都在世界经济论坛实习，对于礼仪和日程的细节并不陌生，但李光耀对细节的关注程度还是让我感到惊讶。小册子里的信息包含了从他的专车到酒店大门的步数和距离、他喜欢的房间温度、他的饮食偏好、安全标准以及一系列成熟的应急预案。会议期间，我有机会陪同李光耀出行，并常常惊叹于他无穷的好奇心。他会问我，“托尼，你知道山顶上的这些木棍表示什么意思吗？它们与雪崩有关吗？”或者，“世界经济论坛的会议车辆是如何安排的？每天要派出多少辆？”抑或是，“世界经济论坛有多少工作人员？”对于他问的很多问题，我都不知道答案，虽然我想给人留下聪明和见多识广的印象，但我知道告诉他一个不正确的答案肯定是一个巨大的错误。

李光耀是我认识的最懂得如何平衡实用主义和理想主义的人。2015 年，李光耀去世，很多讣告和悼词都将他形容为一个仁慈的终极独裁者，或者如英国《卫报》所说，一个“专制的实用主义者”。李光耀“专制”的表现之一是：他希望把新加坡转变为一个全球性的城市型国家，这个国家由精英治理，崇尚多元文化、多种族融合和经济独立。李光耀为了实现这个理想，施加了巨大的权力、控制力和影响力。他常常指责和惩戒那些不遵守他的指导原则与违反新加坡法律的人。美国记者汤姆·普拉特（Tom Plate）写道：“虽然我们可能会质疑新加坡实现繁荣的方式，但新加坡取得的成就似乎在一定程度上让这些批评相形见绌。”[2]

李光耀的成就毋庸置疑，他带领新加坡人建立了一个低犯罪率、零失业率和高储蓄率的国家。事实上，如今的新加坡常常被视作国内生产总值和经济可持续增长的研究样本。李光耀认为，他有责任让每个公民融入这个国家，而不是让国家迁就每个公民。但他在处罚乱扔垃圾、鞭笞卖淫者和判处非法药品持有者死刑等问题上，受到了猛烈批评。不过，在本质上，这些政策体现了李光耀有高度自信和自我意识，他受到儒家思想的影响。李光耀相信，社会应该尊重和维护个人权利，但不能以牺牲社会整体利益作为代价。李光耀曾说："不要问国家能为你做些什么，要问你能为国家做些什么。"

我仅与李光耀相处了短短三天，就发现从他追求健康的生活方式和严格遵守每天锻炼的习惯，到他的团队完美无瑕地执行后勤保障方案，都体现了他的性情和实践哲学与他的价值观和理想密不可分。至今我们对于自己能有机会窥探这位既注重实用性又坚守价值观的领导人的生活，感到十分荣幸、受益良多。李光耀是一位真正的实用理想主义者。

在理想与实用之间寻求平衡

5 种职场冲突的第 1 种冲突发生在实用主义与理想主义之间。理想主义包括我们的价值观、道德和原则，也包括我们美好、远大和有抱负的梦想，我们希望自己在企业经营和人际关系中实现理想。然而，这种冲突会让我们的价值观面临挑战。此外，我们希望自己在感受、认知和行为上一致，但实用主义和理想主义之间的冲突却让这种愿望变得更难实现。我们都想成为好员工、好企业家，然而现实中的困难阻碍了我们实现真正有价值、有意义的目标。

实用主义与理想主义之间的冲突会让人们在职场品质金字塔的基本价值观之间游移不定。大多数人都希望做到真实、同情和完满，但现实总是充满了"路障"和"减速带"。我们通常只能利用有限的资源完成工作，同时还要实现自己的愿景，处理好复杂的人际关系。理想主义和实用主义就像一对冤家夫妻，每个人都想要争夺更多的注意力和权力，却很少给予对方关爱。

这种职场冲突经常会在什么情况下出现呢？当我们试图实现企业愿景、做出重大聘用决定、仔细斟酌工作机会时，或者当我们觉得自己可能过于理想化时，我们就会感受到这种冲突。由于时间有限，我们经常需要在张力之间寻求平衡，比如，“我们知道理想的首席执行官人选应该符合哪些条件，但我们没有足够的时间等待。”在与人力资源无关的决策方面，也会出现这种冲突。比如，在产品研发方面，我们可能知道理想的设计细节或用户体验是什么样子的，但时间或预算的约束使我们无法实现理想状态。然而，很重要的一点是，在任何情况下都要自问：寻求实用主义和理想主义之间的平衡会在多大程度上牺牲我们的原则与价值观？

李光耀为我们做出了榜样，实用主义和理想主义可以互为补充，两者之间的冲突可以形成一种富有成效的张力。我们不要将实用主义和理想主义看成一对令人沮丧的矛盾，而应该意识到，健康的对立最终能够带来协调平衡、互利合作和共生共存。寻求均势和平衡完全不同于投降和妥协。尽管妥协和寻求平衡的最终结果也许是一样的，但含义是不同的：妥协暗含了痛苦和退让之意，而平衡则意味着实现了有效均衡。

我们能够以一种符合我们道德和理想的方式过好生活，并服务于他人。实用理想主义者既能意识到事物的内在冲突，也能在愿景和执行之间求得平衡。最终，他们能将实用主义与理想主义的对立看作一种错误的二分法。实际上，两者之间的矛盾是一种有益的张力。实用主义和理想主义不是你死我活的敌人，而是潜在的合作伙伴。

哲学界有一则很有名的笑话：

哲学第一法则：每一个哲学家都有一个观点与其相反、地位却同等重要的对手。

哲学第二法则：他们的观点都是错的。

愿景和现实是一枚硬币的两面。为了让硬币有价值，其两面都要用同样的材质。我们的每一个行为都是从梦想或愿景开始的，所有企业最看重的始终是创造性的想法。然而，我们如何才能既管好、做好当前的工作，又能实现愿景、持续创新、推进新想法？实现愿景代表理想主义，而做好眼前工作则代表实用主义。这也许是企业在创建过程中常见的矛盾，特别是在创业的早期阶段。

那么，如何做到现实与愿景的最佳平衡呢？请回忆一下前文关于探戈的比喻。愿景必须先行，任何代表企业愿景的行动方案都应该体现出企业的价值观。热爱、愿景、灵魂、使命、价值观和理想主义，都始于梦想。无论你怎么命名这些非凡的东西，本质上都是一样的。很少有伟大的成就来自如下想法："把我们的愿景设计得平庸一点儿，就像我们周围的平常之物。"人们总是先有理想和梦想，然后才会想方设法实现梦想。在我的上一本书中，我和合著者通过研究证实了上述观点。我们发现，大约 70% 的成功企业，包括成功 IPO 或者营收规模较大的企业，最初是由热爱所驱动的，这种热爱包括了坚定的方向、愿景和价值观，却不包括正式的商业发展计划。

然而，如何看待那些由热爱驱动、最终却失败了的商业计划呢？其实，你不能过于极端，过于理想主义，以致曲高和寡。这时就需要平衡了。美国前第一夫人罗莎琳·卡特曾经说过："领导者带领人们去往他们想去的地方，而伟大的领导者带领人们去往他们不一定想去但理应去的地方。"[3] 美国有色人种协会前主席本杰明·胡克斯的观点与卡特夫人有异曲同工之处："如果你认为你正在带领团队前进，却发现没人跟在你身后，那么你就只是在散步而已。"[4]

想想你生活中那些生命力旺盛的人，他们为了实现自己的梦想，克服了难以想象的困难。他们敢于重新设想这个世界应该具有的模样。然后，他们用自己的能力和资源，为成功创造最好的条件。他们拥有十足的耐心，让他人追随他们的目标和愿景。我们希望他们能帮助我们回答超越商业范畴的问题：如果每个孩子都拥有相同的资源，获得相同的教育，我们是否就能逆转财富不平等加剧的现状？除了将犯人关在监牢里，还有没有其他改过自新的方式？企业和商学院如何才能对社会产生更积极的影响？如何帮助人们充分发挥他们的潜能？那些能够激发我们、关爱我们、尊重我们的人，总是拥有强烈的使命感和坚定的信念。他们之所以能赢得我们的尊重，是因为他们总是设法帮助我们适应新的现实境况。

埃莉诺·罗斯福说："未来属于那些相信梦想之美的人。"[5] 这句话阐明了梦想和现实之间的共生关系，是我最喜欢的名言。这句话提醒我们，所有的愿景源自能够激发起你和他人采取行动的宏伟蓝图。如果我们想要实现伟大的成就，就应该树立更远大的目标。然而，如何才能激发我们心中的理想主义并找到自己的梦想呢？

价值观决定理想和使命

我们需要先树立一个宏大的愿景，然后再由使命感驱动我们前行。当然，知易行难。任何一家伟大企业的根基都在于创始人设想的公司愿景。你想要改变什么？你想要创造什么？你的理想世界是什么样的？你有了这样的愿景，还必须具有使命感，学会不断扪心自问为什么要实现你的愿景。

在澳洲土著文化中，年轻男孩需要在荒野待 6 个月，这是一件人生大事。这种做法被称为丛林流浪（walkabout）。男孩经历了丛林流浪之后，不仅能认识自我，还能学会尊重和感激他们的祖先。丛林流浪至今仍在澳洲内陆盛行，一方面可以让新生代的土著男孩进行深刻的自我反省，另一方面可以培养男孩的生存技能。

我在一次企业家论坛上第一次听说丛林流浪。一位演讲嘉宾建议，我们可以通过内在的反省来找到自己的梦想。自省可以帮助企业家发现潜藏于心的愿景，他们的激情、能力、态度和机遇共同形成了使命和意义。好企业家也会踏上类似的旅程，去发现什么事情对他们更重要及其原因。他们不会在中途分心，也不会偏离方向。

2014 年，尼克·克雷格（Nick Craig）和斯科特·斯努克（Scott Snook）在《哈佛商业评论》杂志上发表了一篇文章“从使命到影响”（*From Purpose to Impact*）。他们在文中设计了一系列问题，帮助读者发现隐藏在领导力背后的使命感。[6] 你在生活和事业中的使命应该是一致的。你之所以有这种使命，是因为你具有你想成为的那类人的本质。克雷格和斯努克建议，如果你想发现自己的使命或内在动力，就需要探寻你的生活经历和生活方式，以揭示出统一的生活主线与主题。回顾你的人生经历，找到重大事件的连接点和反复出现的主题，因为这些真实反映了你的内在使命感。这难道不是夸夸其谈的成功学吗？克雷格和斯努克可不这么看。他们认为，对于每个人而言，培养驱动领导力的使命感是一种重要而有意义的成长训练。

通过回答以下三个问题，你就可以确定你一生的核心优势、价值观是什么，以及你对什么充满热情，简而言之，就是能让你充满能量、给你带来快乐的事物。写下答案，你会产生更强烈、更清晰、更成熟的想法。

- 当你还是孩子时，在没有人告诉你应该或不应该喜欢什么或做什么之前，你最喜欢做什么事情？描述你体会到这种热爱时的感受。
- 你一生中遇到的两个最大的挑战是什么？你从中学到了什么？
- 你现在最喜欢做什么事情，什么事情能让你感到最开心？

我斗胆给这个清单再添加一个问题，作为第一个问题和第三个问题的补充：你做哪件事情天生就比其他人做得更好？你的优势是什么？我在寻找好员工时，总是会问自己这个问题。然而，这似乎与我之前提到的观点相矛盾，之前我强调要更多地聚焦品格和价值观而非能力。当我们谈论自身优势时，难道不是更看重能力吗？但是，我们应该牢记，过硬的技能和天赋不是坏事，只是不是唯一重要的东西。尽管大多数人可能会先想到特殊技能或专业能力，但我还是希望这个问题能激发我们进一步讨论自己想要持守的价值观。同时这种讨论还有助于我们发现潜在的好员工。

虽然这种反省也许只适合面临新事业或处于事业拐点的人，但我还是认为，内心的丛林流浪对所有人都是有益的，我们应该经常这样做。随着时间的推移，尤其是随着我们不断成长，我们的使命可以演变，我们能对我们的事业赋予更厚的深度、更多的细节和更大的意义。深刻的反省有助于理解我们如何运用自己的价值观应对压力和冲突。比如，我的公司每年都要在其他地方举办年会，这是进行反省的最佳时机。在商业领域，我们容易专注于工作，却忘了花时间对自己的工作进行反省。我们也应当这样对待个人生活。如果我们只是活着，却忘了抽身观照我们想要追求的更大的使命，“成为最好的自己”就只能是一句空话。实际上，我们需要反躬自省，停下来沉思并扪心自问：“我想实现的使命是什么？”

无论你是采纳克雷格和斯努克的三个问题，还是采用我提出的问题，一旦开始反省，你就应该拟定你的使命，然后由你所信任的人来判断你的使命是否可行。再次强调，你的梦想必须要切合实际，不能好高骛远，同时你的使命不能像那些堆砌了商业术语的公司使命一样是陈词滥调的话。比较以下两个使命，你就能更好地理解二者的差异：

- 持续做出表率，不断进步，同时指导他人成长，以便能在市场中引领创新，获取新的市场份额。
- 致力于帮助他人成长，消除混乱，创造辉煌。

毋庸置疑，多数人都会认为第二个使命用语更简洁、更有抱负。你的使命应该是一个充满能量的梦想，应该表达出真实而真诚的内心自我，同时还应该根植于实用的理想主义。

无论你是在初创企业工作还是在成熟期的企业工作，设定可行的价值观对于实现梦想而言都至关重要。再次强调，要避免使用大而无当的词语，要明白这些价值观之于你的企业文化究竟意味着什么。我举一个我很喜欢的案例，有一家初创企业 Jumpcut，主营在线教育，把视频课程做得跟电影一样好看。我听了他们的介绍之后，对这家公司的 5 个核心价值观印象深刻：[7]

- 帮助员工成长：帮助他人每天进步一点点。
- 迎难而上：要直面而不是逃避困难。
- 欢迎坏想法：你必须要学会披沙拣金。
- 成为“火枪手”：不要抱怨，只管解决问题。
- 把工作当成你的作品：把你的工作当作完成艺术品的过程，它应当精美到你愿意在上面刻下你的名字。

我喜欢这些体现真诚的价值观。我敢肯定如果我有机会与 Jumpcut 公司的创始人和员工交谈，他们一定懂得这些价值观的真正含义。Jumpcut 公司用精准的语言描述价值观，美捷步公司也是这样做的，它强大的企业文化就是由价值观驱动的。我花了很多时间与美捷步员工谈论公司的价值观，所有人都提到了公司的第一核心价值观：“提供超出客户预期的服务。”WD-40 公司也是如此，其第一条核心价值观是“做正确的事”。这些价值观既好记，又与公司客户和企业文化相关。不过，比好记更重要的是，这些价值观得到了企业员工的践行和宣扬。

你要选出 5 ～ 7 条对你的组织而言比较重要的价值观。反思你最主要的使命，同时也要考虑到你过往的经历和人际关系。在过往的经历中，哪些人和事对你的生活和事业产生了最重大的影响？这样可以帮助你确定恒久的价值观，作为自己不可妥协的信念。你和你的组织应该十分注重价值观，因为价值观是行为的指南。从根本上讲，价值观只有通过行动才能体现出来。当我们试图平衡冲突时，我们的日常习惯、共同经历和社会交往都能体现出自己的价值观。当我们处于犹疑或失衡的状态时，公司的价值观可以作为我们行为的过滤器和优先考量的因素。

正如你对领导力的定义会随着时间发生变化，公司的价值观也会在长期的经营过程中变得更加明确。不过，价值观的核心内涵应该保持稳定，以便能成为做出决策、塑造文化的有效的行动指南。企业家在推进愿景的过程中，常常面临实用主义和理想主义之间的冲突，以及检视基本价值观的情况。与推进愿景或营造企业文化来支持愿景相比，公布愿景则要容易得多。拥有使命感的领导者在进行权衡的时候，既要将利润创造的正面影响最大化，又要将其对企业文化的负面影响最小化。这就需要领导者自省，并真正理解企业的价值观。企业的所有者为了给企业增加客观视角和新的竞争力，有时需要外聘一位新的首席执行官。这位新领导者要既能拥抱企业的价值观，带领企业奔向愿景，又要知道如何做出必要的平衡，将企业带到新的发展阶段。在这个过程中，实用主义要与企业家最基本的核心价值观融合，即便这意味着企业家不得不放弃做公司的首席执行官。

哈佛商学院教授诺姆·瓦瑟曼（Noam Wasserman）曾经研究过财富与权力之间的平衡关系，他把这种关系称为“富人与国王”悖论。[8] 瓦瑟曼研究了 460 家初创企业，他发现，如果持有股权的创始人持续担任公司首席执行官并控制了董事会，他们的个人财富只有那些不亲自担任首席执行官但仍控制董事会的创始人的一半。在这个悖论中，企业家从理智上知道应该怎么做，但放弃职位和权力很难。在这种情况下，一个实用理想主义者会寻找平衡点。也许他会让出首席执行官的职位，只当董事长，不再直接参与日常管理。也许他会分两步完成权力交接，先聘请一位经验丰富的管理者作为自己的助手，一段时间之后再让他接任首席执行官。

运用 R.I.S.E. 框架制订实践规划

在商业领域和日常生活中，基本价值观支撑了我们的梦想，是最重要的东西。为了实现长期的幸福和成功，我们需要聚焦于恒定不变的东西。正确的使命只有伴随着正确的价值观，才能让我们离梦想越来越近。

然而，所有的业务在发展过程中，都存在战略与执行之间的冲突。首席执行官们最常见的问题可能是："我们该如何投入资源，帮助公司进入更高的发展阶段，同时又能解决当前面临的现实问题？"领导者既需要把企业持续推进到新的发展阶段，同时又要处理好每天的紧急事务，执行好企业的经营计划。

"托尼，我知道我们需要重新思考品牌，尽快赋予品牌新的元素，我们也想这样做。可是，我们当前还有 7 家商场正在施工，你觉得我们该怎么办呢？"为了回答类似问题，我们必须立足于自己的价值观，向我们信任的人寻求建议，并采用逻辑决策法。然而，难免有偏离企业价值观的时候。这时，领导者需要自省并问自己两个问题："我们真的尽到最大努力践行价值观了吗？我们是否给了自己充足的时间去实现愿景，同时又能坚守价值观？"

在现实与理想之间划出清晰的界线并没有错，只要我们能意识到时间框架的存在。实现梦想的理想主义与实际操作的时间框架之间常常是错位的，因为人们不愿意耐心等待梦想开花结果，正如我们将在后文探讨的短期与长期之间的冲突。虽然我们需要耗费比预想更长的时间才能实现大多数目标，但这并不意味着不可能实现。没有行动，就没有结果，除非企业家拥有梦想，相信自己可以打破传统做法，否则就不可能取得进步。

现在让我们简要分析一下，实用理想主义者李光耀是如何运用 R.I.S.E. 框架来推进自己对新加坡的愿景和规划的。

识别：1965年，新加坡从马来西亚赢得独立。如何治理这片方寸之地，成为李光耀面临的颇为棘手的问题。然而，李光耀十分清楚新加坡位于马六甲海峡的入口，是具有战略意义的天然良港，全球40%的海上贸易船只来往于此。[9]李光耀意识到，加大对港口的基础设施建设十分重要。他为了增强新加坡的自然优势，做出了一个重要的战略决策：让新加坡成为一个开放的外向型经济体。如今，新加坡已经成为海外移民的天堂，然而在当时，李光耀并不清楚该如何说服两百万新加坡人打开国门。李光耀面临两难困境：一方面，要吸引外国投资者；另一方面，又要赢得新加坡人的信任和忠诚。

理解：李光耀如何才能做到既为国家吸引海外资本和技术，又不失去本土新加坡人的支持呢？一方面，他必须推行开放和亲商的经济政策；另一方面，他必须处理好犯罪、腐败、贩毒、枪支、贫困等问题。李光耀的政策建立在一系列笃信不疑的价值观上，比如，崇尚竞争、精英治国和讲究礼仪等。[10]其中，最重要的价值观是尊重公民权利。李光耀尊崇儒家思想，其中有一条信念是，既要全力倡导和维护个人权利，又不能牺牲社会利益。

分享：李光耀打造了一个高效政府，能够快速执行有助于引进外商投资和创造就业机会的经济政策。李光耀很有才干，但他仍会向他信任的智囊寻求意见和建议。其中最有名的是荷兰经济学家阿尔伯特·温思敏博士。温思敏博士作为新加坡首席经济顾问，为新加坡服务了20多年，设计了诸多经济发展政策，帮助新加坡引进了大型跨国企业，比如壳牌公司。温思敏博士之所以愿意为新加坡服务，是因为除了想帮助新加坡发展之外，他还想让世界变得更美好。温思敏博士每次被问及留下了什么遗迹时，他总是回答说："我有很多满意之作，也许它们不像建筑物那样显眼，我不能指着它们说，'那是我设计的'，但我确实知道，我造福了一些我不认识的人。"[11]

执行：李光耀坚守自己的价值观，严惩犯罪行为。他退休时，新加坡已经成为全球犯罪率最低的国家之一，也几乎没有腐败现象。李光耀通过建立中央公积金制度为新加坡人打造了一张社会保障网。中央公积金制度既是一种政府养老计划又是一种组织形式，可以让新加坡公民树立家国意识。李光耀坚定相信，要想让新加坡成为发达经济体，家长式治理风格是必不可少的。历史似乎已经证明他的判断是正确的：从 1976 年到 2014 年，新加坡实现了惊人的经济飞跃，GDP 年复合增长率高达 6.81%。[12]

关于如何成为一个实用理想主义者，我还有最后一个建议：你要善于合作。平衡实用主义和理想主义一种最直接的方法是，从周围找到与你互补的人。这就将 R.I.S.E. 中的“S”（分享），提升到了更高层次。你可以考虑采用类似李光耀咨询温思敏博士的做法，诚心聘请拥有不同能力的人才加入你的团队。我喜欢组建才能多样化的团队，但成员在品格和价值观方面应该具有共同之处，以确保团队达到高水准的绩效。

我们可以从历史上的领导者和现代组织的管理者身上学到很多宝贵的经验：通过打造多元而互补的团队，实用主义和理想主义能够实现很好的平衡。历史学家多丽丝·卡恩斯·古德温（Doris Kearns Goodwin）在其《宿敌组成的团队》（*Team of Rivals*）一书中讲述了林肯的故事。毫无疑问，林肯是美国历史上最伟大的总统之一。他在任期内，废除了奴隶制，结束了内战。这些成就与他在 1861—1865 年打造的多元化内阁团队密不可分。林肯在 1860 年当选总统之后，出人意料地任命萨蒙·蔡斯（Salmon Chase）、威廉·H. 西沃德（William H. Seward）和爱德华·贝茨（Edward Bates）为内阁成员，而他们都曾是林肯在竞选总统时的政治对手。

我们在心怀理想时，就是在依靠我们的价值观、道德准则和理想信念，即便我们因此被约束，感到痛苦。坚持实用主义的人寻求解决方案，并将行动放在第一位。理想主义和实用主义并非是不可兼容的竞争对手。相反，二者是良性张力必不可少的两个方面，是商业社会和日常生活面临的现实境况。这种张力很容易被感知，会给我们带来极大的压力和挑战，但同时也能鞭策我们创造出更美好的事物。那些既能带头践行价值观又能耐心追求愿景的商业领导者，会得到人们更大的尊重和敬意。他们是教科书般的实用理想主义者，既是梦想家，又是实干家。

GOOD PEOPLE
职场箴言

- 实用主义和理想主义是合作者，而非战场上的敌人。尽管两者之间的冲突会挑战基本的价值观，但从某种程度上讲，将两者对立起来是一种错误的二分法。在寻求平衡的过程中，实用主义和理想主义的关系应该被视为一种良性的张力。
- 梦想和理想是方向，但实干才能创造新局面。不能完全抛开实用主义来看待理想主义。在商业社会，没有执行，宏大的愿景就无法实现。最优秀的领导者既能设定目标，又能实现梦想。
- 使命和愿景应该根植于一系列恒定可靠的价值观或真理，它们能指导我们解决冲突与困难。明确我们的价值观，并将之当成真理，可以帮助我们明辨哪些人愿意与我们共逐理想，哪些人会临阵逃脱。
- 从本质上讲，经营企业就好比在跳愿景与现实、战略与执行的双人舞。好企业家的必修课就是要努力成为一个实用理想主义者，能够理解和寻求张力之间的平衡。

第 7 章

职场冲突 2，短期 VS. 长期

我们经常误将创业当作短跑或冲刺。我们希望得到好的结果，但又不愿意耐心等待。一旦事情进展不如预期，我们就会迫不及待地调整行动方案。人性的这一特点同样体现在商业目标、人际关系、饮食习惯，甚至全球问题和经济问题上。我们总是希望找到简单的解决方案。

我将在本章阐述短期与长期之间的张力。我们应该重新思考我们对短期思维的偏爱。为什么短期想法和行为令人如此着迷？其中一个原因是，我们为公司和领导者设定了激进的目标。为了连续实现短期经营目标，很多上市公司的首席执行官每个季度都会面临巨大的考核压力。即便是非上市的私人企业，在创立后的几年内也面临快速提高销售额或重复购买率的压力，这使得企业更看重短期利益，而不是长期利益。尽管少有人承认这一点，但我认为商业社会更看重获取利润（value capture），而不是创造价值（value creation）。

所以，我为 Cue Ball 投资公司设计了长期而灵活的资本架构，以使公司能够主动追求长期利益。我们公司拥有稳定的组织架构和灵活的投资风格，没有固定的清算日期，因此，我们没有售卖资产和投资项目的人为压力。这是我们的一个优势，将我们与绝大多数生命周期有限的风险投资公司和私募股权基金区分开来，那些公司必须在 8 年或 10 年内清算或分配基金资产和收益。它们给某些公司投资，只是为了将其高价卖掉。相反，我们给某些公司投资，是为了帮助这些公司实现愿景，帮助其员工不断成长。所以，我们可以按照自己的节奏和意愿卖掉股权，不过通常持股很长时间才卖掉。我们从沃伦·巴菲特身上学到了很多东西，包括他的投资理念："只买那些你愿意长期持有的公司，哪怕买完之后股市将关闭 10 年。"[1] 我在 Cue Ball 投资公司的长期投资哲学非常简单：发现一家能够持续成长的极佳的公司非常不容易，因此，你应该坚定地长期持有它！尽管当前人们热衷于谈论"独角兽公司"和"十角兽公司"① 及其估值，但我总是对寻找"海龟公司"更感兴趣，它们移动速度缓慢，但从容、长寿、端庄，让我们的海洋世界熠熠生辉了上千年。

从长远角度看问题面临着挑战：当今社会总是希望领导者推行短期策略，创造短期回报。我们已经形成了一种思维方式：迫不及待地看到下一个季度的业绩，迫不及待地进入下一轮募资或让某个大项目落地，迫不及待地开始新的游戏和新的选举。我们面临的现实境况就是目光短浅，其中隐藏着巨大的风险。我在 Cue Ball 投资公司的合伙人马茨·莱德豪森曾经说："我们生活在一个需要长期解决方案的世界，但我们总是被短期思维所包围。"我们的政治和经济系统只有在长远的时间框架中运行，才有可能处理和解决全球最严重、最急迫的问题：不平等、医疗服务、气候变化以及很多其他问题。然而，当今世界并不是这个样子。如果一位政治家或一家上市公司的首席执行官做了长远来看正确的事情，却没能为公众或股东提供满意的短期结果，可以想见他的后果如何。无论是政治家还是首席执行官，他们很少能够长期任职，还没有创造多少价值，就不得不担心将要参加新的选举或被替换掉。然而，他们面对的一些问题极为复杂，需要长期应对。因为长期思维越来越少见，所以，短期思维与长期思维之间如何权衡，成为当今领导者必须面对的最重要的课题之一。

---

① 独角兽公司指估值达到十亿美元的初创公司。十角兽公司指估值达到百亿美元的初创公司。——译者注

还有一个关于短期偏好的例子。2000 年互联网泡沫的破灭和 2008 年金融危机使我们或多或少受到影响。在时间长河中，经济危机如电光石火般短暂。然而一旦发生，却能对我们的经济造成巨大的、甚至是永久的伤害。这两次危机是阿玛拉法则的绝佳例证。阿玛拉法则是指，人们倾向于高估短期效应，低估长期效应。[2] 虽然斯坦福大学学者兼未来学家罗伊·阿玛拉（Roy Amara）指的是新技术的影响，但短期思维深深根植于人类的心理偏好，这种偏好在人们面对危险和不确定性时尤为明显。[3] 比如，高估经济危机的短期负面影响会使我们疯狂逃离市场。实际上，具有长期眼光的人应该在这个时候加码他们的投资，因为投资标的突然间被严重低估了。显然，耐心是具有长期价值的。

李录是一位极受人们尊重的投资人，也是我的朋友。他曾经告诉我从理性的角度看，投资很简单，是我们把投资搞复杂了。他解释说，大多数人很难遵守最基本的投资原则：低买高卖。巴菲特是价值投资的拥趸，他把这个投资策略描述为：恐惧时买入，贪婪时卖出。但实际上，这一原则说来容易做来难。阿玛拉已经预料到，很多投资者的做法会完全相反，他们会采用旅鼠一样自我毁灭的策略，而不是依赖于常识、独立研究和长期思维。不过，仍有少数投资者会坚持长期原则，当然，他们的表现是最优秀的。

巴菲特一直青睐具有持续竞争优势的企业，这些企业基本面稳定，具有内在品质，现金流良好，护城河深厚。1999 年，很多人开始批评巴菲特，说他的投资原则已经过时，他对新出现的投资机会麻木迟钝。在一个几乎所有事物都被互联网颠覆的商业世界，包括商业模式，巴菲特保守的投资策略哪里还有用武之地呢？ 1999 年年末，《巴伦周刊》刊发了标题为“沃伦，你怎么了？”（*What's Wrong,Warren*）的封面文章。[4] 文章作者认为，巴菲特只是在走下坡路，但还没有被市场淘汰。然而，作者还是忍不住揶揄了这位“奥马哈的老先知”。作者写道：“老实说，越来越多的投资者认为，2000 年即将年满 70 岁的巴菲特已经过于保守，甚至是过时。”这篇文章的网络读者甚至更为刻薄，他们评论说：“巴菲特旗下平庸的保险公司持有一大堆稀奇古怪的资产，包括糖果店、汉堡店、珠宝店、制鞋商和三流的综合性企业。”[5]

然而，巴菲特坚持自己的信念。他相信，无论商业模式是否由技术驱动，所有企业的价值最终都是由长期可持续的竞争优势和良好的现金流决定的。1999 年，几乎每天都有一家公司上市。那一年，巴菲特最大的并购案是收购了位于新英格兰的乔丹家具公司。[6] 那一年，互联网经济达到了非理性的巅峰。超过 12 家互联网企业购买了“超级碗”① 首位和末位广告。雅虎的市值达到了 1 000 亿美元，比伯克希尔 · 哈撒韦 ② 全部资产组合的价值还高。

我的一位导师曾经告诉我，历史可以告诉我们真相。时间飞逝至 2016 年 10 月。伯克希尔 · 哈撒韦的市值至少比雅虎多出 3 000 亿美元！谁能想到，15 年之后，威瑞森公司竟开价 50 亿美元购买雅虎的核心资产？我们从中汲取的教训是，最优秀的投资者能够耐心等待开花结果，坚持自己的原则，拒绝在流行或趋势中摇摆不定。因为耐心，巴菲特成为投资界独一无二的标杆。

总之，巴菲特和他的伙伴查理 · 芒格都意识到，比起有效的长期投资策略，择时投资的短期回报更短暂、更随机。他们明白，企业的内在价值是什么，其本质是什么，并能耐心等待时机的到来。巴菲特甚至在做自己的退休计划和留给妻子的信托计划时也采用了这种投资方法：他用 90% 的资金购买了低成本的类似万佳德公司（Vanguard）发行的标普 500 指数，剩下 10% 的资金用于购买政府债券。只要耐心持有足够长的时间，这笔资金就能自动为他的家庭创造财富。[7] 这种方法相当简单有效：只需要投资优秀企业和优秀人才。

我们可以把员工视为长期投资。如果我们像看重能力一样看重职场品

① 超级碗是美国橄榄球联盟年度决赛，是美国收视率最高的竞技比赛之一。——译者注

② 伯克希尔 · 哈撒韦是巴菲特控制的上市公司和投资主体。——译者注

质，就能真正奖励那些为企业创造最大价值的员工。这种做法十分有效，因为我们不仅奖励了最受人尊重的员工，还奖励了创造最大价值的员工。巴菲特和芒格也很会识人。他们最成功的投资之一是投给了罗斯·布卢姆金（Rose Blumkin），她也被称为“B 女士”。布卢姆金在 1937 年用 500 美元创建了内布拉斯加家具超市，并最终将其打造成了美国最大的家用家具超市。1998 年，布卢姆金去世，享年 104 岁。她的信条是“低价、诚实、无欺”，由此她成为美国品格的标志性人物。巴菲特于 1984 年爽快地买下了这家超市的大部分股权，完全没有审计公司的账目或存货。[8] 巴菲特作为这家超市的顾客，已经认识布卢姆金及其家人很多年。他只是相信她的为人，并对她经营了 60 多年的企业留下了很好的印象。他相信她的诚实、工作态度和处事智慧。[9] 收购完成后，他评价说：“即便把她与顶级商学院最优秀的毕业生和《财富》500 强企业的首席执行官们相比，只要初始资源相同，她的表现也可以超越他们。”[10] 今天，这家超市的市值已经超过 10 亿美元。[11]

追求职场品质和优秀人才是一个长期过程，我们只有让价值观和使命保持一致，最终才能得到理想的结果。

在短期和长期之间寻求平衡

长路漫漫，
家门遥遥，
渐行渐远，
得过且过，
忱积跬步，
终汇大道，
殊途同归，
后事难言。

——英国作家 J.R.R. 托尔金[12]

我们还会在很多其他领域表现出短期偏好，比如，饮食、健康和康复。美国人的饮食习惯是全世界最糟糕的，喜欢吃快餐，吃过量的肉制品和加工过的垃圾食品，喝过多的高热量饮品，因为美国人总是希望在饮食问题上速战速决。美国的医药和医疗行业也没有表现得更好，总是持续不断地针对病人的症状开处方药和非处方药，而不是针对疾病产生的原因。美国的媒体和广告也总是在宣扬，如果人们对自己的外表不满意，总有立竿见影的解决方案让你们满意，这也是为什么美国是全球实施整形手术最多的国家。由于不再培养职场品质和追求完满，这些短期偏好严重损害了美国人的长期利益。

职场品质不是手机应用软件或遥控器，可以随时打开和关掉。真实、同情和完满的价值观来自内心，践行这些价值观需要做到自我克制、持续努力以及坚信长期思维。当然，我们在成长过程中难免遇到干扰和诱惑。应对冲突、分歧和逆境并不令人愉快，这也是很多人喜欢选择短期应急方案的原因。我们忘了美好的事物需要时间酝酿，才能逐渐成熟，而伟大的事物甚至需要更长时间。有多少值得追求的事物是立竿见影、手到擒来的呢？

诚然，经营企业有时需要迅速决策。但这些决策都是相对容易的决策。比如，如果我们发现市场上有一个产品空白点，那就分配资源迅速填补空白。如果一个员工明显不胜任工作，而且破坏了企业文化，那就马上辞掉他。我们甚至也可以快速敲定一些更重大的决策，比如，你决定并购一家有长期合作关系的企业，这家企业曾与你的一个竞争对手接洽，现在来找你的公司。

我们奢望每一个决策都像上述决策那样简单。然而，培养职场品质、树立使命、变革企业，都需要时间和耐心。直到很多年以后，当职场品质的长期价值呈现在我们眼前时，我们才能完全明白和理解职场品质的真正价值。我刚开始与迪克·哈林顿携手变革汤森集团时，根本不可能想到我们能给汤森集团带来如此大的变化，更不用说我们提议并购了路透集团。我记得当时哈林顿告诉我，因为参与我们项目的汤森员工数量有限，再加上改变企业文化需要很长时间，所以我们必须要耐心、诚实，要理解那些在汤森集团工作了多年、与公司患难与共的员工。

追求职场品质没有捷径，就像专业技能不能速成一样。培养谦逊、自省和诚信的品格既非易事，也非朝夕之功。以品格和真实为基石的领导力，只有根植于更远大的使命、更深层次的行为，才能开花结果。短期偏好和长期价值之间的冲突最终事关我们如何看待基本的品格，比如，真实和完满。我们的价值观每天都会受到考验，但长期而言，只有我们行为的一致性才定义了我们的身份。虽然大多数人都想做正确的事，并愿意塑造自己的品格，但我们耐心不够，因为我们总是想以更快的速度、更少的努力满足更多的欲望，获得更多的快乐。然而，这种急功近利的做法很难成功，不会带来很多人声称想要拥有的品格和持久的价值观。这种思维方式只会妨碍我们实现真正重要的、更远大的目标。

马文·明斯基是麻省理工学院著名的教授，发明了“手提箱词汇”这个术语。他于 2016 年 1 月 24 日去世，从此世界失去了一位伟大的知识分子。明斯基解决了计算机科学中最复杂的一些问题，参与创建了麻省理工学院人工智能实验室。在他的追悼会上，一位发言者感叹道：“当今世界很少有人能主动应对全球最重要、最急迫、最棘手的问题，如今，人们最青睐‘快速失败’策略，加快迭代周期，在最短的时间内实现成功。”“快速失败”能让我们创造性地迭代新技术，但问题是，这种思维方式的代价有多大？我们是否因此回避了那些不能通过迭代法快速解决的复杂问题？那位发言者最后说道：“明斯基选择了人工智能及计算机领域最重要的问题和最重大的机遇，他知道前进的方向，愿意用一生的时间坚韧而耐心地去慢慢解决这些问题。”

在急功近利和贪图享乐面前，我们常常倾向于牺牲职场品质和长期潜能。我们每次在做决策的时候，都应该总是先自问：我们是否倾向于追求数量和速度？我们是否为了短期利益而牺牲通过耐心才能实现的高质量？确切来讲，我们不应为了追求速度和享乐而失去方向，也不应当牺牲质量和长期利益。我们需要明白追求短期利益的后果：它可能让我们错失机遇，带来新的问题。我们应该把实现长远的宏伟目标当作优先事项。

真正伟大的企业都是那些能够持续成长的企业。这些企业往往由使命驱动，专注于创造真正的长期价值，不在意市场或质疑者的看法。这并非巧合。很多上市公司的首席执行官们曾经告诉我，他们希望自己的公司被私有化[①]，以摆脱每个季度都会面临的业绩考核压力。无论是在投资、学术、运动领域还是在其他领域，从长计议意味着我们需要追求更高的品质和可持续的业绩表现。然而，这与好企业家有什么关系呢？事实上，职场品质正是一种长期行为。帮助他人成为最好的自己，以及让自己成为好企业家，实现完满，都需要付出大量的时间。

创造巨大的变化和一流的业绩需要远大的图景、不懈的专注力和想要完成更大使命的不竭动力。这就要求我们严格自律，极具耐心。你必须接受你的辛勤工作和严格自律可能要在多年以后才能得到回报这个事实。相比获得长期可持续的表现和忠实于自己的使命，短期结果的重要性相对更小。这一点不仅适用于领导者，也适用于美国新英格兰地区最有名、最有成就的一位传奇运动员。

自律，为了长远利益

2001 年年末的一个星期天，美国橄榄球联盟举办了“9 · 11”恐怖袭击之后的第一场比赛。这场比赛在纽约喷气机队与新英格兰爱国者队之间进行。这场比赛不仅仅是两队之间的较量，还象征着社会生活回到了恐怖事件之前的正常状态。在这场比赛中，大联盟历史上最伟大的领导者之一登场了。

① 这是退市的另一种说法。——译者注

离第四节比赛结束还剩 5 分钟时，爱国者队四分卫德鲁·布莱索（Drew Bledsoe）被逼出了传球区，喷气机队的中后卫莫·刘易斯（Mo Lewis）将他撞出了界外，布莱索撞伤到了胸部，被迫离场。爱国者队的历史就此被改写。一个初出茅庐的 23 岁小伙子进入赛场，取代了布莱索担任球队的四分卫。他就是来自密歇根大学的汤姆·布雷迪（Tom Brady），一个第 6 轮才被选中的新秀。

如今，汤姆·布雷迪拿到了 5 个“超级碗”冠军，获得 4 次“超级碗”最有价值球员和 2 次常规赛最有价值球员的称号，12 次入选全明星阵容，已经成为全球最有成就的体育运动员之一。他的自信来源于他追求卓越的热情，这一点让他的其他竞争对手相形见绌。令布雷迪最自豪的是，在 17 个赛季中，他都保持了极高的竞技水准。布雷迪为了避免短期思维，着眼长远利益，多年来采用了各种可行的办法。他所有的训练计划都只为了达到一个目标：拿出持续的巅峰表现。为此，布雷迪不惜改变力量、热身和康复训练的传统做法。过去 10 年，布雷迪和他的健身教练亚历克斯·格雷罗（Alex Guerrero）采用了专业的营养和机能补充计划、认知练习法和其他防止身体出现伤病的事前预防法，完善了传统的力量和热身训练法。

自从开始采用他和格雷罗称为“TB12”的事前预防法，布雷迪的身体明显更健康了。这种方法是一种能够增强肌肉韧劲的体能训练法：一方面，采用更有强度、可自行操作的身体和肌肉训练法，比常规按摩和其他肌肉训练法更专业、强度更大；另一方面，合理安排饮食结构，大量补充水分和营养物。在自律方面，布雷迪成为教科书般的榜样人物，他的训练计划和饮食习惯像钟表一样机械、严格，比如：不喝含咖啡因的饮品；不吃白糖；不吃白面粉；大量食用当季的新鲜蔬菜，但不吃茄类蔬菜，如不能抑制炎症的番茄；吃健康的坚果；大量喝水，喝水，喝水。但是，这些纪律只是他良好日常习惯的副产品，不是对他的管教和约束，而是他的一种生活方式。我们可以回想一下，从价值角度而言，究竟什么是职场品质。实际上，无论是在生活中还是在事业上，哲学观和方法论都是相似的。只要我们拥有正确的价值观和良好的行为，一切都会水到渠成。

“TB12”法听起来很普通：保持肌肉松弛，有韧劲；合理饮食，补充水分。但这个方法需要训练者极其专注、自律，还要有长远的眼光。近 20 年来，布雷迪在美国橄榄球联盟比赛中拿出了持续高水准的表现。我最近就事前预防法与布雷迪进行了交流，他表示，采用特殊训练法十多年之后，自律的真正好处才完全体现出来。他解释说：“我传球的感觉从没有像今天这样好。在职业生涯早期，我曾经认为伤病是竞技运动的一部分，但我采用了另一种不同的方法之后，现在的传球水准比以前更高了。”[13]

持续处于巅峰的信念激励着布雷迪，他想将之与人们分享。我之所以了解布雷迪的事迹，不仅是因为我一直是新英格兰爱国者队的粉丝，还是 TB12 机构的董事会成员。TB12 机构是由布雷迪创立的，用事前预防法帮助运动员尽可能维持巅峰状态。

布雷迪对长期高水准竞技表现的不懈追求，建立在其坚定的个人使命和愿景的基础之上。在多年的职业生涯中，布雷迪发现，很多运动员非常不喜欢将赛后修复作为工作的一部分。在布雷迪看来，这无异于认为，运动员的受伤率是固定不变的，永远得不到改善。如果没有一种更好的方法，优秀运动员就会逐渐陷入“比赛—养伤—比赛”的恶性循环。每年有将近 200 万高中运动员受伤，而只有大约 50 万运动员会寻求医生帮助。[14] 大学运动员同样容易受伤，有 70% 的人承认，他们曾经带伤上阵。布雷迪说：“如今的运动员训练体系是很短视的，其目的是尽快让运动员重返赛场，但这让运动员更容易受伤。实际上，完全不必如此。”

布雷迪说：“我在 18 岁时，不敢想象自己能站在赛场上长达 20 多年。成功的职业生涯既给我带来了财富，又让我能有机会扮演另一个角色。我不仅是美国橄榄球联盟的一名运动员，还是新训练法的推广者。这种方法延长了我的职业生涯，让我保持了高水准。”和巴菲特的案例一样，布雷迪创造长期价值的理念并不难理解，真正的困难是如何才能发现那些能够长期做到严格自律的人。

让人生和事业自然成熟

培养职场品质、树立使命是一项长期工程，甚至可以说是我们一生的功课。我们很容易理解和掌握巴菲特与布雷迪所践行的理念，却很难落到实处。完善自我和帮助他人培养职场品质都需要持之以恒，才能带来长期收益。我很喜欢的一位企业家拉吉夫·库马尔（Rajiv Kumar）就做到了这一点，他是健身趣公司（ShapeUp）的联合创始人，也是维珍脉动公司的现任董事长。

2005 年，库马尔入读布朗大学医学院。因为很多病人没有条件做到合理饮食和科学锻炼，所以无法保持健康，他和同学布拉德·温伯格（Brad Weinberg）为此感到非常沮丧和苦恼。库马尔和温伯格认为，人们需要一个社会支持系统，以改变不利于健康的行为。于是，他们创建了一个在线健康平台“健身趣”，鼓励人们一起健身。早期临床研究显示，参与人在使用该平台 12 周后，平均减掉了约 3 千克体重。一起健身确实有效！库马尔和温伯格很快意识到，企业也急需更好的身心健康方案。在此之前，他们还运营着一个企业健康平台，帮助企业员工在工作时保持健康。他们的核心想法是，要想让员工保持健康，最好让他们在健身方面彼此监督和负责。

2010 年，Cue Ball 投资公司有幸成为健身趣公司第一轮融资的领投方。随着健身趣公司不断成长，获得越来越多的新客户，我们作为董事会成员不得不讨论一个新遇到的问题：各种类型的客户都想获得健身趣的解决方案，但哪些客户才是健身趣公司最核心、最应该专注的目标客户？中小型企业的需求很旺盛，健身趣公司获取更小的客户更快、更容易，也会实现更快的短期成长。但《财富》500 强公司的需求也在增长，属于不同的客户群。我们不得不选择，是专注更小的客户，还是服务更大的客户。最终，我们选择了聚焦大客户。然而，我们仍然面临如何成功转型的问题，同时还要处理好与现有客户的关系。我们如何才能同时做好当前的工作与未来的工作？

库马尔采用的方法启发我想出了本书第二部分开头介绍的 R.I.S.E. 框架。库马尔是我共事过的最有自我反省意识的创业者，因此，他首先意识（R.）到了面临的问题：如何制订合理的方案和策略，全力服务大客户，同时又要忠实小客户，为后者谋利，因为是它们成就了公司的今天。库马尔在做出决定之前，花了很多时间来理解（I.）各种视角、方法、策略和洞见。他还花大量时间与客户当面交流，以审视自己的想法。库马尔在获得这些信息之后，与董事会分享（S.）了他的看法。然后，大家一起花大量时间探讨不同举措的利弊。库马尔吸收信息，并用公司的价值观和他想要达到的战略目标筛选这些信息，然后提出具体举措，争取我们的支持。接下来，库马尔将凭着坚定的信念，群策群力，确保计划得到执行（E.）。他向团队解释聚焦大客户的原因，并激励他们服务好大客户。在此期间，他还会见了每一个重要客户和合作伙伴。

最终，在大客户上投入更多资源的举措获得了回报：健康趣公司拿下众多大型企业客户，令行业内其他早期初创公司羡慕不已。2016 年 2 月，我们决定并购维珍脉动公司，打造全球最大的在线健康平台。在此期间，库马尔的自律和态度一如既往。首先，他会考虑这么做是否有利于企业长期发展。一旦做出决定，他会坚定执行交易，同时还会悉心考虑员工的利益。对库马尔和他的团队以及 Cue Ball 投资公司来说，这笔并购交易堪称完美。我们决定继续持有在新维珍脉动公司中的股份，继续推进社会健康事业，为企业员工谋取更大的利益。

至此，我相信你已经明白，实现梦想、满足欲望、达成愿景需要假以时日，有时甚至要花费相当长的时间。但只要你采取行动，你就能在整个旅程中获得丰厚的奖赏。为了做到眼光长远，我们需要日复一日地忠于和坚守自己的价值观与原则。经典的商业训练告诉我们，评估业绩表现是必要的，但评估的时间周期常常被设置得过短。每个父母都会时不时怀疑，自己的孩子是否会长大或长高。毕竟，在我们眼里，孩子的样子每一天都是差不多的。如果你每天或每周给孩子拍照，你不会发现他们有多大的变化。但如果你以

1 年、5 年或 10 年为周期，变化就很明显了。养育子女是一项长期工程，培养职场品质同样如此。

我们应该做到眼光长远，还有最后一个原因：愿意在漫漫长路上坚持的人，留下的遗憾会更少。你不可能让时光倒流。我们的行为和决定既对当前也对未来产生影响。这让我再次想起阿玛拉法则：我们倾向于高估短期影响，低估长期影响。但人生最根本的价值观是无法买到或很快获得的。

约翰·梅达是艺术家、设计师，也是一位企业家。他曾经提到他的导师讲述的一个思想实验。假设你能活 100 岁，也就是说有 4 个 25 年。再假设很多人最后 25 年处于病弱状态，我们就只有 3 个 25 年，总计 75 年，去实现我们想要达成的人生目标。你现在处于第几个 25 年？多伦多北约克郊区的那位退休老妇人开启了我一生对职场品质和成为好企业家的追求，她曾经问我：你真的热爱你的事业吗？你追求职场品质越早，因努力收获的成果就越多，你的人生遗憾也会越少。所以，现在开始追求职场品质吧，就从今天开始。

21 世纪的年轻人正在引领一项运动，试图将企业从以利润为导向变为以使命为导向。我不是指社会事业机构，而是指商业企业。商业企业一般认为通过践行价值观和追求更高的使命，能产生更大的影响、更多的利润。2001 年，我作为嘉宾参加了世界经济论坛的一个主题论坛，观众问我们："年轻人是否真的在虚度光阴？"我记得我当时的回答闪烁其词。今天，我确信急功近利导致很多年轻人错失了培养职场品质的重要机会。人们很难克服急功近利的心态，即便是处于人生和事业的后期。我与很多处于这个阶段的人交流过，我发现其中大多数人都很后悔，没有花足够的时间和资源去努力实现梦想。

让·皮亚杰（Jean Piaget）出生于瑞士，是 20 世纪最有名的心理学家之一，深入研究了儿童认知发展理论的很多重大问题。皮亚杰在美国作过关于儿童积极教育问题的巡回演讲，他已经习惯了等待听众向他提出“美国问题”。皮亚杰半开玩笑地说“美国问题”总是与“父母可以加快孩子的自然成长进程吗”这个问题差不多。父母们经常问这个问题，皮亚杰对此感到诧异，因为他想不出为什么要加快孩子的自然成长进程。

如果我们愿意耐心等待人生和事业自然成熟，那么需要多长时间？答案是所需时间比我们想象的更长。美好的事物需要时间来酝酿，就像我们看待孩子认知能力的发展，需要拥有耐心，顺其自然。前文提到，这个道理适用于很多领域。我从翻修自家房子的经历中，学到了一条通用的经验法则：我们应该把期望设置为原计划的预算金额和完工周期的两倍。对于生活中更大的目标，比如，改变事业方向或深化人际关系，正确的经验法则也许是以十年或更长时间为周期。

的确，有些目标可能需要花费一生的时间才能实现。尤其是宏观层面的政治、环境或文化变革，其时间跨度可能会超越一个人的生命长度。我们不应该为此感到沮丧，而是要意识到，我们的事业非常重要，能够在我们身后持续产生影响。伊娃・杜瓦尔特・德・贝隆（Eva Duarte de Perón）是1946—1952 年的阿根廷第一夫人。癌症夺去了她短暂的生命，但她为工人和妇女争取权益不知疲倦地工作，不仅被阿根廷人也被全球各地的人所铭记。经久不衰的音乐剧《艾薇塔》[①] 就是绝佳证明。还有安妮·弗兰克 [②]，她也许是普通人最好的榜样，因为她影响了人们对历史的看法。弗兰克的日记在她去世后出版。她在日记中采用第一人称，以动人的笔触讲述了纳粹占领下的生活。弗兰克的日记成为世界上最珍贵的档案之一和重要的历史教育素材，全球每年有数百万计的学生会阅读她的日记。

---

① 艾薇塔是贝隆夫人的原名。音乐剧《艾薇塔》中的歌曲《阿根廷，别为我哭泣》享誉世界。——译者注

② 安妮・弗兰克是生于德国法兰克福的犹太女孩，第二次世界大战期间死于贝尔森集中营，去世时还不到 16 岁。——译者注

毫无疑问，我最敬佩的人是那些留下了宝贵遗产的普通人，因为他们的长远眼光战胜了他们的短期偏好。我们必须在长期与短期的冲突之间寻求平衡，就像处理其他冲突一样。我从指导了我多年的优秀领导者身上学到了不少经验教训。我请教他们谁是他们尊重和效仿的榜样，他们常常提到那些拥有愿景和价值观并愿意耐心去实现的领导者。慢即是快。在现代社会，最终的赢家仍是乌龟，而不是兔子。

GOOD PEOPLE
职场箴言

- 我们偏好短期利益。我们必须了解和反省自身的这种偏好。不是所有快速制胜的做法都是错的，但很多时候，我们的短期偏好是以牺牲长期目标和机会为代价的。
- 我们需要更现实地设置实现愿景所需的时间。实现有价值的目标需要时间。我们应该给自己的愿景以充分的时间，让它生根、发芽和开花。
- 追求职场品质和成为好企业家需要时间。无论是主动培养职场品质，还是让自己和他人成为好企业家，我们都应该意识到，这是一项长期工程。通过投资于那些耐心执着地遵守自己价值观的人，你就能获得显著的优势。
- 长期利益几乎总是比短期利益更重要。有些工作需要快速迭代和快速制胜，但通常从长计议更重要。利用合适的时间和资源做事，很少会让你感到后悔。

第 8 章

职场冲突 3，犹豫 VS. 信心

故事始于 20 世纪 70 年代中期。著名女明星、阿尔弗雷德·希区柯克御用女演员蒂比·海德莉（Tippi Hedren）访问了东南亚，并与一家机构合作，帮助难民。返回美国后，她带上了自己的私人美甲师杜史迪·库茨·布特拉（Dusty Coots Butera），访问了位于萨克拉门托市的希望镇（Hope Village）难民营。她让布特拉向 20 个妇女传授美甲手艺，这些妇女都曾是高级军官的妻子（见图 8-1）。之后，海德莉资助更多的女难民来到美国，向布特拉学习美甲技术，并在一所地方美容学院念书。她们学成之后，海德莉又帮助她们在南加州找工作。[1] 外来移民逐渐成为美国美甲行业的主力从业人员，以前只属于精英阶层的美甲服务，从此开始普及。如今，美国约有 6 万家美甲机构。[2]

然而，与其他新生事物一样，快速成长的美甲行业既有好的地方，也有不好的一面，甚至是丑陋之处。从好的方面来讲，数以万计的移民能够获得可靠的收入，养家糊口，同时又能以合理的价格让更多人享受小小的奢侈服务。从坏的方面来讲，尽管有些独立的美甲店行为端正，服务良好，但没有统一的行业标准，直言不讳地说就是大多数店面没能达到合格的职业健康标准。绝大部分美甲店的技师都戴着面具，说明健康卫生有问题，他们普遍使用挥发毒气的产品。此外，美甲行业还有更丑陋的一面：剥削劳力、克扣工资、贩卖人口、伤口感染。不正确地清洗美甲用具，或者采用错误的工艺流程，都会造成伤口感染。这些现象不禁让中立的关注者惊呼，为什么今天的文明社会还存在如此丑陋的现象。

图 8-1　蒂比 · 海德莉海报

资料来源：妮可 · 本季维诺（Nicole Bengiveno）拍摄 /《纽约时报》。

2006 年秋天，我和我的合伙人思考我们新成立的 Cue Ball 投资公司应该进入哪些新行业，我们会选择什么项目作为第一个投资项目。那时，我们还不知道我们的发展历史会与蒂比 · 海德莉的开创性工作联系起来。我们早已明确 Cue Ball 投资公司致力于投资成长性行业中的公司，但那时只取好了公司的名称，事实上连基金的架构都还没搭好。如今，我们已经是一家投资公司，但起初我们只是一家美甲店，现在改名为 MiniLuxe。你可能不明就里，我得多费点笔墨讲讲相关的背景。

那时，我们只明确了想做的事：扶持有长期发展潜力的企业，积极推动企业成长，并确保企业具有强烈的使命感，奉行利益相关人优先的经营哲学。这些想法并不是很具体，所以，我们在成立初期考察了很多项目，包括全新的定价搜索引擎（很遗憾，不是全球最大的在线旅游服务平台之一普旅线）、在线图片社交媒体（很遗憾，不是品趣志或照片墙）、人力资源数据库（很遗憾，不是领英）、地产中介（很遗憾，不是 Zillow）、亚洲式火锅连锁店。我们的想法很简单，几乎所有项目都尝试了。我和合伙人约翰 · 哈梅尔非常肯定，基于日式涮锅的亚洲火锅项目会是最后的胜出者。我们飞到亚洲，待了十几天，遍尝众多火锅店。在大快朵颐之后，我们回到美国。很遗憾的是，火锅项目最后并没有胜出。

我和合伙人都知道，肯定还有一些我们尚未发现的好项目。查理·芒格有一句投资箴言："反过来，总是反过来想。"我也用同样的方式让同事不要只在互联网领域寻找投资灵感，而要把眼光放在与日常消费有关的领域。在新的吸引人的商业模式之外，有没有创业者或投资者忽略的领域？我们是否可以把"无聊"作为寻找项目的标准，在传统行业中找到可以长期持有的公司？我们认为，从明显不太吸引人的行业开始投资，可以有更大的机会获得新的经验，改变人们的生活，创造真正的价值。因此，我们进一步思考：为了忠于我们的价值观和原则，为了给员工和消费者提供新的选择空间，同时也为了让自己在这个过程中收获额外的喜悦，我们应该怎么做？

我们和潜在的运营合伙人坚信，火锅行业已经没有多大的创新空间了。那么，我们日常生活中的哪些消费领域可以成为下一个星巴克？带着这个问题，哈梅尔花了一个周末的时间在家乡北岸（North Shore）的街上闲逛。突然，他想到一个好点子。他注意到，在每个街角都新开了一间独立的美甲店。

接下来的几个月，我们开始深入研究美甲行业。这是一个规模达 80 亿～ 100 亿美元的市场，由于现金收支在这个行业很常见，因此很难获取准确的数据，估计这个行业还有 40 万名技师。而关于这个行业的其他信息则相对不那么容易获取。要想真正了解这个行业，必须深入店内体验；与美甲店的老板和技师交流；造访美国各式各样的美甲店，看看它们有哪些共同点，各自有哪些特色；同时，既要参观街头小店，也要参观旗舰店，这一点非常重要。为此，我前往佛罗里达、迈阿密、纽约、旧金山和洛杉矶，体验不同的美甲店。我可能创下了一个中年商人在一个月内做美甲和美趾次数的最高纪录。

我们所看到的一切既让人沮丧，又令人兴奋。一方面，我们发现美甲行业有很多缺陷和问题；另一方面，我们有信心和决心改变这个行业。我们很快就发现，美甲行业的健康和卫生标准非常粗放混乱，简直可以说是令人愤慨。美甲行业既是最常见的消费行业，又是监管最少的行业。哈梅尔有着丰富的地产从业经验，他担心业主不会允许我们在楼宇里开新的美甲店。我问为什么不允许，他说因为很多业主对美甲行业抱有负面看法，因为他们厌恶美甲服务和产品所带来的烟雾毒气。

如果我们想要创建美甲公司，那么在我们提供服务和产品之前，首先要处理好健康和卫生问题。我们还需要维护劳工权益，为从业人员提供成长机会。我们确立了企业的使命：打造一家利益相关人优先、顺带创造美丽的企业；而不是打造一家创造美丽优先、顺带顾及员工利益的企业。如果没有这种强烈的使命感，我们在分析这个行业的现状时就已经打退堂鼓了。

我们之所以有些犹豫，是因为我们对美甲行业的客户群和运营还缺乏了解。尽管我和哈梅尔先前考察了众多美甲店，但这还不够，因为我们显然还不了解美甲技师这一群体。我们之所以有些犹豫，还因为我们想坚守底线，不想提供不顾及健康的传统美甲服务，比如，使用含丙烯酸的产品。此外，我们还考虑到人力成本。有些技师跟我们分享了他们的艰辛，比如，入不敷出、小费太少、超时工作。一方面，我们同情他们的遭遇；另一方面，我们也想创办一家赚钱的企业。作为门外汉，我们绝对有必要与技师们建立信任关系。除了人力成本方面的挑战，技师们还告诉我们赚钱有多难，特别是在经济不景气的时候，而且他们工作的自动化程度很低。这些因素都让我们担心，这门生意是否能赚钱。

然而，大量的调查增强了我们的信心。当时还没有人大笔投资这个领域，因为人们无法想象真正的美甲体验应该是什么样子，人们也没有意识到自己的无知。如果我们能改变美甲行业的每一个环节，比如，从色彩的选择到清洁室，再到消毒工具，消费者会怎么看？如果我们把技师看成企业的人才，为他们提供清晰的职业发展路径，结果会如何？如果我们运用技术和数据分析手段更好地匹配需求与服务，又会如何？我们有理由认为，如果消费者能感受到品牌背后的使命，他们就愿意为更优质的服务和体验买单。我们理性分析了每一个环节，相信在街头夫妻店与豪华奢侈店之间，轻奢店尚存一席之地。简而言之，我们非常确信，我们找到了“下一个星巴克”。最重要的是，我们很想抓住这个机会，创造显著变化，影响从员工到客户的整个行业。因此，尽管我们在犹豫和信心之间来回摇摆，但更强烈的使命感点燃了我们对创建轻奢美甲店的激情和信念。最终，我们站在了信心这一边。

因此，我们决定，Cue Ball 投资公司的第一个投资项目就是打造一个美甲品牌。取名 MiniLuxe，意思是给自己一点“自我时间”，让自己享有片刻的放松。我们将自我关怀作为核心使命：除非你先照顾好自己，否则你不可能照顾好别人。2007 年，我们在马萨诸塞州的牛顿中心开了第一家美甲店。我们最先带来的变化之一，就是采用了手术级的高压蒸汽灭菌系统，并将它放在清洁室里公开展示。我们提供有竞争力的工资，采用弹性工作制，为员工缴纳医保，允许他们带薪休假。我们还花了大量时间设计和装修店面，其漂亮程度完全可以拿到建筑装修界的大奖。我们一心想把第一家店做好，保证其健康发展，并奉行如下原则：大处着眼，小处着手，适当扩大规模。这也是我们的合伙人马茨·莱德豪森在其职业生涯中一直践行的原则。

每一天，MiniLuxe 公司都提醒着我，我们公司的经营动力很简单：确保员工利益，是我们所有行为的指导原则。在我所有支持过或参与过的项目中，MiniLuxe 公司是我在犹豫与信心之间摇摆得最剧烈的项目。我不熟悉美甲行业，但我看到了这个行业亟须变革。也许是美甲行业的文化因素影响了我，因为我是移民的后代，我的一些亲人也从事零售服务业。这个项目还符合我和合伙人所奉行的原则：依靠好员工创造显著变化。从某种程度上讲，MiniLuxe 激发 Cue Ball 投资公司形成了以人为本的经营哲学，它也是本书关于职场品质的灵感来源。

目前，MiniLuxe 已有 10 年历史，在美国 4 个州有分店，但仍处于发展的早期阶段。我们看到自己的努力正在开花结果，十分欣慰，虽然离真正的成功还有很长的路要走。每当我和合伙人完成了一个新的里程碑，比如开了一家新店、提升了员工或客户的满意度、在一个新的州开第一家店，我们都会庆贺我们实现自我关怀的核心使命又有了新的进展，我也不禁会为此万分激动。

在犹豫和信心之间寻求平衡

我们如何在犹豫与信心之间做出抉择，与自己的生活和工作习惯有关。对于创业者来说，既要在脆弱的钢丝绳上小心翼翼地保持平衡，又要找到勇气、信心和直觉，以追求别样的可能性，这难道不是一种矛盾吗？事实上，任何创业者无论是开启新的事业，还是面临重大决策，都会有犹豫不决的时候。

以 MiniLuxe 为例。我们团队拥有多年骄人的投资业绩，而美甲店完全不同于之前的项目，如果这次我们失败了，岂不丢人？然而，我的伙伴们并没有这种想法，真令我欣慰。这倒不是说我们没有意识到风险，而是努力去克服弱点，降低风险，并提醒自己，我们的使命如此远大，我们的信心如此坚定，没有理由不去尝试。

我们群策群力，只关注自己能够积极改变的事物，因此能更正确地应对弱点。现在，让我们用 R.I.S.E. 框架简要回顾 MiniLuxe 的发展历程：

- 意识：我们一直在寻找能够践行企业家箴言的长期投资机会，最终发现了美甲店项目。尽管我们当时尚未建立 R.I.S.E. 框架，提出企业家箴言，却在无意中遵循了这些原则。我们很清楚，我们希望让利益相关人优先，并想要找到能够帮助他人成为最好的自己的项目。我们很明确，我们的优势是体验式设计、数据分析和技术，而劣势在于不熟悉美甲服务行业。

我们需要不断反省和总结，找出经营好这个行业的关键要素，发现可能阻碍我们前进和成功的障碍。我们需要解决的问题是，如何才能从犹豫不决变为充满信心？

- 理解：即便我们知道 MiniLuxe 符合我们的价值观，商业模式也符合我们的要求，我们还是花了很长时间来酝酿、迭代和细化这个项目。就像演员通过体验生活来提高演技，我们通过亲身体验来学习美甲、美趾和打蜡技术，直到完全掌握相关专业技能，我们才有了继续前行的信心。
- 分享：我做得最正确的一件事，就是刚有了投资美甲项目的想法，就与马茨·莱德豪森进行了分享。现在，他已经是我的合伙人，但那时，他还是麦当劳投资公司的执行董事和希波公司的首席董事。我告诉他，我们正在寻找投资项目，开火锅店，或者美甲店。他和其他人帮助我们完善了与美甲项目有关的构想，后来他们都加入了我们的创始团队。为了解行业，我们做了大量市场调研，并与专家多次讨论调研结果。我们请教医生，在医院学习如何建立清洁室，如何做好用具的消毒工作。
- 执行：一旦实现了通往信心的飞跃性一跳，我们就开始全力以赴。我们废寝忘食地工作，连在圣诞节那一周都忙着装修第一家店。我们度过了许多不眠之夜，思考如何重新设计美趾区和吧台区。我们为确保提供高质量的服务，体现出我们在卫生标准上的差异，为技师建立起更有成就感的职业发展路径，我们寻求与各方建立良好关系，包括业主和员工，甚至有些美甲店老板也成了我们的顾问。我们在打造和经营第一家店期间，投入了大量金钱、时间和心血。我们沉浸于工作之中，深知零售就是细节，执行才能出效果。

拥抱不确定性的力量

接纳我们的脆弱是很危险的，但不如放弃爱、归属感和快乐这些让我们最脆弱的经历危险。

——畅销书作家布琳·布朗（Brené Brown）[3]

与“信心”和“坚定”具有的正面含义相反，“不确定性”（vulnerability）[①]的意思似乎包含有些不堪或软弱。但此处所说的不确定性是指一种主动的选择，愿意为了更好的想法而接受新事物和采用新方法。不确定性是一种愿意为更大的使命承担风险的自觉意识，意味着我们开放地对待自己的想法并保持反思，同时坚信我们的核心价值观。你不可能不冒风险就能实现更大的目标。在使用商业术语时，我们通常用“承担风险”一词来替代“不确定性”这个词，但我们真正想要表达的，是一种自觉承担风险、主动而不是被动应对不确定性的能力。如果你为了潜在的奖励而主动选择不确定性和冒险，就能找到管理好潜在风险的办法。卓越的领导者和企业家就是这么做的，他们不仅接受风险，还能管理好风险。因此，不确定性比我们想象的更重要，拥有不确定性这种品格的人愿意主动尝试新事物。

如果我们认为冒险者是勇敢的、有动力的、有说服力的和外向的人，就可能会把犹豫的人看成软弱的、无助的、内向的和易受伤害的人。然而，确定性和不确定性是相互交织的。如果你不主动冒险，就几乎不可能获得回报或发生改变。我最敬佩的一些人都主动拥抱不确定性，并能管理好不确定性。他们能够恰当处理自身犹豫不决的弱点，并知道真实面对自己和他人的重要性。正如我们可以主动追求职场品质，我们也可以主动拥抱不确定性，或者也可以主动追求确定性，但是要知道哪些是我们能掌控的事物，而哪些是我们不能掌控的风险。

2009 年，我在《哈佛商业评论》发表了一篇关于不确定性的文章。之后，布琳·布朗的 TED 演讲以及她的《活出感性》（*Daring Greatly*）一书在这个问题上启发了我。萨拉·刘易斯（Sarah Lewis）在他于 2014 年出版的《升起》（*The Rise*）一书中探讨了那些伟大艺术家所经历的失败。两位作者都阐明了，为什么想要实现伟大的使命和受人尊敬的成功，需要拥抱不确定性和失败。刘易斯在书中写道：“站在某个高点，我们就会发现，很多我们最欣赏的事物实际上都不是一蹴而就的，而是长期不断改进和修正的结

① 在这一节，vulnerability 有时指不确定性，有时指脆弱、犹豫。——译者注

果。比如，从最近诺贝尔奖得主的发明到企业产品创新、经典文学作品、舞蹈和视觉艺术。”[4]

如果不能接纳不确定性、失败或无法预计的困难，这个世界就会变得更平淡、更空洞、更乏味。我们需要明白，有两种不确定性：一种是被动的、消极的，因而不太可能创造出美好的事物；另一种是主动地、积极地承担风险，因而能产生新的思考和事物。实际上，我所谓的消极、不确定性和积极、不确定性有着本质区别。消极和不确定性指非选择性的犹豫，而积极和不确定性则源自对风险的考量，这种风险有可能带来自我实现等内在奖励和物质回报等外在奖励。[5] 积极和不确定性还会考量对风险的管理方式。而消极和不确定性的行为是一种响应式的、顺从的行为，因此，如果它造成了失败，我们并不会对此感到惊讶。尽管积极、不确定性最终也可能会造成失败，但它是一种体现出我们可贵人性的品格，无论是在艺术、科学还是商业领域，我们都可能面临这种不确定性。

关于积极和不确定性，有一个例子。企业家和发明家詹姆斯·戴森在 15 年里做了 5 127 个样品，有 5 126 个样品以失败告终，但他最终成功发明了真空吸尘器。因此，他成为传奇企业家。戴森常说，发明家和企业家的生活离不开失败。

> 我总是认为，应该用学生的失败次数来给他们打分。那些敢于尝试新事物和经历了多次失败但最终取得成功的孩子更富有创造力……我们总是被告知要以正确的方式做事，但如果你想发明其他人还没有发明的东西，你就要用错误的方式去做。[6]

失败和不确定性是重要的精神资源，是内在的动力，是神秘的力量，能够引导我们走上我们从未想象过的创新之路。我们在才能和品格方面都有弱点，领导者接受这一点，就能有勇气分享和面对他们的弱点，从中找到力量。这就是信任和真实的基础。

我们有时能通过失败建立内在的信心。WD-40 公司的前 39 次实验都失败了，公司首席执行官加里・里奇牢牢记住了这段经历。他总是强调，只要员工能从失败中学习，并有勇气和信心继续前行，WD-40 公司就没有真正的失败。此外，虽然戴森有 5 126 个失败的样品，但他从每一个样品上学到了新知识。因此，他获得了更大的信心，相信最终能发明出成功的样品。

实现从信心到信念的飞跃

信心和信念非常相似，但在一些重要方面有不同之处。比如，在佛教中，信心和信念就有显著区别。前者与自我帮助、自我鼓励有关，因此，是内在的状态。而后者是比信心更大的范畴，可能是一个原则、一组价值观，甚至可能是更大的权力。信心通常会产生信念，但也会产生危险，比如伊卡洛斯的例子[①]，尤其是在自己骄傲或自以为是的时候。这是一种怎样的危险呢？当一个人骄傲，不再自我反省，也失去同情心的时候，他将变得自私。在信心与信念之间有一条鸿沟，我们要么选择退缩，要么实现飞跃性的一跳，让自己具备真正的信念。

信心与信念还有一个区别：如果你有信心，你会促成某件事；而如果你有某种信念，你就会承担起信念所传递的责任。因此，尽管不确定性和信念是彼此矛盾的，但你最终需要足够的信念来为你的行为承担起全部的责任。领导者和决策者必须意识到，他们是对决策后果负有直接责任的人。他们还需要意识到，他们要对所在组织的所有部门负责。领导者还需要知道，何时审慎、何时充分地运用信念。每一个领导者都明白，有时候，他需要告诉团队成员如何行动，并为行动设计路线图。这时，信心和信念就在共同发挥作用了：鼓舞团队，并让团队更专注、更团结、更强大。关键在于搞清楚什么

---

① 在希腊神话中，伊卡洛斯是代达罗斯的儿子。代达罗斯告诉他，在天空中飞时不要靠太阳太近，否则用蜡和羽毛做的翅膀会融化，就会摔下来。但伊卡洛斯过于自信，没听从父亲教导，结果从空中跌落丧生。——译者注

时候需要信念，以及如何让自己在不同信念之间保持一致。而这又把我们带回了对不确定性的探讨。

勇于做出困难的决策

我觉得在写作本书过程中，最有趣的是我有机会与很多领导者对话，包括企业家、艺术家、《财富》500强企业的首席执行官和军队将领。听他们讲述他们如何激励团队以及团队如何激励他们的故事，尤其在面临困难决策的时候，是一件很享受的事情。很多人告诉我，他们既要努力管理和克制内心的挣扎，又要选择在正确的时间用信心和信念做好工作，因为领导者需要慎思笃行。笃行并不意味着领导者的内心没有挣扎，而是意味着，他们设法让团队找到平衡点，他们的性情和方法对自己及团队有帮助。

即便是最优秀、最自信、最有经验和最有口才的领导者也明白，他们不可能做到每时每刻都正确。通常，伟大的决策和结果都要面对风险。"没有风险，就没有回报"，这句名言涉及信念和不确定性之间的平衡。领导者做出决定后就不应该担心不确定性，而是应该敢于直面风险，并努力降低风险。领导者既应该让员工有机会应对和战胜挑战，又要时刻提醒他们保持信心与信念，以实现团队最初设定的目标。这就是领导者激励团队行动的方式。

在践行信念方面，你既需要持之以恒、坚韧不拔，又需要张弛有度。换句话说，"当你走在正确的方向上，坚持就能造就成功；当你走在错误的方向上，坚持就能带来灾难。"[7]最优秀的领导者能够展现出强烈的信念，相信自己的决定是正确的，但有时这会被误解为一种傲慢。有些领导者很擅长调和这种冲突，只有少数领导者能保持足够的自省和谦卑，根据不同情况改变自己的决定。

在追求职场品质及其三种基本价值观的过程中，我们面临犹豫和信念之间的冲突。我们的品格和价值观要求我们既拥抱不确定性，同时又不削弱我们的信念。正确地识别和理解一个特定的问题，有助于做出正确的决策。如果我们能意识到多种选择之间总是存在冲突，就能做出更好的选择。因此，直面不确定性，并将它作为力量的来源，我们就能增强信念。

在本书所探讨的 5 种职场冲突中，犹豫和信念之间的冲突是最常遇到的，尤其对企业者和领导者而言。R.I.S.E. 这种常用的方法，可以让每个人勇敢面对职场冲突。我们可以把这个框架的四步骤内化为无意识的、自觉的行为习惯。有些领导者主动拥抱不确定性，勇敢地游刃于晦暗不明的“海域”中，同时相信，任何不确定性都是追求更大使命的必然结果。在犹豫不决和面临不确定性的时候，明晰的商业使命能够坚定人们的信念。那么，我们在犹豫与信念的拉锯过程中，应该如何找到平衡点才能实现使命呢？

时任麦肯锡全球董事总经理多米尼克·巴顿曾经说过：“作为合伙人，无论何时面对困难的决定，我都会将公司使命作为行为过滤器，思考这个决定或行为将如何影响我们最关心的两个原则，提升对客户的影响力，或者提升我们公司的竞争力。”[8] 坚定践行公司价值观，是巴顿的行为过滤器的出发点。这种过滤方法同样适用于商业社会中的每个人。我们需要深入思考指导着我们行为的以人为本的价值观，我们需要决定这种价值观是否增益了公司的整体价值观和使命。我们的个人价值观与职业价值观是否一致，是否有共鸣？在生活中成为一个优秀的、甚至伟大的人，与在职场中成为一个优秀的或伟大的领导者，没有什么不同。只要奉行以人为本，用真实、同情和完满的职场品质价值观引领我们的使命，我们就能在各种职场冲突中找到平衡点，就能勇敢而真实并自信地直面不确定性。

2015 年，《纽约时报》头版刊发了一篇调查报告，揭露了纽约美甲店的惊人内幕，包括员工的悲惨遭遇。[9] 记者萨拉·马斯林·尼尔（Sarah Maslin Nir）所揭示的问题正是我们 8 年前在创办 MiniLuxe 时美甲行业所面临的问题。那时，关于创办美甲店，我们也正在犹豫和信心之间摇摆不定。多年之后，才有一篇关于美甲行业及其内幕的重量级调查报告出炉，我们感到十分诧异。这篇报告证明了我们当初对美甲行业的判断，而权威报纸揭露行业问题同样意义重大。在尼尔女士的报告刊发前几个月，我们很荣幸成为《纽约时报》的正面报道对象，可见 MiniLuxe 公司在美甲行业的影响力。尽管如此，公司绝不会躺在功劳簿上，而是会持续前进，我们已经洛杉矶开了分店，那是“蒂比梦”开始的地方。MiniLuxe 公司仍会专注于美甲行业，但我们的抱负比赚钱更远大。

GOOD PEOPLE

职场箴言

- 使命能帮助我们实现平衡。我们在做困难的决策时，解决犹豫和信心间的冲突的最佳方式是什么呢？将使命作为北极星，审视决策有助于实现整体使命还是可能偏离整体使命。
- 直面不确定性会起到正面作用。我们应该直面不确定性，并将其作为冒险的一部分，然后主动采取行动降低风险。如果我们已经能够接受不确定性，我们对使命就会有更坚定的信念。
- 信心和信念有所区别。信心是一种内在品格，能帮助我们做出决定。而信念不仅仅是内在品格，还能让我们对决策和行为后果承担起全部责任。
- 被动不确定性和主动不确定性有显著的区别。被动不确定性反映了人们的软弱和屈从。主动不确定性则是我们主动的选择，我们敢于面对风险和挑战，只为成为更好的人，或把事情做得更好。

第 9 章

职场冲突 4，个性 VS. 共性

GOOD PEOPLE

THE ONLY LEADERSHIP DECISION THAT REALLY MATTERS

> 每个人都有自己的个性。
>
> ——艺术家昆西·琼斯[1]

在个性和共性之间寻求平衡

一天下午，我和马戈·费登（Margo Feiden）在纽约西村一所公寓的客厅里聊天。她的朋友经常称呼她“费登女士”。我很礼貌地问费登女士：“你好吗？”费登女士回应道：“你真的想知道我过得好不好吗，抑或只是在与我寒暄？你知道什么是‘寒暄’吗？哪怕对我那些极有文化、教育程度极高的朋友来说，‘寒暄’的定义都不明确。”

费登女士告诉我：“寒暄意指一种方便的、传统的词语、短句和话题，尽管它们并非总是有意义的。”她补充说：“你要明白，如果你真的想知道我过得如何，我们需要重新安排一次更长的对话，我们要谈几小时，甚至一整天。今天的对话与我过得如何无关，而与你的议题及你的写作计划有关，不是吗？当然，寒暄两句也挺好的。”[2]我和她都没想到，她向我介绍“寒暄”这个词，为本书做出了很大贡献。费登女士启发了我，因而我在前面关于同情的章节中探讨了寒暄问题，也探讨了我们应该如何提出更多非寒暄问题。

费登女士是我所认识的人中最敢于真实面对自己的人。她并不介意自己的肤色。为什么要介意呢？她不拘一格、充满激情的人生始于 16 岁，那一年，她写出了自己的第一部百老汇戏剧。之后，她成为一名狂热的飞行爱好者。而过去 15 年，她一直是已故著名漫画家艾尔·赫什菲尔德的艺术经纪人。赫什菲尔德于 2003 年去世。

《访谈》杂志曾经评价她："玛戈·费登是纽约真正古典的波希米亚式人物。"[3] 人们很难否认这一点。如果费登女士邀请你喝茶，你很可能完全沉浸在她讲述的故事中，等茶凉了才想起来喝。那天下午，她给我讲述了很多她的熟人和朋友的故事，从查理·卓别林到鲁契亚诺·帕瓦罗蒂，还讲了赫什菲尔德的很多趣闻。费登女士讲述的故事都充满了人文精神。有时，我仿佛觉得自己正在听一首曲子，它的真挚和有趣既让我莫名感动，又让我深受美好的人文精神的熏陶。在与她相处的短短 2 小时的过程中，我发现，她拥有一种最令人羡慕的品格：自我一致性。她认为自己是真实、诚信的人。她的每一句话、每一个想法和每一种行动都保持了严密的一致性。也许正是因为她的不羁个性，你才能确切了解她的为人。她并不避讳自己的个性，也不因此而洋洋得意。她就是她自己。

为了理解个性和共性之间的冲突，我们需要回顾职场品质金字塔的所有层级。在真实这一层级，我们的个性与我们所说、所做、所思和所想的一致性有关。个性和共性之间的冲突又引出职场品质金字塔的同情这一层级。同情要求我们保持开放的心智，理解并欣赏个性的多样性，同时又能保持共同的人性。完满则是指我们对自己的独特人生感到满意。

我在探索个性和共性之间的冲突的过程中发现，有许多商业领导者似乎很清楚自己想要什么、认同什么，比如孩之宝公司的前首席执行官艾伦·哈森费尔德（Alan Hassenfeld），麻省理工学院媒体实验室的希望之星内里·奥克斯曼（Neri Oxman），艺术巨匠、舞蹈家比尔·T. 琼斯（Bill T. Jones）。他们都敢于以不同的方式做事，珍视自己独特的品格和领导风格，同时又对新知识、新想法保持谦卑和开放。我在与他们对话之后，十分肯定如果问他们有没有自己的独特习惯和品格，他们能对答如流。他们之所以能获得人们的尊重，是因为他们知道自己是谁，并从不偏离自己的个性。

已故的奥斯卡·黎凡特（Oscar Levant）是美国钢琴家、作曲家、演员，但也是忧郁症患者和神经质患者。他曾经说过："天才和疯子只有一线之隔，而我突破了这条界线。"[4] 黎凡特相信，正是天才与疯子之间的冲突让他有了创造力。音乐家、创业者、艺术家和作家或多或少都有些神经质。非凡的创造力、独特的想法、敢于冒险的精神，这些特质在凡人身上是很少见的。正是这些可爱的怪癖使我们身边的朋友成为更完满的人。比如费登女士，世界上最有个性的人常常突破了天才与疯子之间的界线。与此同时，太强的个性和太多的怪癖也会让人疏远，难以得到他人的尊重或喜爱。那么，我们该如何与有个性的人相处呢?

艺术家常常被认为是难以相处的理想主义者，他们大多数活在自己的世界中，没有行动力，没有现实感。同样，商人也常被视为难以相处的理想主义者，也活在自己的世界中，不理解商业的文化属性和人为影响。我认为，如果能提出一种将艺术和商业融合起来的思想，我们就能受益匪浅。为了具有创造力以及发现新的商业机会，我们需要梳理自己固有的想法。这与前文提到的观点不谋而合：如果我们运用多元视角进行多维思考，几乎总是能得到更好、更妙的答案。在倾听他人的想法方面，我们需要更谦卑，更富有同情心。

这一切需要从欣赏个性开始。艺术家和文学家因独特的创作方法而享誉世界。艾米莉·狄金森（Emily Dickinson）在她的很多诗歌中采用了罕见的句法和标点符号，尤其是大胆新奇地使用破折号。E. E. 卡明斯对小写字母的使用成为其作品的标志性元素。那些曾经被认为怪异的或者过于前卫的东西，后来常常被视为开创性的、非凡的和有特点的事物。至少在某种程度上我们可以说，个性带来了人性的广度、深度和温度。

商界人士似乎认为，如果将太多的人性、诗意和情感带进商业社会，我们对业绩的专注就变少了，经营表现就会变差，毕竟，财务回报才是最重要的商业目标。然而，这两个领域并非人们想象的那样毫不相干。我们在第 5 章中已经探讨了爱的品牌的力量。品牌方既需要通过服务体验和产品特性与客户建立起功能上的连接，也需要与客户建立起情感连接。在艺术文化领域，差异和个性得到了广泛接受与鼓励，实际上，企业也可以学习艺术文化的广阔性和包容性。我之所以对艺术文化偏爱有加，是因为我的第一家公司就是与吴卡明联合创办的，他负责公司的创意设计。吴卡明后来不幸去世了。我们各有所长、相互欣赏。我欣赏他的艺术和设计才华，他欣赏我的战略和分析能力，所以我们才共同打造出一家颇有成效和创造力的公司。我们在 20 年前创办这家公司时，都认同一个观点：无论在商业领域、设计领域还是在技术领域，将左脑思维和右脑思维连接起来，就总是能带来更多创新的、整合的、全面的解决方案与产品。至今我仍然坚信这个观点。

MiniLuxe 也同样如此。如果我们只是聚焦营销和坪效，只是把美甲店打理得干净专业，而不是致力于塑造品牌和技术，我相信客户的体验并不会太好。如果你能让企业的不同部门相互配合，你就消除了“沟通不畅综合征”。你不用先让经营者写出商业计划书，再让工程师给出技术参数，然后让设计师设计出漂亮的产品。与这种按先后顺序做事的方式相反，你应该让各项工作同时开展，欣赏员工为实现更宏大的目标而做出的平衡。比如，如果你是设计师，正在设计一个产品，并且你能够通过调整代码让用户体验变得更简单，那你最好尽早与其他部门沟通。因为如果不能得到管理者和其他部门的认可，设计师的个性和创造力就会被视为一意孤行。要想打造出最好的产品，所有部门都应该步调一致，朝着同一个目标迈进。

如果我们相信真实和同情的力量，那么也应该相信多样性的力量。难点在于如何找到平衡点，既要远离组织的核心，保持个性，又要成为组织的一部分，减少你独特的个体身份。这种身份不仅仅是指你的个性，还包括你对组织潜在的独特贡献。

个性造就更好的自己

最近，麻省理工学院媒体实验室及其主任伊藤穰一（Joi Ito）进行了一项研究，他们想知道，对挑战"研究禁区"（Forbidden Research）的研究人员进行奖励，会发生什么事情。伊藤本人是一个兴趣广泛的学者，对所有关于人性的问题都有极强烈的好奇心。他及他的实验室成员经常从人们没有兴趣的课题和想法中获得灵感。2016 年 7 月，在研究禁区项目启动仪式上，媒体实验室宣布，领英和格雷洛克公司的里德・霍夫曼（Reid Hoffman）捐赠了 25 万美元，用于奖励那些突破研究禁区、从而改变了社会的个人或团队。伊藤说："我们如何最有效地利用研究人员的创新想法，以挑战那些让社会变得不公的规范、准则和法律？"[5] 我作为麻省理工学院媒体实验室顾问委员会的一名成员，因他们能推动这个具有前瞻性的项目而感到骄傲。该项目可能会在很多领域产生突破，比如，非暴力、人权、言论自由和创新自由等。奖励旨在激励人们解决社会问题。

以前，我也听说过将奖励和庆祝不服从的行为视为进步的指导原则的例子。麦肯锡公司对员工的一个核心指导原则和价值观，就是鼓励表达不同意见，直截了当地表达自己真实的想法。我在麦肯锡工作时经常开玩笑说，我可能太善于表达不同意见了。鼓励表达异见，就是允许我们的不同想法和个性以一种公开和安全的方式呈现出来。今天，人们普遍相信，运用批判性思维所产生的多元视角绝对有助于带来更好的业绩表现。领导者应该寻找想法独特、来自不同背景的员工，只要他们能在自己的个性和团队之间实现平衡。

个性和共性既有可能共存，也有可能冲突。某一个人的个性可能会展现出离奇、怪诞、甚至疯狂的一面，但如果将所有人的个性集合在一起，通常就能汇聚成完整的个性。当我们做到适当平衡时，个性和共性就能展现出好企业家所具有的优点，也就是，既有强烈的自我反省意识，又有自己独特的个性。

至此，我马上想起那些世界上最有个性的名人都有特殊的癖好："新新闻主义之父"汤姆 · 沃尔夫（Tom Wolfe）总是穿着白色外套；格伦 · 古尔德（Glen Gould）弹钢琴习惯戴手套；德国诗人和小说家弗里德里希 · 席勒（Friedvich Schiller）总是在书桌上放一个烂苹果，让臭味激发自己的写作灵感。我还知道有一位《财富》500 强企业的首席执行官，每次演讲之前都会把一枚硬币放在鞋子里。过去 10 年全球最优秀的首席执行官之一史蒂夫·乔布斯，总是身穿黑色高领衫和蓝色牛仔裤。他的这种穿着习惯是在 20 世纪 80 年代早期访问日本索尼公司之后才养成的。他发现，索尼公司在第二次世界大战之后就开始为员工提供统一制服。乔布斯很喜欢这种做法，想在苹果公司推行，但最终不了了之。不过，乔布斯的着装风格倒是统一了，他的时装设计师三宅一生为他设计了标志性的黑色高领衫，他还选择固定穿李维斯牛仔裤。[6] 这些怪癖和习惯是让我们混乱的生活变得有序、可控的一种方式，也是那些追求真实、完满之人的自我表达方式。

除了白色外套、烂苹果和设计师款黑色高领衫，还有哪些独特的策略能带来更好的商业表现？以美捷步公司为例。美捷步公司创始人谢家华有一个习惯之举：如果新员工在一个月内觉得自己不适合这份工作就可以离职，公司会向该员工支付 3 000 美元。结果，最适应公司文化的员工选择留下来。美捷步公司的核心价值观之一就是"打造一家有趣、独特的公司"。这个价值观是不切实际的幻想，还是非常明智、具有前瞻性的想法？我们反复强调过，关键在于平衡。谢家华在面试时经常问求职者："如果个性程度在 1 至 10 分之间，你给自己打多少分？"[7] 当然，美捷步不会寻找 9 分或 10 分的员工，也不会聘用 1 分或 2 分的员工。如果美捷步的核心使命是为客户带来快乐，它的员工就应该明白，由自己的个性所造成的一些小错误是在所难免的。如果员工喜欢自己的个性，就能更好地适应美捷步的服务及其由价值观驱动的企业文化。谢家华喜欢录用有一定个性的员工，但这种个性必须适度，要能与公司其他员工友好相处。

我们都相信自己是独立的个体，但很少有人敢于让他人知道我们有哪些个性。我在采访过程中喜欢问被采访对象，是否愿意说出自己的一两个个性特点。他们是乐意告诉我一个或更多的怪癖呢，还是因这些怪癖有违习俗而不愿意告诉我呢？个性并不一定是不好的东西，它是我们表达自身品格的独特方式。我们很容易记住好企业家或伟大领导者的个性特点，因为他们不同寻常的行为、习惯或经历不仅是他们独特的标志，还让他们变得更仁慈、宽容。

美国西南航空公司面试员工的方式非常有名。在正式面试之前，面试官会问求职者一些行为方面的问题，比如，请讲述一个你帮助同事成功的例子。像美捷步一样，美国西南航空将践行企业文化当作一种生存方式。美国西南航空通过采用这套面试系统，能招到态度端正、适应企业文化的员工。至于专业技能，他们相信员工可以在进入公司后习得。他们可能要求求职者讲一个笑话，或者说出选择美国西南航空的原因。[8] 2015 年，美国西南航空收到 371 202 份简历，但只有不到 2% 的应聘者被录用。过去 20 年，美国西南航空始终是《财富》和《福布斯》杂志评选出的最佳雇主之一。[9] 毫无疑问，你乘坐美国西南航空的飞机时，肯定会感受到它的文化，即使你乘坐经济航班，也能享受亲切、有趣的乘务员给乘客带来的欢乐。

只要员工的个性能为企业或品牌增添鲜明的风格和特点，这种个性就适合融入企业文化。然而，这并不意味着组织或初创企业的所有员工都耽溺于自己的个性。这还是一个平衡的问题：企业既要有多元的视角，又要有实现商业目标的执行力。美捷步和美国西南航空都很清楚它们想要有怎样的风格和个性。谢家华希望员工有足够的个性，但有 6 分或 7 分就可以了。检验企业文化或创新方式的最终标准，是看企业能否持续践行自己的原则，能否持续吸引体现企业价值观的优秀人才。

个性不仅定义了一个人和一个组织，还能为企业带来多维度的视角，激发企业创新，是创造企业价值的源头。只要员工的个性能与其他同事和企业使命相融合，能为企业带来稳定的、高水准的表现，这种个性就能为企业带来极大的活力。每个人都以独特而美妙的但不完美的方式表达自己，同时，每个人又连接着他人。我们都有自己独有的、甚至是奇怪的特点，我们不应该害怕在日常生活和工作中展现这些特点。相反，如果我们愿意展现出自己的个性，在他人眼里，我们就会更有人情味，更和蔼可亲。

然而，有时我们的个性太强。当我们表现得过于自我，要求每个人都遵照自己的意愿时，这种情况就会发生。这种个性行为是不恰当的，甚至是危险的。个性，顾名思义，不是每个人都必须效仿的模板，而是极为个性化的东西。因此，个性绝不应该被极端化，被当作牺牲或损害他人利益的借口。技巧和能力可以更新、培养与学习；职场权力也只是短期力量，有时它只能带来表面上的尊重。真正的领导力是一种更罕见的无形的能力。真正的领导者能够通过展现自己的弱点和个性，将员工紧紧团结在一起。

共性推动人与人的连接

你越心静，就越能听见。

——波斯诗人鲁米[10]

请你从商界人士以外找出一个你喜欢和尊重的人。他的个性和怪癖是让你生厌呢，还是让你更喜欢他？如果说个性是有棱角的、让人疏离的，那么共性就是共同的、包容的。共性意味着人们可以紧密团结在一起，意味着某些个性特点需要被削弱或者被彻底消除。我们需要在富有人情味的缺陷和个性与共同的人性和彼此的连接之间求得平衡。这种连接始于两个核心原则：一是活在当下，二是与人合作。

关于合作，我们需要运用前文提到的过滤器，它可以帮助我们筛选适合共事的同事。优秀的合作伙伴与我们享有共同的价值观和标准，能够帮助我们建立起相互尊重、相互依赖和相互欣赏的关系。然而，要真正与他人建立起良好关系很难。建立关系需要悉心而真切地倾听他人的所思所想，而要建立合作关系，还需要意识到，不论身份和地位，我们都是平等的主体，应该相互信任和尊重。关系和合作是团结的基础，然后我们要通过故事和叙事与他人建立连接。

马克·吐温曾经写道："我不会说我擅长讲一个现成的故事，只会说我知道如何讲一个故事。"[11]

好企业家和伟大的领导者都很擅长沟通，都有化繁为简的表达能力。他们理解自己的想法，知道自己的个性特点、行为方式和人生目标。他们在明确了自己的使命之后，还能用简洁、准确的词句表达到位。做到这一点并不容易！我在构思和写作关于好企业家与职场品质框架的过程中就深刻体会到了这一点。我想，很多学者、作者和领导者应该也体会过这种不易，他们花了几十年来研究和理解复杂的课题，再将研究结果公之与众。我们都想清晰简洁地表达事物，但根据我的经历，要把任何议题或问题转化为简明扼要的文字，绝非易事。

对于初学者而言，要想让表达的内容清晰、易懂和鼓舞人心并不意味着简单化，而是要整合各种故事、比喻和类比，在内容中传递出逻辑和情感。大多数创业者和领导者都有自己的愿景，但要让别人理解他们的愿景却很难。最好的沟通就是清晰而真实地呈现自己的想法。如果对方凭直觉就知道你愿意与其建立合作关系，他就会更主动地聆听你的谈话。领导者应该打磨自己的用词，让对方既能理解这些信息，又能凭直觉感受到。我在与团队成员开会时，会引导团队成员，让他们理解自己所表达的内容，从而让其他人明白，会议的要点不仅需要被记住，还需要被真正理解。

无论你是否喜欢，由于互联网的出现，曾经人与人的相互连接是间接的，现在变得更直接了。我们比以往任何时候都更依赖他人来帮助自己实现抱负。技术和跨学科思考带来了大量创造性的知识、发明和成果，但人们相互连接的现实却是不变的。我曾与美国公共广播电台前首席执行官加里·奈尔（Gary Knell）进行过一次访谈，内容是技术如何改变电台的未来。奈尔没有告诉我哪些事物会发生变化，而是告诉我哪些不会发生变化，也就是说故事的力量和人们对讲故事的热爱不会改变。每一个新的裂变或变化都提醒着我们，我们是人类的一分子。人与人的连接是人类故事的核心，时常重现。我们既需要讲述我们内心的故事，又要帮助他人发现他们的故事。

> 我想尽情体会自己和身边的人的生活，讲好人生的故事，让听众思考故事的细微之处，尤其是要思考故事所涉及的非洲人的身份构建，思考我们如何看待自己以及这个世界如何看待我们。
>
> ——美国歌手和歌曲作家索米[12]

在 Cue Ball 投资公司，我们总是想要发现创业者的人生故事。向我寻求投资的那个创业者有什么样的成长经历？她过去有哪些成功和挣扎？为什么她一定要追求自己的梦想？她的根本使命是什么？此外，向我们寻求投资的创业者如何与人分享自己的愿景，比如，讲述方式、语气语调、叙述风格，常常决定了我们是否同意投资。毕竟，要判断创业者能否实现他的创业梦想并不是一件容易的事情，需要大量关于他的信息。创业者在创业的早期阶段，都会去发掘自己的抱负、兴趣和人际关系。没有这些关系，管理和合作就不会持久。人与人的彼此连接让好企业家能够激励他人。我们之所以问创业者那些问题，是因为我们想要知道，他们作为领导者能否以职场品质来带领团队，能否真实对待自己，同时能否对团队有足够的同情和尊重。

泽福公司曾让面试者花 15 分钟用乐高积木搭建他们喜欢的东西，然后告诉面试官关于这个作品的故事。这么做不是要为难面试者，也不是想让他们感到难堪，而是想要看看他们如何应对非常规的个性化问题，以及他们如何用一个我们从来没听过的故事与这个作品建立起联系。

职场品质总是伴随着人而产生的，这就是为什么你应该将重心放在人身上而不是想法上。数据分析系统公司的吉姆·古德奈特（Jim Goodnight）就是这方面的绝佳榜样。当然，还有其他公司，比如谷歌、彭博社和家居连锁超市康泰纳，也长期奉行员工优先政策，通过培训拓展项目或其他方式促进员工之间的合作和团结。

最有趣的想法常常出现在跨界之处

那么，我们如何才能在清晰简洁的表达与真实、甚至怪异的表达之间做到平衡呢？我认为，这要从理解事物的本质入手。约翰·梅达（John Maeda）以前是罗得岛设计学院的校长，后来成为全球最大的风险投资机构之一凯鹏华盈的设计合伙人。他还出版了好几本书，内容主题包括综合思考力、简洁的法则等。我问梅达培养交叉和跨学科思考能力的最佳方法是什么，他毫不犹豫地回答：“正确的思维方式实际上并非始于跨界思考，而是始于深度思考。我们需要抓住问题的精髓。在进行跨界思考之前，我们先要深入而全面地理解某个领域。”[13] 换句话讲，我们在探索某学科以外的知识之前，必须深入了解该学科。

明白了哪些问题是根本的，哪些问题是表面的，我们就能知道如何解决这两类问题。例如，房子的框架结构和外观就是截然不同的问题，外观就是墙面的颜色或色调。在建筑、设计和时尚领域，只要能抓住每一种力量的本质，或者就像梅达所说的，抓住“问题的精髓”，我们就可以平衡和融合个性与共性这两种力量。万变不离其宗，关键是抓住本质问题。

个性和共性之间最有趣、最深入的互动来自拥有跨界思维的好企业家，他们能轻松地打破树立在思考、实践、研究或创造之间的界线。我们除了获得基于事实的知识，还有更多尚未理解的未知领域。正如生物学家爱德华·威尔逊所说，我们知道的越多，好奇心就越大。[14]

我们可以借鉴商业、艺术、设计、建筑、诗歌、科学和历史领域中的模式、思想、目标与故事，来阐明人类美德和品格的核心特质。这种跨界视野可能会让我们超越常规，甚至更具个性，但它最终能帮助我们更好地欣赏不同领域和学科的共同点。从根本上讲，人类共性就是指人之为人的本质。我认为，最新奇、最有趣的想法往往出现在跨界之处，同时此处还常常体现了事物之美。

如果我们自动默认传统的语句、判断或技能，我们的视野就会变得狭窄。曾经的街头艺人盖伊·拉利伯特（Guy Laliberté）不经意间成为创业者，如今已是太阳马戏团的创始人和首席执行官，身家过亿。拉利伯特曾经在街头表演踩高跷和吐火，如今已经打造出全球最大的现场娱乐公司之一。如果你当年看到他在街头表演，你会想到他今天的成就吗？你能够在他除了街头艺人的身份之外发现他更多的才能吗？

擅长跨界思考的人通常能站在以人为本的角度，更好地思考和解决问题。我认识的最聪明的人都有极强烈的好奇心，他们的知识既广博又专精。查理·芒格一生都在学习历史、文化和科学。这难道不是伯克希尔·哈撒韦公司大获成功的重要原因吗？芒格告诉我："我一生都在践行跨学科的学习方法。如果你只是知道一个门类的知识，那你知道得太少了。你的大脑中必须有一些思维模型，并用网状结构将你的间接经验或直接经验串联起来。"[15]这种网状思维方式能帮助我们产生不同的想法。

如果我们能运用跨学科的方法，掌握了解释世界的不同思维框架，我们就能变得更聪明。我认为这些方法和思维方式正是成功的关键：模式识别

（pattern recognition）。芒格说，拥有多样的思维模型能让我们在解决问题时发现合适的不同模式，进而从这些模式中找到解决方案。这些思维模型能帮助我们了解不同的学科是如何解决同一个问题的，也能帮助我们观察不同的思维模型有哪些共同点和不同点。我们越擅长跨学科思考，就越能理解他人的视角和观点，也越能保持开放心态，知道个性是如何根植于人的共性的。

如果你觉得这些道理听起来过于缥缈，对企业经营没有实际意义，那我们可以看看凯瑟琳·柯林斯（Katherine Collins）的例子。她是蜜蜂资本（Honeybee Capital）的创始人和首席执行官，也是富达投资集团的前研究主管。柯林斯拥有近 25 年的投资经历，投资成绩也相当不错，她参与了对露露乐蒙公司的早期投资。她认为，我们既可以采用投资行业所青睐的传统的、机械的、分析的模型，也可以采用仿生学的科学框架来发现值得长期投资的领域和行业。[16]

我们应该在做出决策之前认真思考："自然界会怎么处理这件事？"柯林斯会问，如果由大自然来打造这个产品或这家公司，它是否会做出进一步的优化？大自然会让这个产品变得更复杂精细还是更简单直接？大自然是一个有机的整体，还是一个封闭的孤岛？通过这些问题，柯林斯就将仿生学的核心原则与金融投资联系了起来。

柯林斯相信，投资世界最重要的问题就是平衡风险和不确定性。她认为，开阔的、跨学科的视野能让我们的投资可复制、可持续，这正是大自然和投资的相同之处，而且并非巧合。为了寻求平衡，我们必须对非常规的、有个性的企业抱有开放的态度，同时又要牢记我们的投资目标：投资那些既能实现商业目标（比如，创造股东回报）又能践行正向价值观的有使命感的企业。

力求完美，但接受不完美

我想要尽可能地接近边界，但又不越过边界。

在边界上，你能看到边界之外的事物，而这是你身处中心所看不到的。

——文学家库尔特·冯内古特（Kurt Vonnegut）[17]

我们应该努力实现个性和共性的平衡，因为两者的共存是有益的。这正是麻省理工学院媒体实验室奖励跨禁区研究的原因。有时，我们需要奖励那些不按常理出牌的人。伊藤穰一就是一个善于驾驭平衡的领导者，他能平衡自己的个性与集体的共性。对于麻省理工学院而言，选择伊藤穰一是一个特例：他不是麻省理工学院的校友，实际上，他连大学学位都没拿到。但他的阅历异常丰富：在纽约的夜总会担任音乐主持人；从事激进的政治活动；在互联网行业创业；担任过非营利组织知识共享（Creative Commons）的会长，该组织旨在增强全球创意知识的流通和共享。很多时候，我们认为自己只能在个性与从众之间二选一。然而，尽管个性让我们的行为变得更复杂，但它与我们简单直接的性格一样美好。

我们应该拥抱特例、怪癖和个性。这样我们既可以拓展思考和行为的边界，又不至于太极端。最优秀的领导者善于用自己的怪癖和个性提出开创性的想法，同时又有能力将这些想法变为现实。如果不敢冒特定的风险，创新就不太可能发生。盖伊·拉利伯特、理查德·布兰森、巴菲特之所以能成功，正是因为他们敢于真实面对自己。尽管他们的个性不同，但都拥有改变和影响他人的使命。一些当代企业家的独特经历也证明了这一点。萨拉·布莱克利（Sara Blakely）本想成为一个杰出的喜剧演员，却发明了塑身产品，打造出如今著名的瘦身用品公司 Spanx。布莱克利设法让自己的产品进入高端百货商店尼曼·马库斯（Neiman Marcus）商场，最终却在商场的女卫生间卖出了自己的第一件产品！Kickstarter众筹平台创始人佩里·陈（Perry Chen）打破了传统的资金募集模式，为艺术和创意项目开创了新的募资方式。之前的网络相册公司Flickr和如今的Slack创始人斯图尔特·巴特菲尔德（Steward Butterfield）曾经创办过一家没有任何营销人员的企业软件公司，公司产品之所以广受欢迎，全靠病毒式的口碑传播，后来他卖掉了这家公司。所有这些创业者和本章所提到的名人都能很好地驾驭个性和共性。如果我们也能做到这一点，我们就更有可能改变世界，更有可能像奥斯卡·黎凡特那样打破阻碍创造性思维的屏障。

如果企业家精神就是指不断发挥自身的潜能，那么获得风险投资的创业者与街头踩高跷的艺人、努力维持生计的单亲家长、刚到美国的移民就没有本质区别。每个人每天都会在欲望、抱负与自己拥有的资源之间做出选择和权衡，无论这些资源是时间、金钱还是人脉。我们每个人都在以自己的方式成为人生旅程中的创业者。

GOOD PEOPLE

职场箴言

- 个性是应该得到鼓励的积极因素。有益的怪癖是我们个性的一部分。个性对应职场品质金字塔中的真实和完满层级，因为它们要求我们做出自我反省，要求我们真实对待自己和自己的价值观。
- 共性并不排斥个性，只要我们能与他人建立关系、展开合作，并能清晰地传递我们的想法，践行我们的使命。共性对应着职场品质金字塔的同情层级。
- 在个性与共性之间寻求平衡是一种挑战，但对那些拥有跨学科思维方式的人而言则易如反掌。我们通过跨界思考更能理解新的行为方式，在传统想法的老树中发现孕育新观点的嫩芽。
- 能够平衡个性与共性的好企业家才能真正带来变化。我们应该鼓励有个性、不按常理出牌的领导者，只要他们能够践行更大的使命，让我们更加团结，就能实现我们和他人的利益。

第 10 章

职场冲突 5，坚毅 VS. 接纳

GOOD PEOPLE

THE ONLY LEADERSHIP DECISION THAT REALLY MATTERS

1999 年 12 月末，在美国马萨诸塞州伍斯特市中心，有一栋被废弃的巨大建筑，楼里住着两个流浪汉。这栋建筑曾经是储藏肉制品的仓库，但在十年之前被废弃。后来很多无家可归的人把它作为藏身之处，在大楼里生火取暖。[1]

一天晚上，天气寒冷，阴云密布，但能见度尚可。下午约 6 点，一位刚下班的警察机警地注意到，这栋大楼一角的屋顶飘出灰白色的烟雾。原来 1 个小时或更早之前，两个蹲在这栋大楼里的流浪汉不小心打翻了一支蜡烛，他们报了火警，然后就离开了现场。

这栋建于 1906 年的冷藏库大楼不符合消防标准。整座建筑没有窗户，唯一的楼梯从地下室直通顶楼，大楼墙体有约 1 米厚，十分坚固。楼里的肉制品冷藏库像迷宫一样，一个接一个。每一个仓库都采用了保温可燃材料，但都没有靠近消防门或通道。简而言之，这是可怕的火灾最容易发生的地方。到了 6 点 30 分，首批两部消防车已经出动。初步的搜索发现，建筑里面空无一人，但没人确信两个流浪汉是否困在楼里。没人知道他们已经离开仓库，也没人怀疑这场大火将造成巨大的破坏。在燃烧了约 9 300 平方米和 6 层楼之后，大火吞噬了整栋大楼，可燃材料成了助燃剂。大火点燃了可燃材料，可燃材料火上浇油，使大火烧得更旺、更猛，由此形成了恶性循环。

坐镇指挥灭火的消防官员是地区消防长官迈克・麦克纳米（Mike

McNamee）。大火熊熊燃烧了将近 2 个小时，有 6 个进入建筑的消防队员与外界失去了联系。另有一个经验丰富的消防队员从大楼里跑出来，告诉麦克纳米，他无法达到第 3 层楼。麦克纳米环视四周，有 12 个消防队员已整装待命，可分为 3 组进入建筑。这时，他想起了他们的配偶、孩子、父母和其他家人。已经有 6 个队员音讯全无，但火势丝毫没有减弱的迹象。麦克纳米事后回忆说，他站着一动不动，思考了整整一分钟，然后说道："听着，结束了，救火行动结束了。"有些消防队员厉声反对他的指令，但他决心已定。他面向队员，无力地摊开双手，一只脚踏在墙上，回应说："已经失踪了 6 个队员，我们不想再失去更多了。"

伍斯特火灾令人震惊，让人悲伤。人们花了一周时间才找到 6 个勇敢的消防队员的遗体。美国全国上下为他们感到悲恸。当时的总统比尔·克林顿、副总统艾伯特·戈尔、参议员泰德·肯尼迪和约翰·克里都参加了追悼会，美国国家电视台也进行了现场直播。就火灾的规模、程度和死亡者数量而言，伍斯特火灾算是美国历史上最大的火灾之一。人们既忘不了火灾的巨大破坏力，也将永远铭记 6 个勇敢献身的消防队员。

但人们很少提及，当麦克纳米告诉他的队员们救灾结束的那一刻体现了他超凡的领导力和决断力。对我而言，这个例子充分地展现了坚毅和接纳之间的冲突。多年之后，即使是当时不理解麦克纳米的消防队员，也感谢他接受现实的勇气：在大楼里的 6 个消防队员生还的可能性很小，让更多消防队员冲进去只会造成更多的牺牲。麦克纳米后来说道："那天晚上，我们失败了……那栋冷藏库大楼狠狠地教训了我们一顿，它赢了。"

火灾夺走了 6 个人的生命，但麦克纳米的决定挽救了 12 个本来会与火灾搏斗的消防队员，麦克纳米的决定远远谈不上是一种失败。

有多少人既能与困难作斗争，又能知难而退呢？两者如何平衡？这个问题很难，很有挑战性。在本章，我们将探讨 5 种职场冲突的最后一种：坚毅与接纳之间的冲突。这种冲突主要与实现完满有关。

尽管我们不可能常常遇到在火灾中丧失生命这样的极端情况，但我们的确每天都在调和坚毅与接纳之间的冲突。如果提前退场，人们会认为你缺乏勇气和韧劲。如果过度坚持，人们又会认为你固执或无情。历史上一些最受人尊敬的人常常因为坚持到底而获得成功，但每个人也都知道有些人则是因为知难而退而受人敬佩。我们如何才能具有辨别能力，知进退？这是我们要面临的最具挑战性的冲突：我们需要理性应对，不被情绪所俘虏，需要回顾我们的价值观，需要听取外部意见保持客观的角度。接下来，我们先深入了解坚毅的品格，以及我们应该如何感知和应对困境。

在坚毅和接纳之间寻求平衡

虽然我们总是想在坚毅和接纳之间找到平衡点，但我常常发现，坚毅是一种了不起的品格。坚毅是一种端正的工作态度，是一种坚定的决心，是一种非把事情做好不可的不屈品格。每当面试求职者时，我总是想要知道对方是否有坚毅的品格。我们在第 12 章列出的问题，可以帮助你提升自己察人识人的能力。下文的问题则可以帮助你判断求职者是否有毅力：

- 求职者是否会对困难做出回应或采取行动？
- 求职者是否经受过考验或挫折，他 / 她是怎样应对这些考验或挫折的？
- 总体而言，求职者的表现是否体现了实干、热爱和勇气？
- 求职者的哪段经历能最好地展现出他 / 她的毅力？
- 求职者是一个没有耐心的人吗？
- 求职者的适应能力如何？

实际上，坚毅可以提升我们在坚持和放弃之间寻求平衡的能力。约翰·伍登在他对成功的定义中提到，我们面临的现实环境要求我们竭尽全力，因为它是实现完满的最重要的力量。坚毅要求我们首先做到全力以赴，然后再评估是否接受现实或中途放弃。你只有先付诸努力，践行自己的价值观，感知和应对困境，你才能更清醒地判断是否改变方向或中途放弃。

用“感知 + 应对”策略履行真正使命

我们在应对变化和不确定性、实现终极使命方面，如何才能做得更好？除了坚守核心价值观，我发现采用“感知 + 应对”策略是很有用的办法。1992 年，IBM 高级商业机构战略研究所所长斯蒂芬·黑克尔（Stephan Haeckel）提出了“感知和应对”这个战略管理理论。黑克尔的理论是指假设我们都生活和工作在一个复杂的适应性系统中，带领团队、经营企业、成功生活就是学会在这个系统中不断感知和应对变化。[2] 实际上，这个适应性的战略理论来自一些战略专家的论著，其中包括亨利·明茨伯格，他在 20 世纪 70 年代提出了一种分析性更强的战略方法。如今，所有这些理论都有不少新术语，如精益、敏捷和调整等。

适应性系统和组织会持续从环境与周围事物中吸收信息。这并不是说这些系统和组织缺乏计划，而是意味着它们可能会做出调整。迈克·泰森（Mike Tyson）说过：“每个计划都很美妙，然而你进入赛场，被打得鼻青脸肿。”[3] 坚毅与接纳之间的冲突是从理解和接受当前的处境开始的，然后我们要想办法调整策略，以获得最优的结果。在伍斯特火灾中，麦克纳米、工程师和消防梯公司代表在现场拿出了一个方案，决心扑灭大火。他们的方案不仅基于过往的训练和经验，还基于对现场环境的悉心推断，包括推断两个流浪汉仍在仓藏库大楼里。随着信息越来越明朗，显然 6 个消防队员在仓库中迷了路，很可能已经被困其中。麦克纳米接受了这个现实。他没能救出仓库中的消防队员，但阻止了想要继续救火的消防队员采取行动。

显然，这个决断并不那么容易，事实上，这个过程让人非常痛苦和纠结。然而，有时坚毅与接纳之间的冲突可能比麦克纳米在 1999 年遇到的情况更激烈：困难横亘眼前，信息模糊不清，无人伸出援手。这就是另一个非凡之人的事迹。尽管困难重重，但他独自面对了坚毅与接纳之间的冲突。他就是史蒂文 · 卡拉汉（Steven Callahan）。

很多年前，我读了他的回忆录《漂流，我一个人在海上的 76 天》，第一次知道卡拉汉。[4] 这部书于 1986 年首次出版，记录了卡拉汉仅靠一只救生船在海上独自漂泊了 76 天的经历。他的经历充分体现了毅力、坚韧、接纳和胜利，是我读过最有代表性的故事。我与卡拉汉有过几次交流和访谈。如今，我更能体会到他独自一人在海上漂泊将近 11 周的艰难境况。他每天都必须做一些决定，由此产生的后果和压力深不可测。

1982 年，身为造船工程师和水手的卡拉汉，独自航行在通往安提瓜岛的海上。他驾驶的帆船是他手工打造的，单桅 6.5 米长。在一个风雨交加的夜晚，他认为自己的船撞上了一头鲸鱼，所以他不得不跳进救生筏避难。接下来的日日夜夜，卡拉汉必须自求生路：用叉子捕鱼；用一个太阳能蒸馏器从海水中萃取饮用水；与疾病作斗争；每天在想还要独自奋战多久，是否应该接受死亡将至的命运。事后他告诉我，他天生极其忍耐，拥有坚韧的态度，能与不确定性安然相处。他相信，这种天性发挥了作用，帮助他在广阔无垠的大西洋上漂泊了约 2 900 公里之后，最终在第 76 天被一群渔民所救。

多年以后，卡拉汉在成功地与癌症作斗争的过程中，对困境的态度始终未变。他认为，你必须专注于自己能掌控的事情，同时又要相信最终的结果会朝着你所希望的方向转变。对很多人而言，这种论调似乎有些宿命论，或者并不那么鼓舞人心，但我为撰写本书而采访的大多数品德高尚的人都谦卑地相信，生活中有些事情超出了我们的掌控能力。

无论你是坐在一个救生艇里漂泊于大西洋上，还是正在领导一家企业，要想在坚毅与接纳之间求得平衡、找出方案，都有值得注意的共同点。首先，两者之间没有一条清晰的界线，能够让你很从容地选边站。与很多冲突一样，明确而清晰的界线通常与个人的决定有关。下文的 8 条原则是我认为最有用的平衡坚毅和接纳的方法。

1. 使命、价值观和人应该始终是优先考虑的因素。使命似乎很抽象，但你可以坐在桌前写下你和你所在组织的使命，让它具体化。我们都需要一个指南针，帮助我们经受严峻环境的考验。使命就好像指南针，如果我们的使命不明确，我们做决策的时候就会摇摆不定。为了撰写本书，我采访过一些经验丰富的医生。我问他们在紧要关头，在竭尽全力挽救病人的生命和放弃治疗让病人安详地死去之间，如何选择。很多医生都提到了希波克拉底誓言：首先，不要伤害病人。这个简明的使命为医生在面临两难境地时提供了清晰的伦理指导。

2. 想一想你面临的问题会对他人产生怎样的影响。仔细想想你的决定会怎样影响他人。我在决策时会思考：团队中的哪些成员能够帮助我做决定，同时又能承担决定的后果？受我决定影响最大的是谁？这个决定是否有助于实现以人为本的使命，如果不能，如何才能确保做到这一点？在想象他人会如何接收和理解一个特定的决定方面，同情扮演着重要的角色。

3. 在不同情境中合理运用 R.I.S.E. 框架。我们在前文讨论过，R.I.S.E. 框架是实现平衡的最有效的方法之一。但我们首先需要停下来，花时间想一想当前的情况，向值得信任的人征取多角度的意见，或者从不同的角度看待并理解当前的问题。然后才是付诸行动，坚定执行！

4. 对新的信息保持开放。在坚持和放弃之间做出抉择的关键时刻，“感知和应对”策略能够帮到你。卡拉汉迷失在大海中时，每时每刻都会出现新的环境因素。如果环境发生变化，我们就不应该盲目而固执地坚守最初的目标。如果我们不能应对或者调整新的信息，就很难实现自己的目标。

5. 要时刻自省，知道自己的偏好。自省的最终检验标准，就是看自己是否了解自己。自己是喜欢坚持还是喜欢放弃的人？仅仅知道这一点，就能帮你做出更好的决策。

6. 读书要既广泛又专深。我总是强调阅读的重要性。在坚毅与接纳的斗争中，历史是有益的老师，因此，我们需要读得又广博又专精。你读得越多，思考能力越强。史蒂芬・卡拉汉经常谈到，要不是因为他读过很多关于生存技巧和知识方面的书，知道有人在海上存活了比他更长的时间，他就不可能对自己能够生还抱有如此坚定的希望，其结果也会大为不同。你应该在你感兴趣的领域，尽可能地更深入地细读这方面的书。

7. 知道自己能向哪些人咨询。多结交品德高尚的人，在你做重大决策时，他们能给你提供建议。有一帮你信任又支持你的人是非常重要的。局外人能够更客观、更理智，同时能完全站在你的角度思考问题。我最近扮演了一个局外人的角色。我的一个朋友也是我以前的同事，他被他的一个生意合伙人骗了，导致企业风雨飘摇。尽管这位朋友很心烦，十分纠结，但在我和其他人看来，显然正确的做法就是迅速关闭企业，重新开始。其实，他心里的答案跟我们是一样的，但他需要得到身边朋友的认同，增强信心。

8. 做决定是必需的、值得肯定的行为。无论是决定坚持向前，还是决定中途放弃，都是主动的行为。即便你决定屈服于当前的困境，这个主动的决定仍比消极等待事态发展更为可取。我还记得那年春天令人痛苦的时刻，我第一家企业的联合创始人吴卡明被诊断已是胰腺癌晚期。他没有更多的选择余地，只能选择以哪种方式离开这个世界。那时，他决定不再进行治疗，不再继续忍受疾病的折磨。即便他逐渐失去了意识，我依然能从他的只言片语中听出他内心的平静。认识他的人都明白，他选择了一条自己想走的路。

我们很少会遇到像麦克纳米所面临的两难困境，或者像卡拉汉所面对的生死险境，但我们可以从中学到如何在困难时刻做出决策。麦克纳米必须快速评估继续救火的风险。他说这是一个很艰难的决定，但他相信自己的选择，因为他确信继续救火会牺牲更多的人。不惜一切代价冲进火场似乎是一种英勇的行为，但成功救出生命的概率几乎为零。英雄主义就是在坚毅和接纳之间求得平衡，做常人不会做或不能做的事。只要我们不断学习如何平衡两者之间的冲突，就能更容易分辨哪些事情是我们能掌控的，而哪些不能。

麦克纳米和卡拉汉都努力超越了自身经验和知识来做出决策，尽管他们的职业不同，但他们都有坚定的价值观，即致力于成为品德高尚的人。本书下一章将探讨如何才能培养那些让我们变得优秀甚至伟大的品格，就像麦克纳米和卡拉汉所做的那样。我们能够比想象中践行更多的美德。

GOOD PEOPLE

职场箴言

- 坚毅和接纳。这是 5 种职场冲突的最后一种，在坚毅和接纳之间求得平衡，也就是，在一心想要实现目标与知道何时中途放弃之间求得平衡。
- 接纳和屈服并不一定是坏事。我们在探讨不确定性时提到过，有效的掌控往往来自屈从或接受现实。
- 解决坚毅和接纳之间的冲突需要拥有一种强烈而清晰的使命感，懂得“感知和应对”战略，愿意感知和应对新的信息。
- R.I.S.E. 框架是平衡坚毅和接纳的有效方法：足够自省，以识别问题并发现自身的偏好；全面理解所面临的问题；仔细研究这个问题；向身边品德高尚的人寻求帮助；最终意识到做出决定总是比不做决定更可取。

GOOD PEOPLE

THE ONLY LEADERSHIP DECISION THAT REALLY MATTERS

PART 3 第三部分

你如何成为公司最重要的资产

微贱往往是初期野心的阶梯，
凭借着它一步步爬上了高处；
当他一旦登上了最高的一级之后，
他便不再回顾那梯子，
他的眼光仰望着云霄，
瞧不起他从前所恃为凭借的低下的阶级。

——杰出文学家威廉·莎士比亚[1]

衡量我们是否具有职场品质的最终标准，不是看我们是否被动做出正确的事情，而是看我们是否主动择善而行。当没有人监督你的时候，你是否还有勇气做到真实、同情和完满？要记住，践行职场品质是一种主动的行为，致力于让你和他人成为最好的自己。

你不可能在没有他人一路支持和帮助的情况下，取得今天的成绩。正如莎翁在《裘力斯·恺撒》中提醒我们的，不要瞧不起那些帮助你取得今日成就的善行和慷慨之举。即便你真的相信你没有获得多少他人的帮助，你也需要通过践行职场品质实现成功，并传播职场品质。

当我们谈论美德和优秀的含义时，比如，优秀的父母、优秀的导师、优秀的朋友和优秀的商业领导者，我们就是在谈论其中的共同点，这些共同点正是美德最本质的东西。总而言之，践行美德就是要真实面对自己，同情他人，追求完满，以帮助我们自己和他人成为最好的自己。

这就是企业家箴言和职场品质金字塔的核心要义。你也许想把生活中的品格与工作中的品格区分开来，但美捷步公司的谢家华曾经告诉我，最好消除私人领域的自我和公共领域的自我之间的界线。他解释说："试图成为两种不同类型的人，既很困难，又会让人觉得你捉摸不透。"[2]

从根本上讲，不断变换自己的行事风格会严重阻碍我们成为最好的自己。泽福公司联合创始人吴卡明在患病住院时，他的一个好朋友告诉我："听着，我们不要把他看成是一个病人，而是仍要把他当成那个我们认识了多年的坚强、幽默和无比聪明的吴卡明。"无论我们身为父母还是孩子，身为老板还是员工，身为导师还是学员，我们都应该记住，用固定的身份来定义一个人往往是无用的，也是无效的。斯坦福大学心理学教授菲利普·津巴多所做的囚徒实验表明，我们的身份有可能在"囚徒"和"看守人"之间转换，导致我们偏离自身的品行。正如库尔特·冯内古特所说："我们总是伪装自己，因此我们必须小心防备伪装后的自己。"[3]

人与人之所以能建立起关系，正是基于我们都具有共同的人性这个简单的事实。我们共同的人性中不包括伪装。最基本的人性包括谦逊、自省、正直、共情、开放、慷慨、仁爱、尊重和智慧等美德。尽管我们都在努力培养这些美德，但我们都在一定程度上拥有它们。当我们不以固定的角色论断人，而是回到人性的根本时，我们就能具备这些价值观。很多优秀的好企业家把自己的职位看成服务员工的机会。对于服务型领导者而言，职位高低并不重要，重要的是我们能为身边的人做些什么。如果真正的领导力事关我们如何与他人互动，事关我们如何将职场品质传递给他人，那么我们所有人都有可能成为优秀的领导者。

如果我们忘了自己的头衔，放低自己的姿态，我们就能更容易看到共同的人性。虽然像“美德”和“职场品质”这样的词似乎没有精确的含义，但准确地体现了领导力的精髓：平等对待和尊重他人，帮助他人实现自己的目标，逐渐成为自己想成为的那种人。

在本书的最后一部分，我们将探讨如果我们为了自己和他人而选择从善，会带来什么变化。这种变化对我们所有人意味着什么？我们能够一起做出哪些变化？我们将探讨一些实用的、特别的方法，以帮助我们在日常生活中培养美德，比如，通过问自己一些问题，更准确地判断他人的品格。如果我们能投入更多的时间和精力，多结交好员工和好企业家，我们就能让创造积极变化的机会成倍增加。

要实现这种变化，首先我们要改变自己，然后再相互改变。也许，每个人在一生中都能帮助 10 个人，甚至更多的人发挥自身的潜能，展现美德的力量。每个人身上都有的这种人性因素，使我们能够分享和共同提升我们的美德。在商业社会，人性因素体现在一系列鲜活的价值观和恒久的企业文化中。如果我们能影响深远，让更多的人拥有职场品质，我们就能发现，以人为本的领导力确实能够激发出真实的、惊人的变化。

第 11 章

企业经营应该从塑造职场品质开始

GOOD
PEOPLE
THE ONLY LEADERSHIP DECISION
THAT REALLY MATTERS

2011 年 8 月，贾斯廷・考夫林（Justin Kauflin）坐在候诊室里，他的妈妈和他形影不离的导盲犬坎迪坐在他的左右两侧。考夫林天生患有遗传性的眼疾，11 岁时他完全失明了。如果其他孩子有这种痛苦的遭遇，可能会一直处于痛苦之中，或者早早放弃了自己的梦想，但考夫林却成为一位受过正规训练的音乐家和爵士乐钢琴家。

在候诊室的那一天，一切像是命运刻意要让考夫林知道他做出了正确的决定。那时，他接到塞隆尼斯・蒙克爵士乐教育机构工作人员打来的电话，他被告知已经入围爵士乐年度人物评选的最后 12 个候选人榜单。这个电话是考夫林一生的转折点。这个场景后来出现在一部纪录片《生生不息》（*Keep On Keepin'On*）中，并且改变了纪录片的故事走向。这部纪录片讲述了 2009 年以来考夫林与传奇爵士乐小号家克拉克・特里（Clark Terry）之间的友谊。[1] 接下来的几个月，制片人将考夫林备战最终评选的过程以及特里晚期糖尿病逐渐恶化的情况作为故事的重心。

考夫林于 2004 年从高中毕业后不久，就与特里认识并成了朋友。之后，两人发展出一段友谊的佳话。考夫林作为最优秀的毕业生，被新泽西州的威廉帕特森大学录取，并获得了校长奖学金。克拉克・特里是这所大学的一名老师。那时，由于患上糖尿病，特里的视力开始下降。他们一个共同的朋友问考夫林是否愿意与特里这位音乐家前辈分享自己失明的感受，这也许可以帮助特里为失明做好准备。

不到 20 岁的年轻人和已经 80 岁的老人之间的友谊由此一日千里地快速发展。特里很快就发现考夫林拥有绝佳的天赋和悦耳的嗓音，并主动要当这位音乐天才的导师，就像特里在其非凡的职业生涯中曾指导了无数学生那样。考夫林后来告诉《纽约时报》，特里"在团结乐队和让现场听众开心方面绝对是专家"。[2] 特里唯一的愿望就是想让考夫林实现自己的梦想，最大程度地发挥自己的潜能。

他们之间既是师生，也是朋友。特里为考夫林提供了任何一位青年艺术家或其他人都梦寐以求的机会，向一个真正的大师学习关于人生和音乐的精选课程。在纪录片中，特里与考夫林反复哼唱的场景尤为动人心弦。后来特里说他们唱了无数遍那个片段。两人的关系绝不是单方面的友谊。考夫林以自己的方式报答了特里，在特里接受一个又一个手术的过程中，考夫林成了特里和他妻子的榜样、依靠及亲密的朋友。特里宽慰和指导考夫林，反过来，考夫林也宽慰和指导特里。他们通过克服自己性格方面的弱点，相互以最深切的爱帮助着对方。2014 年，纪录片《生生不息》上映。片头是特里写给考夫林的一封信，这封信内容简洁、打动人心，表达了他们深厚的感情：

> 亲爱的贾斯廷，困难是生活的一部分。正如你所知，你的头脑是你最宝贵的资产。用好头脑，你就能学会我所学到的一切。我相信你的才华，也相信你有着光明的未来。

纪录片《生生不息》最令人难忘的一点是它呈现了两个人之间的尊重、同情和爱。他们之间不仅仅是互为师生的关系，他们的故事还告诉我们，人与人建立起真正的关系之后，这种关系会如何改变人生。在该片后面的一段场景中，克拉克·特里的一个学生昆西·琼斯来探访特里，正巧考夫林也在。应特里的请求，考夫林为琼斯弹奏了一首钢琴曲。几天之后，考夫林接到一个具有里程碑意义的电话：昆西·琼斯音乐公司想要与考夫林签约。琼斯对特里说："我们想把这个孩子介绍给全世界。"

把握教导关系的核心

回想一下，你在什么时候什么情况下会注意到美德？谁体现了这种美德？我和我的很多采访对象都会把父母排在首位，其次通常是与自己亲密的人，比如，配偶、亲戚或者亲密的朋友（如考夫林和特里）。有些人提到对他们产生了影响的老师，有些人提到各种职业导师或工作之外的社区成员，比如，随时提供人生指导的宗教工作者。

谁对我的生活和事业产生了根本的影响？毫无疑问，我的答案是父母。不过这段时间，我对这个问题的答案产生了疑惑。我们的职业导师是否也对我们产生了很大影响，如何评价那些在职场中帮助我们成长的人呢？父母、合伙人、亲戚、亲密的朋友都非常重要，这是毋庸置疑的。但我想知道，为什么很少有人提到职业导师、老板或帮助他们提升工作技能的上司呢？

就其本质而言，教导需要付诸努力，需要坚定的承诺。2015 年盖洛普调查公司发布了一项调查结果，在 250 万受访者中，大部分员工对工作都不够投入。[3] 这个事实真令人沮丧。盖洛普调查公司对"投入"定义是，员工"对工作和工作单位充满热爱，愿意把工作做好"的态度。在用这个定义来衡量的情况下，只有 31.5% 的美国雇员对工作很投入。更令人担忧的是，在千禧一代中，这个比例只有 29.5%。

有一个采访对象告诉我，他的父亲是他在生活中和事业上的最佳导师。我对此感到震撼，这个答案究竟意味着什么？有些人天然扮演着教导角色，但又与“导师”这个词没有必然的关系，因为他们没有被授予“导师”这个官方头衔和职位。商界人士能从中受到什么启发呢？在那一刻，我开始意识到，职场之外的人也能像职场上的导师一样影响和塑造我的事业。这些年来，我所在公司的职业导师实际上已经把我当成了他们的家人。

我一直认为，世界上最重要的创业项目就是家庭。我们需要做出非凡的工作、牺牲、努力和支持，才能经营好一个家庭。但很多人可能还没有意识到，父母其实就是企业家。与大多数商业领导者一样，他们也试图尽可能地利用有限的资源，为小团队的成长提供支持和帮助。我们很少会把家庭看成团队，但也许我们的确应该这么做。反过来，我们应该将工作上的同事看成家人，而商业领导者和企业家就是这个大家庭的家长。

不止一个采访对象告诉我，他们会向家庭寻求动力、指导和帮助。家庭就是一个小团队，能为我们的成长与发展提供最具关爱和支持的环境。虽然企业不是真正的家庭，但它仍能从中学到如何鼓励家庭成员和家庭一起成长。朱迪是我的一个采访对象，也是一个“超级妈妈”，她告诉我，她把家庭原则和价值观编撰成册，每天提醒家庭成员要彼此帮助。这难道不是一种教导方式吗？

朱迪列出了四条家庭核心原则，她说道：“家庭就是一个团队，就像一个企业一样，需要核心愿景或使命。对每个人而言，家庭是彼此关爱的地方。我们既鼓励张扬个性，也相互提供支持和帮助。”朱迪拥有一个美好幸福的家庭，在职场上也是一个优秀的导师，对此，我们会感到奇怪吗？还有一些与我关系很好的家庭，他们会在厨房的黑板上写下家庭价值观，好让所有成员每天早上都能看见。我很欣赏这种做法，同时也是这么做的。我写在黑板上的内容以“彼此相爱”开始，以“不抱怨”结束。你可能会觉得这种做法很做作，但我们一家的确经常提到那块黑板上的内容。

有的企业将合伙人和同事当作家人，或者在雇主与员工之间建立起和谐的关系，这些企业很少将员工才能和经营利润放在第一位，相反，更看重相互支持和帮助的价值观，而这正是职场品质金字塔所倡导的。

这就是为什么我认为领导者应该将员工关系作为企业的资产。领导者要想形成这种资产就需要转变态度。领导者和老板们是否能像父母一样思考，是否能把价值观以及对员工的支持与关爱放在优先位置，从而让员工感到快乐、满足？我的出版代理人詹姆斯·莱文（James Levine）曾对我说："要想转变态度，与同事和员工共同实现成功，关键在于要像父母对待孩子一样关爱员工，但又不要摆出家长式的威权作风。"[4]我关心你，向你提供建议，不是因为我比你聪明，或者我有这个权力，而只是因为我希望能帮到你。

当我们在商业语境中谈论好企业家时，我们总能想起那些正式或非正式的导师，他们践行并体现着企业家箴言：

1. 把他人放在第一位。
2. 帮助他人成为最好的自己。
3. 追求职场品质优先于追求才能。
4. 在现实与职场品质之间寻求平衡。
5. 抓住一切机会践行职场品质，无须等待职场品质发号施令。

企业经营应该从塑造职场品质开始，并与员工建立起良好关系。企业家箴言可以帮助领导者和雇主做到这一点。好企业家可以培养出优秀的导师，但具有官方头衔的导师却不一定能教出好企业家。

在很多组织，建立导师制度是一项必须要完成的任务，而不是一种发自内心的行为。如果企业根本不相信导师的作用，那么导师制度就会成为一种摆设。如果企业的使命和导师的教诲不仅是鼓舞员工士气的空洞口号，那么它们就能成为企业的指南针与文化优势。20 世纪 80 年代至 90 年代的研究显示，尽管很多公司都建立了正式的导师制度，但其发挥的作用却十分有限。如果导师和学员都认为导师制度是无用的、无意义的，不能鼓舞士气，那么这种制度甚至会对企业产生危害。

威斯康星大学密尔沃基分校的贝尔·罗斯·拉金斯教授（Belle Rose Ragins）深入研究了导师制度，尤其是员工工作态度与职业导师制度的建立、质量和机制设计之间的关系。其中一项重要的研究于 2000 年完成，涉及不同工作环境的 1 100 个员工。在这项研究中，她和她的同事发现，设计得最好的导师制度也无法取代导师本人的水平，而员工对导师的满意度也有极大的差异。[5] 她们还得出结论：与没有导师指导的员工相比，那些有导师却没有与导师建立起满意关系的员工并没有从导师制度中获得任何显著的好处。她们把这种情况称为“鸡肋教导”。这就涉及企业家箴言的第一条原则：把他人放在第一位。如果导师制度只是一项程序性的任务，参与者之间没有真正的沟通、关爱和责任，那么这种教导关系就不可能结出果实。导师制度绝不能也绝不应该成为例行公事。

教导质量跟导师与学员关系的好坏程度直接相关。为了建立信任，两人必须要有良好的关系。职场品质金字塔这时可以发挥作用：以真实和同情为基石，在两人之间建立起真实的关系，感受到彼此的谦卑、自省、诚信、开放、共情和慷慨。诚信的关系是一种值得信任的关系，它能够最大程度地平衡导师和学员的利益，并允许人们说出自己真实的想法和感受。

如果关系建立在信任的基础之上，导师和学员就能做到相互支持。他们的关系不需要特别亲密像父母对待孩子、合伙人或夫妻关系那样，甚至是特里和考夫林之间的关系，但建立真实而良好的关系是实现有效教导的前提条件。这一点非常重要。当你准备选择一个导师时，你需要思考：你能与这个导师建立起良好的关系吗？与建立任何关系一样，你们需要彼此“来电”。如果除了正式的教导行为，你们之间没有建立起良好的私人关系，我的建议是，换一个导师或学员。

有效塑造职场品质

如今的职业教导大多发生在工作场合，不过我强调过，其效果依赖于导师和学员之间的关系。即便两者建立了良好的关系，我们还必须知道自己想要怎样的教导方式，必须明辨自己正在接受哪种教导方式。

在提高员工的技能之前，导师应该首先致力于打造共同的价值观，深化职场教导关系。在建立共同的能力、明确共同的标准之前，我们需要拥有共同的价值观。我们有时能找到优秀的导师，他们在价值观和技能方面都能帮助我们进步，但很多时候我们需要向不同类型的导师学习。接下来，我们会进一步探讨不同的教导类型，现在先了解最常见的一种教导方式。

人们常常将教导的重心放在技能培训和职场晋升方面。虽然这种做法并没有错，但成了主流的教导类型，并被错误地当成了教导关系的核心。拉金斯教授将这种被广泛接受的教导类型定义为："导师是职位很高、影响力很大的人，他能让你的经验和知识更加丰富，能为你的职业发展和职场晋升提供支持与帮助。你的导师不一定是你所在组织的成员，也不一定是你的直接上司。"[6]这一定义没有提及在导师与学员之间建立良好关系，也没有提及要在技能之外打造共同遵循的价值观或职场品质。这句话只是强调，职业发展并不解决你的工作是否适合你，你是否对工作感到投入和满意之类的问题。实际上，每一个职场导师最应该问的问题是：你是否工作得很开心？

如果我们能推导出关于职场教导的领导力理论，那就按照常规理解导师和学员之间的关系。教导技能非常重要，因为组织和个人要想获得成功，创造良好的结果，就必须不断提升技能。但是，如果要最大程度地发挥导师的作用，就必须自始至终以提升员工满意度作为教导目标。无论是正式还是非正式地实施教导，导师都需要思考，你是想让教导更像培训，还是更像跟随企业家箴言和职场品质金字塔指引职场品质训练。你应该如何补上每一种教导类型的短板？

我们最想跟导师学到什么？历史上描述导师所扮演的角色有不同的术语。在古希腊，缪斯女神是知识的来源，是歌曲创作者和故事讲述者的灵感来源。有些导师更像教练，主要为学员提供心理上的指导和帮助，因为这些学员的专业技能比导师水平高。有些导师是很受人尊重的实干家，比如，手工艺大师，他们指导一帮好学的徒弟。还有一种类型是导师的导师，就像绝地大师尤达[①]那样，年轻的选手都要向他寻求灵感和智慧。那些既能帮助我们追逐梦想，又能让我们脚踏实地的导师，则是真正优秀的导师。

请想象一下你与以下四类人共事。第一类人是你所在行业的“超级明星”，是真正的行业专家，你可以向他学习很多东西。第二类人一直是你梦想的支持者。第三类人是你的战友，能与你在同一个战壕并肩作战。然而，当你走了弯路或遇到困难时，该怎么办呢？这时，第四类人是你可以依靠的人，能提醒你坚守价值观的重要性，能阻止你将短期的失败变成长期的伤痛，能帮助你将逆境转化为成长的机会。最后，你获得成功之后，就很可能会把你体验到的教导制度和你通过该制度所学到的价值观与技能传递给更年轻的同事，谁不想有这样一个团队呢？与此同时，你凭借着自己的智慧，让团队登上一个新的台阶。甚至，你也许反过来成了之前一路帮助过你的导师的导师。

听上去太魔幻，不现实？也许我们的确无法在一个地方或一个人身上获得所有这一切，但只要我们致力于与一群品德高尚的人共事，获得上述教益就并非是一种过于乐观的想法。虽然我们能否成功取决于自己，但我在职业生涯的早期就发现，如果你身边有一群能帮助你成功的人，你就更容易实现自己的梦想。最终是我们自己决定了如何过这一生，并选择与哪些人相处。

① 尤达是美国《星球大战》电影系列中的人物。他的内力非常深厚，在 800 年间培养了众多高徒。——译者注

而是否想要多结识品德高尚的人，也取决于我们自己。

所以，我们需要考虑导师所扮演的不同角色以及他们给我们的生活带来的帮助。下文探讨的这些角色并不是全然不同的，但常常通过不同的人体现出来。

行业专家

技艺最高超的专家型导师通常都是所在领域的明星人物。他们通过多年的实践和经历才获得了明星地位，积累了丰富的经验，他们是行业的守卫者。专家型导师通过做好每一天的工作和任务来激励我们。正宗（Masamune）是日本最伟大的铸铁匠，但在他众多的徒弟中，只有 10 个人被称为“正宗的门徒”。谁是你所在领域的“正宗”？行业专家能让你了解行业的历史、价值观和现状，能帮你更好地理解你所在领域那些领导者受人尊重的原因。专家型导师与我们分享他们的智慧，将价值观和技能传授给我们，以帮助我们成为行业中的翘楚。他们应该帮助你识别、确认和利用你的天赋，帮助你发挥出最大的潜能。

事业的支持者

人际关系专家基思·法拉奇（Keith Ferrazzi）说，你需要有一个能“在背后支持你的人”[7] 在任何组织，你都应该找到一个支持你工作的人。有时候，你最需要从导师那里获得情感支持，以及知道有人真正关心你。然而，支持不仅仅是提供建议，还应该是帮你牵线搭桥的实际性帮助。你的支持者通常是你所在组织的上司，他关心你的工作状态，为你的职业发展提供支持。

并肩作战的同事

并非所有的导师都是上司。同事、伙伴、朋友都能成为你的良师益友。

例如，你认识了一个新同事，告诉他在哪里吃午饭，向他演示如何使用办公用品，将他介绍给其他同事，你就与新同事建立了良师益友的关系。并肩作战的同事是你的伙伴，要一起完成某个重要的项目或任务。这类导师对你的帮助很大，因为这种关系是互惠的，你们需要相互支持、相互合作，对彼此负责。如果你有这样的同事，你的工作质量和工作满意度都会大大提高。原因很简单，谁想独自一人工作呢？

值得依靠的人

如果你需要一个密友或者一个能帮你走出困境的安慰者，你会向谁寻求帮助？值得你依靠的人就是值得信任的导师，他们总是在你需要的时候出现在你面前。他们也许很少帮助你提升技能，却能给你提供客观的建议和富有同情心的支持。我们需要这类人，他们能为我们提供建议，同时又能保护我们的利益，帮助我们在困难的时候成长和进步。通常，值得依靠的人是亲密的朋友、父母或社区领导者。无论他们是谁，他们都会对我们的个人生活和职业发展提供帮助，比如，任务的优先化、平衡工作与生活、谨记价值观。

作为学员的导师

我曾询问我的一个导师，在教导过程中有哪些注意事项。他的回答是："要时刻准备成为学员。"2020 年，超过 50% 的就业岗位被千禧一代占据。[8] 由于经常投资于新技术领域，我常常遇到比我更年轻、更懂技术的人，我向他们学习了不少东西。然而，导师与学员互换角色不仅仅指年轻人在技术方面教导职场前辈，学员还为导师提供了一个机会，使他们能向年轻人获得关于工作投入度和领导风格的反馈。此外，如果千禧一代感到职场前辈重视他们的看法，他们就会更愿意以开放的心态向职场前辈学习。企业应该既鼓励年轻员工的新想法，又尊重老员工的智慧和经验，以打造更灵活、更有使命感、更有合作氛围的职场环境。

回忆过往，我真的像中了彩票一样幸运，我遇到的一些导师不仅是所在领域最优秀的专家，还是品格卓越的人。他们教导我把价值观放在第一位，帮助我发展必备的职场技能和人脉关系。然而，我还是花了很长时间才意识到，事实上我拥有不同类型的导师，也就是前文提到的那些类型。我需要不同类型的导师各展所长，帮助我获得成功。在现实生活中，导师的角色是有交叉的，常常同时扮演两种或更多的角色，但有些导师只擅长某个特定的角色。接下来，我会举一些我的导师的例子，来阐明他们的角色。

实践中的行业专家

谢全仁、马茨·莱德豪森和亨利·麦坎斯都是对我产生了重要影响的导师，也是所在行业的专家。他们分别在战略领导咨询、零售服务和风险投资领域实现了最高成就。我有幸从他们身上学到很多东西，他们的见解和建议对我在 Cue Ball 投资公司的事业帮助极大。尽管他们的专长与我的事业没有直接关系，但实际上有着内在的关联：我需要为我们所投资的初创企业（风险投资）提供咨询服务（战略咨询），其中一些投资涉及日常消费领域，比如，美甲行业的 MiniLuxe（零售服务）。这三个导师不仅仅把他们的工作当作一种职业，还看成一种需要像学徒一样用心去学习的特殊技艺。

在他们的影响下，我得以重新看待什么才是专业技能的最高境界。谢全仁曾教导我，提供咨询服务的人员不仅需要较强的分析能力，还需要得到客户的认可和信任。莱德豪森向我解释说，我们不能仅把商店看成商店。他告诉我："当你走进一家商店时，你就像走进了一个品牌故事。"故事里的每件事都必须与企业使命和利益相关人紧密相关。[9] 麦坎斯提醒 Cue Ball 投资公司的所有员工，我们应该真正成为被投资企业的伙伴。他教导我们说，我们作为风险投资人如果想要获得大奖，应该努力获得最佳配角奖，而不是最佳导演奖，也不是最佳主角奖。很显然这三个导师都在服务他人的过程中展现出了专业上的最高境界，但这一点绝非巧合。

实践中的事业支持者

我早在麦肯锡工作的时候就遇到了事业支持者，那时谢全仁和多米尼克·巴顿成为我职业发展的支持者。他们对我的关爱在我身上产生了持久的影响。在 Cue Ball 投资公司，每个合伙人都要帮助自己的每个员工设定个人职业发展目标，我们会每隔两年花很长时间来讨论这些目标。然而，就我个人而言，我在我的第一家创业公司泽福的时候，才第一次真实感受到需要得到支持者的帮助。当时我有幸遇上了一个一流的风险投资家，韦农·洛博（Vernon Lobo），他投资了我们的公司。洛博是 Mosaic Capital Partners 公司的执行董事，这家公司位于多伦多。他不仅是投资者和公司管理者，还是对我而言真正的事业支持者和值得依靠的人。洛博针对我们的商业模式提供建议，帮助我思考如何更好地打造团队，发展客户关系，并教我一些独特的思维方式。他还支持我针对同事和其他董事会成员所做的决定。

在泽福的发展过程中，有一个非常关键的时刻：我们需要决定是否接受一家大型私募股权基金的大额投资。谈判过程有时十分紧张，对我而言，要卖掉公司很大一部分股权，心里很不舍。那时我还很年轻，相对缺乏经验，但我是公司首席执行官，必须由我来做这个关键决定。我记得很清楚，那时，我感受到作为领导者的孤独。我在飞往迈阿密，与那些比我更有经验、薪水更高的投资人商谈最终条款之前，给洛博打了电话，问他是否愿意跟我一起去迈阿密。幸而，洛博作为我可靠的事业支持者和思想伙伴答应与我同去，让我不至于独自呆在酒店思考交易的关键条款。在泽福成长和起起伏伏的几年间，洛博始终是我事业的支持者。即便我提出了一些非常规的想法，比如让求职者做乐高积木测试，他仍然支持我的决定。

并肩作战的同事

我在离开家就读寄宿学校的第一年，就懂得了拥有一位并肩作战的伙伴的重要性。那时我只有 15 岁，学业负担压得我喘不过气来。我知道，如果没有一个能每天一起做作业的同伴，我可能根本扛不住这种压力。从那以后，我始终相信，身边有一个同伴可以让我表现得更好。今天，我有很多同事和商业伙伴，他们与我一起解决各种问题，完成各项工作。这些工作包括发现投资机会、准备董事会和投资人会议、为年会设定议程。在 Cue Ball 投资公司，我们举办年会时一般邀请 300 多位全球最优秀、最有才华的专业人士参与。

对处于职业生涯早期的人而言，虽然大多数战友都是同一级别的同事，但有一种办法可以让他们与更高级别的同事共事，那就是找到一个对高级别同事很重要的项目，与他们围绕这个项目展开紧密协作，同时请他们成为你的导师。主动成为“飞机的副驾驶员”，则可以拓展你的影响力，因为这些高级别的同事可能并不会每天与你共事。我在前文分享过，这实际上就是谢全仁的做法。我问谢全仁是否有兴趣针对中国大型家族企业的人力资本问题与我一起合作，他欣然应允了，这正是我和他都感兴趣的领域。

实践中值得依靠的人

2000 年，我在一场大型科技论坛上做了演讲。会后，科斯莫·卡利亚勒克斯（Kosmo Kalliarekos）找到我。他说他是帕提农集团（The Parthenon Group）的创始成员，这家公司为时尚行业提供战略咨询。他问我是否可以在当天晚些时候再跟他碰面谈谈。我和他很快一拍即合。他是一个很有大局观的思考者，具有感染人心的乐观精神。会面快要结束的时候，他说不知道我们会以哪种方式共事，但他确信我们一定有机会共事。我那时没有料到，后来我很快就成为帕提农集团的高级合伙人，任期达 7 年，同时担任了集团副董事长长达 15 年。卡利亚勒克斯成为我最信任和最依赖的工作伙伴。最重要的是，他还在我人生最痛苦的时候帮助了我，比如，在我弟弟和吴卡明患病期间。如今，卡利亚勒克斯又成了我双胞胎女儿的教父。

实践中作为学员的导师

在 Cue Ball 投资公司，我努力营造开放和透明的工作环境，鼓励同事们随时提供反馈意见，这能帮助我将工作做得更好。在每一次沟通或教导时，我总是会思考："我还可以在哪些事情上做得更好？"我是多家千禧一代创办的企业的董事会成员，因此有机会向年轻人学习。费边·福特穆勒创建了 Sandbox 公司，现在公司更名为"Thousand"。他和他的同事问我是否愿意担任 Thousand 公司的董事长，这家公司运营着一个面向全球 30 岁以下的年轻领导者的社区。我与这家公司的往来，尤其是与福特穆勒的交往，促使我思考如何与年轻一代的领导者打交道。

我的导师们都对我的心智和思维方式产生了持久的影响。他们还教我如何提出尽调问题，以便更好地为学员提供指导。提出正确的问题是建立有效的导师学员关系的第一步。

具体而言，我为了成为一个更优秀的导师，更好地了解我的学员，每次召开教习会时，我都会想起这些问题并向学员们提问。我总是先讨论价值观和原则，然后再悉心聆听学员们的目标。毫无疑问，这是导师所能提出和领会的最重要的问题，因为它强调了学员的价值观和他们想要实现的目标。我们常常自以为了解他人，但实际上并非如此，我们想要某人实现的目标与他们自己想要实现的目标之间是有很大差异的。如果职场品质的核心就是想要帮助他人成为最好的自己，那么悉心聆听学员的目标绝对是极其关键的第一步。

攻克职场品质塑造中的 5 个核心问题

你在开展正式或非正式的教导时，提出的第一个问题应该是："你真正想要实现的目标是什么？"你应该让学员审视和明确自己的远大目标。此外，你还应该问学员 4 个问题：你已经取得了哪些成绩？是什么阻碍了你的成长？你准备做出怎样的改变？我该如何帮助你？这些问题为增进相互了解和形成共识铺平了道路。你可能会认为，应该采用结构化的指导方法，但根据我的经验，教导应该因人而异。我依次提出的这 5 个问题是我多年来作为学员和导师总结出来的。这 5 个关于教导的核心问题能创造出更主动的对话，激发更大的动力，产生更有益于教导关系的实践方法。用你自己的话，尽可能向你的学员提出这些问题，但一定要遵照如下提问顺序：

1. 你真正想实现的目标是什么？这个问题涉及职场品质金字塔的所有层级。怎样才能让这个学员真实面对自己？你是否带着同情心和同理心在倾听学员？如果学员明确了自己的目标，他们会采取行动不断追求完满吗？学员的行为符合他们的基本价值观吗？想办法鼓励学员，哪怕他们的梦想很奇怪，或者很难实现。在这个教导过程中，你可能会同时扮演专家、支持者和值得依靠的人这三种角色。

2. 你已经取得了怎样的成绩？通过提问这个问题，回溯学员的经历，发现他们身上的天赋。此外，你还可以更好地了解他们对什么事情有热情，在哪方面有能力。

3. 是什么阻碍了你的成长？这个问题能够让导师了解学员的行为是否符合他的价值观，是否缺少特殊的技能或核心的人脉资源。

4. 为了让自己更快成长，你打算做出哪些改变？这个问题可以帮助学员进行自我反省，并用智慧来指导行动。智慧就是自觉意识到哪些是你能改变的，哪些则不能。导师作为学员事业的支持者和啦啦队队长，可以为学员提供鼓励和心理支持。一个人在脆弱的时候，如果他信任和尊重的人能鼓励他，将对他产生持久的影响。导师要帮助学员采取更多的行动，更高效地实现目标。

5. 我能提供怎样的帮助？导师通过悉心聆听学员以及帮助学员实现最大利益，就能展现出慷慨的职场品质。学员是否应该请教能帮助他开阔思路的人？也许你就有并肩作战的同事，能为你每天的工作提供帮助。这个问题是一个机会，能让你从学员那里获得反馈或指导，以帮助你改进与学员的教导关系。通常，这个问题设定了将要讨论的议题，或者明确了下一次讨论的议题。

为了有效地指导，导师需要真正理解上述问题。下一次你开教导会时，先想想自己是否依次问了这 5 个问题。尽管问这些问题并不难，但要多次练习才能真正理解。你可以试试在与学员共进午餐或晚餐时，很自然地向他们提出这些问题。你可以先问他们的目标是什么，然后在服务员上咖啡的时候，与学员分享你将如何帮助他们实现目标。

虽然在正式或非正式的教导会上都可以问这些问题，但不应该强制地提问。所以，我们要学习教导原则，成为优秀的导师。

超越普通教导的原则

导师在准备教导会时，不仅要考虑问哪些问题、按什么顺序提问，还要考虑提问的方式以及如何倾听学员的反馈。导师要有诚恳的态度，避免家长式的威权作风，要以正确的方式提出 5 个核心问题，并悉心聆听学员的回答。导师还要使用恰当的语气，学会理解学员回应导师的方式。

当学员是一件很私密、很敏感的事情。不要忘了在教导中体现出人性关怀。马戈 · 费登提醒我们，不应当问寒暄式问题。如果你决心指导一个学员，就要对他认真负责。你应该仔细聆听学员对问题的回应，然后给出你经过深思熟虑的反馈和答案，并且在这个过程中始终持有开放的心智和友善的态度。如何才能做到这一点呢？谨记职场品质金字塔框架中关于真实、同情和完满的元价值观，以便更恰当地提出问题，倾听学员。关于教导的 5 个核心问题是很有用的教导工具和清单，但如果寒暄式、流程式地提问，就不会对学员产生好效果。教导必须始于良好的关系。因此，尽管提出正确的问题很重要，但同样重要的是，要以恰当的语气和态度提问。其实，有一些方法可以帮助你向学员提出具有实用价值的意见和建议。接下来，10 条建立在企业家箴言和职场品质金字塔基础上的具体的教导实操原则，可以帮助你明白应该何时提出 5 个核心教导问题，又该如何倾听学员的回应：

1. 发自内心愿意帮助学员，用心倾听学员。教导行为是一种主动的选择，你要用一颗愿意服务学员的心开始每一次教导会。因此，最重要的事情不仅是提出正确的问题，还是深入而细致地用心倾听学员的回应。真正的倾听需要耗费很长时间，你既要意识到自己的价值观，同时又愿意用心理解对方的价值观。导师要保证开教导会的时间够用，还要牢记职场品质金字塔的同情原则，以开放、共情和慷慨的精神教导学员。导师要悉心聆听学员真实的想法，不要将自己的想法和目标灌输给学员。
2. 发现学员的天赋，并鼓励学员发展天赋。“你已经取得了哪些成绩？”这个问题能帮助导师发现学员的天赋。你在倾听学员的回应时，要注意发现学员真正的天赋，并将学员的天赋和努力区分开来。尽管努力也很重要，但如果你能发现他们的天赋，就一定要让他们意识到这一点！激发他们对自身天赋的信心，鼓励他们发挥自己的相对优势。此外，这个面试题也很效：“你最擅长做什么事情？有哪些事情你能比别人做得更好？”
3. 多积极乐观，少冷嘲热讽。你在教导过程中应该总是诚恳而坦率的，不过，整体态度应该是乐观而积极的。比如，当学员与你分享一个想法时，你要牢记，应该先尽力思考这个想法的可行性，而不是直接否定这个想法。采用“24×3 法则”，在否定这个想法之前，花 24 秒、24 分钟，甚至 24 小时思考其可行性。导师应该成为付出者，而不是收获者。
4. 鼓励学员拥有自己的成功观。对于那些不想走寻常路的人来说，保持乐观的心态尤为重要。如果你发现学员想实现不同寻常的目标，但他们还没有将自己的想法表达出来，你就应该帮助他们表达出来。人们常常不愿意与他人分享自己的内心想法，因为别人可能认为他们的目标不可能实现。这个世界喜欢循规蹈矩的失败，不喜欢标新立异的成功。作为导师，我们应该鼓励学员实现后者。
5. 帮助学员找到使命。无论是传统的职业路径还是非传统的新奇路径，只有你找到了人生的使命，也就是内在的驱动力，你才能游刃有余。你应该让学员在每天的日常工作与想要实现的目标之间求得平衡，就像在实用主义和理想主义之间寻求平衡一样。学员可能并不知道眼前的工作与未来的目标有怎样的关系，你应该帮助学员梳理这种关系。导师要让学员拥有一种真实的掌控感，并让他们明白为什么他们的工作是有价值的。

6. 有意义的角色能让我们对自己的工作更投入。导师要帮助学员认识更多的品德高尚的人。导师支持学员最可行的方式，就是帮助他们认识那些愿意和有能力帮助他们的人。此外，还要告诉学员，导师有不同的类型，鼓励学员寻找能够弥补他们短板的导师。导师还要帮助学员更准确地察人识人，并为他们提供一个框架，用来评估其他品德高尚的人帮助他们实现目标的效果。下一章节将对这个问题进行深入探讨。

7. 分享智慧，但要友善待人，不可以理压人。骄傲是谦逊和开放的天敌。友善总是比对错更重要。不要总是显得自己凡事都很正确，而要像畅销书作家韦恩・戴尔所教导的那样："选择善良，而不是选择聪明。"[10] 今后，每当你与别人发生争论时，反省一下你是否遵行了戴尔的建议。

8. 让学员自己寻找答案。我的伙伴迪克・哈林顿常说，在与同事和企业家共事的过程中，他学会了让学员自己去寻找答案。导师和学员的关系不是等级关系。优秀的导师会放手让学员自己去寻求答案。导师的终极目标应该是让学员明白他们真正的目标。

9. 让学员掌握"遥控器"。作为主动投资者，我经常被问到这个问题："'主动'的含义究竟是什么？"我知道，创业者问这个问题有两方面原因。一方面，是因为他们确实想知道我们的"主动"能为他们创造多少附加值；另一方面，是因为他们担心我们的"主动"会干预他们的经营管理。能成为导师是一件令人开心的事情，但导师需要避免越过行为的界限。我主张由创业者和学员来掌握"遥控器"。有时，导师需要主动让学员接受教导，但通常而言，应该由学员来决定如何接受导师的教导。

10. 无论为了自己还是为了他人，导师应该为人师表。是否遵守承诺是评判一个人品行的核心标准。导师需要履行对学员的承诺，尊重学员。亚当・布赖恩特在《纽约时报》上谈及领导力时表示，他喜欢问观众如何评价自己的上司："你们是否发自内心地信任和尊重你们上司，他们是否为你提供建议、公正待人，不让你当替罪羊？"只有大约一半的听众回答是肯定的。导师一定要牢记，尊重你的学员！建立信任需要为人师表，始终如一。

打造富有使命感的职场环境

关于教导的 5 个核心问题与关于提问和倾听的 10 个原则都有一个共同点，那就是要求尊重他人，按照意第绪语的说法，就是要成为温暖的人。成为品德高尚的人是成为优秀导师的重要前提，这意味着要践行职场品质金字塔的所有价值观，尤其是同情层级的价值观；意味着要牢记前文提到的 10 条教导原则，像医生对待病人一样关照学员。品德高尚的人会问关于教导的 5 个核心问题，然后关切地回应学员的反馈。如果你也这么做，你就能成为一个优秀的导师。

所有品德高尚的人都是导师，但不是所有的导师都是品德高尚的人。有些导师能够教授正确的知识，但缺乏温暖、同情和关爱。如果我们成为导师，就必须忘记自己与学员是上下级关系。要记住，如果成为导师，就要承担起导师的责任，因为学员是如此地信任我们。有很多医生，专业过硬却不能做到关爱病人；很多音乐家，技艺精湛却欠缺情感表达；也有很多导师能说会道，却不讲究方式方法，他们没有用心教导，以德服人。

2013 年，麦克·梅尔斯发布了纪录片《超级模范：谢普·戈登的传奇人生》(*Supermensch: The Legend of Shep Gordon*)。[11] 片中主角谢普·戈登是好莱坞最有名的天才管理者和经纪人。他发掘培养了艾利斯·库珀、迈克尔·道格拉斯等演艺明星，他还是现代名人厨师和美食运动的负责人之一。戈登是好莱坞经纪人中的异类，他的风格与阿里·古德、杰里·马圭尔及其他明星经纪人大相径庭。他不仅为好莱坞，还为我们每个人设定了极高的标准。

在与戈登相处的几天时间中，我更加明白了为何职场品质能带来成功。无论你是《财富》500 强企业的首席执行官、管理咨询公司的高级合伙人、与创业者打交道的风险投资人，还是一个明星经纪人，你都必须把他人利益放在优先位置。我们工作的核心使命应该是帮助他人成功，这也正是戈登的职责。如果你和戈登的工作内容一样，你很快就会明白职场品质之于成功的重要性。

在理想情况下，经纪人和业务经理不仅是交易的中间人，还是客户的支持者、密友和顾问，因此，他们也是客户的导师。戈登的客户并不看重他的身份或成就，而是注重他的品德。客户甚至不跟戈登签署合作协议，因为他们信任戈登这个人。最近，我再次联系了戈登，想知道他的工作动力是什么，以及他如何抗拒名声和金钱的诱惑。他的回答是：

> 人性，善良的人性，特别容易受到挑战。人生也是一段艰难的旅程。你应对旅程和做出决定的方式即便不重要，却决定了你是否能实现人生的使命。你需要从每一个事物中看出其非凡之处。每当你遇到一个人，你都应该试着发现他身上的非凡之处。人们很难不对非凡的事物动心。我还学会了另一个人生要点，那就是尽可能多地说“谢谢”。当你不断说谢谢并对现有的一切都十分感恩时，你会惊叹于人生的美妙。[12]

我们天生的美德和人性总是会受到金钱、名声、恐惧和贪婪的诱惑。如果我们身边有很多坏人，我们很可能就会受到他们的负面影响。教导应该帮助人们实现更高的人生使命，帮助他人在一个充满诱惑和挑战的世界获得成功。我们应该用良好的态度、方式和品行来教导他人，提防自己在教导过程中摆出上司或雇主的姿态，而要做到平易近人。这正是优秀导师的行为方式。

代际关怀（generativity）是心理学家埃里克·埃里克森提出的一个专业术语，意指人们在中晚年关心他人、社会和遗产的欲望与行为。

人们通常在40岁以后有这种基本的人性欲望，因为那时一个人才更全面地了解自身。这个词也表达出了“人之不朽”的意思。我们都会死去，都会哀伤于人到残年，但我们的生命可以通过他人、社会和遗产得以延续，遗产就是我们留下的美好事物。“遗产”这个词被滥用于物质上的东西，而非精神上的东西。你可能有物质上的遗产，却不一定有精神上的遗产。

——谢全仁[13]

我们在之前讨论完整的章节中，提到了心理学家埃里克·埃里克森，他认为成人的成长是通过他所说的“自我完整”来追求自我实现的。他还提出了代际关怀的概念，并得到了谢全仁的认同。这个概念解释了为什么教导是留下真正有价值的遗产的绝佳方式。本质上，我们唯一能留下的遗产就是我们所知道的美好事物。我们必须相信，对“人之不朽”的追求会促使人们去做更多的好事。如果我们想让世界变得更美好，就有义务成为一个优秀的导师和品德高尚的人。

我所认识的最优秀的导师既无私又诚实，能不断地自我反省。他们致力于帮助他人成为最好、最完整的自己，几十年来我也按照这个核心原则去教导同事。有时候最优秀的导师跟父母一样，对你非常有信心，超过你对自己的信心，并总能找到办法将这种信心传递给你。然而，要想成为一个导师并将学员的利益放在优先位置，需要有极大的奉献精神。你愿意为他人的教育、技能和未来做出自己的贡献吗？你愿意付出一年、十年或者更长的时间吗？教导不仅仅是按部就班地与学员沟通，更是一种伙伴关系，需要导师对学员的教育、技能、品格和美德付出长期的努力。如果一家企业能够培养出帮助他人成功的企业文化，这家企业就能获得更大的成功，因为这种企业文化能够提升员工的满意度、忠诚度和业绩表现。

教导和追求职场品质的过程让我们看到了人与人的共同点：我们都能具有人情味、美德和品格。这些内在的人性特征将人与人连接在一起。然而，这一切只发生在我们意识到人生的最大成就是服务于更高使命的时候，这种使命就是想办法成为专家型导师、事业支持者、值得依靠的人、并肩作战的战友和作为学员的导师，并在教导过程中做到平易近人、温暖可靠。你将面临的挑战是，如何激励自己和他人追求职场品质，并为他人提供非凡的指导。

GOOD PEOPLE

职场箴言

- 有效的教导需要与学员建立良好的关系。导师需要与学员产生“化学反应”，建立起真实而互信的关系，才能结出教导的果实。
- 提出正确的问题。导师要做到有效地教导就需要知道问学员哪些问题和提问顺序。关于教导的 5 个核心问题是：你的目标是什么？你已经取得了哪些成绩？是什么阻碍了你的成长？你将做出怎样的改变？我该如何帮助你？
- 用正确的方式和态度教导。作为导师，你不仅要提出正确的问题，还必须以恰当的方式、语气和耐心来教导学员。教导是一种主动的行为，要做到悉心聆听学员；帮助学员发现自身的天赋；向学员呈现乐观的精神和使命感；鼓励学员为成功而奋斗，哪怕是非主流的成功；选择善良，而不是选择聪明；为学员的成长牵线搭桥；让学员按自己的节奏来掌控教导过程，让他们靠着自己的力量去寻找和理解答案。

第 12 章

更好、更快地识别好员工

察人识人是一种可以提升的技能。我们选择和谁共事，是自我实现的基础，因为终归我们总是在与他人的互动和共同经历中成就自己。我们所做的每件事都受到了身边的人的影响。我花了很多年时间，采用了各种方法才明白，我在职场和生活中所获得的成功都反映了我察人识人的能力。美国作家和活动家丽塔·梅·布朗（Rita Mae Brown）曾经说过："好的判断来自经验，而经验来自错误的判断。"[1] 事实上，我发现很多错误的判断都与人有关。

只有你决定优先考虑合适的人，你才会得到他人尊重，你所在企业的文化才会持久。回忆一下我们对好企业家的一般定义：那些致力于持续培养价值观、帮助他人成为最好的自己的人。然而，其中存在一个悖论：践行职场品质就是积极影响他人，但我们影响他人的能力很大程度上又是由影响了我们的人所形塑的。他人对待我们的方式，留给我们或好或坏的记忆和体验，决定了我们对待他人的方式。

如果你想更准确地察人识人，那么在判断一个人的时候就不能只看他的才能或地位。我们很容易看重他人的名声和头衔，但这些无助于判断他人的职场品质。我们更需要做的是，识别他人的品格和价值观，尤其是要判断他们是否持守真实、同情和完满的价值观。然而，正如大多数人很难准确界定和解释职场品质及相关价值观的含义，我们也很难准确评判他人。如果我们既想与好员工共事，又必须亲自将他们挑选出来，那么问题就在于：我们如何才能识别他们，因为这出于我们在工作和日常生活中的需要。

事实上，你随时都在评价他人，无论你是否意识到这一点。你总是在招聘新员工，遇到陌生人，与潜在的合伙人交流，为你的企业引进投资机构。你每天都在与他人发展或深化关系的过程中评价他人。随着时间推移，大多数领导者和员工都能更深入地了解某个人及其品格，但这的确需要相当长的时间。

还有没有更好、更快地识别他人的方法呢？我在我的整个职业生涯中，使用了大量的工具、诊断方法和框架来分析企业的优劣，但这些都无助于识别和培养好企业家。显然，我们需要拿出一套有效的办法。

成为察人识人的专家

要成为察人识人的专家，第一步是要意识到我们自身的偏见。有两种偏见危害尤甚。第一种偏见是我们将习以为常的东西评判为好的东西。在我思考职场品质和“好企业家”定义的过程中，我的朋友约翰·梅达提醒我不要掉进人性的盲区，人们倾向于寻找和奖励自己最熟悉的事物。我们对自己的评价都很高，因此，我们总是会寻求和挑选与我们言行相近的人。

第二种偏见就是我所说的“才能偏见”。我们总是倾向于选择有才能的人，因为我们习惯于看重戴维·布鲁克斯所说的“简历美德”。我们倾向于将地位或诸如社交媒体上的粉丝数量、财富、头衔、称号等外在标记作为评判一个人的标准。这些标准都很有用，但无法帮助我们发掘一个人的内在价值，或者说，无法呈现出一个人的品格和职场品质，包括他是否愿意持续帮助他人。

打造培养职场品质的框架

仅仅意识到和承认这两种偏见，我们就能更理解好员工是什么样的。然而，如果我们想要增强察人识人的能力，就需要采用一种客观的框架或心智模式，作为筛选好员工的过滤器。我希望本书第一部分所探讨的职场品质语言和职场品质金字塔能够帮助我们减少偏见。

在明确了职场品质的定义和框架之后，接下来就要设计正确的问题，以判断他人是否体现和践行了职场品质。几年前，我在《哈佛商业评论》上发表了一篇文章，内容就是如何通过提出 10 个简单的问题帮助人们更好地评判他人。[2] 文章触及了企业界圈内圈外的痛点，这 10 个问题都聚焦一个人的真实品格和价值观，而与身份和地位无关。身份和地位是人们常用的评判标准。

领导者总是要做出决策和判断，但要持续正确地评价自己与他人则是世界上最困难的事情之一。以下 12 个问题可以帮助你将职场品质金字塔应用于现实生活，同时更好地理解职场品质和好员工的概念。这些问题既适用于企业招聘，还有助于我们在日常生活中更准确地察人识人。

1. 你认为这个人擅长自省吗？（关于真实的问题）

   我非常看重自省能力，因为我相信自省是成功和幸福的核心。你所要评价的人是否能诚实面对自己以及自己的优点和缺点？他是否有学习新事物的好奇心？他是否谦逊？他的思想、语言和行为是否一致？

   做到自省的方法有很多，但其核心环节是诚实和言行一致。我建议你寻找那些既有想法又能执行想法的人。这种人能记住自己的承诺并持续跟踪进展。此外，你需要通过其他渠道了解他，并让他做一个心理测试，从而更加了解他的行为偏好。你还可以直接问他每天花多少时间自省。

2. 这个人真诚还是虚伪？（关于真实的问题）

虚伪几乎是最糟糕的缺点。我们在餐厅或其他场合都能感受到服务员或其他人对我们的奉承。但好员工不会为了给你留下好印象而刻意讨好你。当好员工表扬或批评一个人时，他们的行为总是出于真实的想法。思考一下，你要评价的人是否谦逊、诚恳，甚至不怕暴露自己的弱点？每个人都会在比自己优秀的人面前感到不自在，但好员工却总能保持自己的本色。要警惕那些在不同人面前有不同表现的人。真实很简单，意味着我们始终诚实地忠于自我。

3. 这个人喜欢谈论，还是喜欢倾听？（关于同情的问题）

自信是一种讨人喜欢的气质，但如果一个人说得太多、听得太少，那就需要进一步考察这个人了。他是否自以为是？他是否毫不在意别人的看法？他是否认为自己无须向他人学习？

从我的经验来看，倾听和关心是息息相关的。倾听是我们最重要的习得性技能。时任麦肯锡全球董事总经理多米尼克·巴顿提出了一种办法，可以衡量一个人是否善于倾听。他会在谈话过程中记下一个人使用“我”这个词而非“我们”的次数。还有一种方法，就是注意一个人是否是“聊天杀手”，这种人就是总是试图在谈话中胜过对方的人。

4. 这个人是付出者还是获取者？（关于同情和完满的问题）

有些人充满了负能量，而有些人则积极、热情、乐观、开放、同情和慷慨。中国有一句古话，意思是付出是最大的回报。你参加鸡尾酒会或晚宴派对的时候，可以留意一下坐在你对面的那个人是付出者还是获取者。通过问这个问题，你将很快区分出谁是好员工，谁是吸收正能量的“吸血鬼”。寻找那些喜欢微笑和乐观向上的人，微笑能感染人。那个人是弱化了怀疑的氛围，增强了积极的气场，还是带来了更多的愤世嫉俗的话和负能量？

采用“24×3 法则”这个方法可以判断一个人是否具有正能量。如果一个人用类似“24×3 法则”的方式思考，他就更有可能是付出者，而不是获取者。付出者更倾向于抱着同情的态度倾听他人的想法，因为他以开放的心态面对世间万物。最后，你还可以问这个问题：如果把这个人比作一首歌，他会是怎样的一首歌？他是催人奋进、激情昂扬的“战斗之歌”，还是让你感到无比沮丧的歌？

5. 这个人对待工作的态度是主动应对还是消极应付？（关于同情的问题）
   面对同一项工作，有些人牢骚满腹、推诿搪塞，有些人则敢于担当、切实推进。显然，你应该选用后一种人。我记得，我在商学院的一个老同学总是喜欢说："要应对，不要应付。"
   很多人在被要求做工作职责之外的事情时，马上就会说"不"。他们不知道合作和分担的意义，而这正是团队领导者和个体成员之间的区别。我们应该提防那些喜欢消极回应的人，认真分析你所评估的这个人愿意做重要的工作还是琐碎的工作，他是否具备你想要的那种合作能力。

6. 这个人如何对待他不认识的人？（关于同情的问题）
   我为撰写本书而采访的很多好企业家都有人人都是平等的基本价值观。你应该仔细观察一个人是如何与陌生人、出租车司机、服务员和同事打交道的。他待人礼貌，还是无礼？他是否不尊重那些社会地位或职业地位低的人？你觉得他会帮助一个陌生人吗？他是否很同情那个需要帮助的陌生人？
   人们表现出傲慢、无礼、粗鄙和势利的时候通常是这样想的：我们在本质上都是一样的，换了不同的环境和场合，我们可能也会遭受其他比我们地位更高的人的鄙视。但这种想法是不对的。如果一个人轻蔑地对待比自己地位低的人，你就应该认真考虑是否该录用他。

7. 这个人的配偶或朋友如何评价他？（关于真实的问题）
   我们身边的人是最了解我们的人，尤其是与我们关系最亲密的人。如果你想招聘一个重要的员工，可以考虑邀请求职者携配偶或朋友与你共进晚餐。在此之前，你需要问求职者，他的配偶或朋友认为他最大的优点和弱点分别是什么。他的回答与配偶或朋友的回答相符吗？你不仅应该花时间向求职者身边的人获取评价信息，还应该向你和求职者共同的朋友获取信息。
   这就是"自我评价预测指数调查"。这项调查是询问受试者的朋友会如何评价他们，认为他们最大的优点和缺点是什么。受试者可以通过这项调查了解他们对自己的看法与其他人对他们的看法有什么差异。每个人都有自己的个性和品格。你应该了解，你所评价的人对自己的看法是否与他最亲密的朋友对他的看法一致。

8. 这个人遇到过挫折吗？他是如何应对挫折的？（关于同情的问题）

历史非常重要，一个人过往的经历同样如此。我和我的合著者在《热爱、实干、勇气和运气》一书中提到，大约三分之二的创业者在人生早期都遇到过财务上的困难或人际关系上的挑战。在早期经历挫折会比在早期获得成功更容易形塑一个人的品格，而一个人是否具有应对逆境的韧性，是判断其今后的人生能否成功的重要预测指标。

我并不是说每个人都应该故意去经历挫折或失败。但如果挫折是生活必然的组成部分，那么如何将这种挫折转化为学习成长的机会就至关重要。为什么好员工都很擅长抓住这种机会呢？这个问题没有简单的答案，但他们都有一些相同的做法，比如总结教训并写下来，反思哪些问题是能掌控的，哪些不能；思考自己“下次会做出哪些改进？”。

9. 这个人读过哪些书？（关于完满的问题）

阅读能帮助我们形成观念，激发新想法，丰富我们对日常事务的看法。我们获得的知识越多，我们未知的或者还没有完全理解的事物也越多。我们意识到自己对世间万物有如此多的认知空白，能够激发我们对知识的好奇心。生物学家爱德华・威尔逊曾经说过：“好奇心是呈指数级增长的。我们了解得越深，未知的神秘也越大。”[3] 我认识的灵魂最有趣的人都是阅读狂人。阅读还能让我们通过故事、比喻和寓言增进对他人的了解。一个人的阅读能力越强，就越擅长以打比喻和讲故事的方式来阐述复杂的思想，并让自己的所思所想所为具有更宏大的意义。

如果你能坚持一个月读一两本或以上与工作无关的书，这种习惯就让你的经验更丰富，增强你的好奇心，让你将不同领域的思想和知识融会贯通。无论是在商业领域还是在文化领域，世界上最具颠覆性的想法，都来自跨界思考和广泛阅读。

10. 你愿意与这个人展开一次长途旅行吗？（关于真实和同情的问题）

这个问题源于机场测试。机场测试是指，当你与某个人被困机场时，你是否能与他相处愉快？你能想象与这个人一起自驾穿越美国吗？为什么能，为什么不能？先不考虑这个人的专业技能如何、推荐人是谁以及你与他在工作上的共同点，你能与这个人和谐相处吗？你们的相处方式是协商、打趣还是沉默以待？这些问题能帮你评判这个人是否适合成为你的长期同事或伙伴，同时还能提醒你认真审视这个人的品格，而不是才能。才能对于日常工作非常重要，但机场测试和自驾测试却能让我们站在长期的角度去审视一段关系。

要想了解一个人的品格，就必须让那个人也十分了解你。你愿意让同事了解你吗？你是否会向同事隐瞒一些事情？你是否担心如果你不体现出权力的威严，员工就不会把你放在眼里？在本书中，我试图表明，谦逊和犹豫是优点。你还应该记住：共同的价值观、共同的标准和共同的真诚比共同的利益更重要。

11. 这个人是否欣赏自己的个性？（关于完满的问题）

能在工作中展现出个性的人并不多。拿棒球做比喻，一个人的个性更多地与他投出曲线球的方式而非与他投出的直线快球有关，也就是说，一个人的个性与他的怪癖、特点和独特风格有关，与他日常的行事风格无关。这个人是欣赏自己的个性，还是回避自己的个性？是隐藏还是展现自己的特点？如果一个人能够接纳自己的一切，就能呈现出最好的自己。现在，你应该思考，你评价的这个人如何看待服从权威的重要性？如何看待自己和他人的个性？我们最不寻常的特质定义了我们的个性。有时，仅仅是真实面对自己和自己的个性，就能让我们变得更好。真实的最高境界之一，就是活出真实的自己。

12. 这个人是否具有多维度或跨界思考的能力？（关于完满的问题）

一个人如果不能从不同的领域和经历中学习，发展潜力就很有限。我很幸运，在哈佛大学读本科期间上过已故进化生物学家斯蒂芬·杰伊·古尔德的一门课。我至今还记得古尔德教授介绍“拱肩”概念的场景。“拱肩”是建筑领域的一个专业术语，用于描述两个拱梁之间的空间（如图12-1所示）。古尔德把这个概念应用于进化论。拱肩是一种由进化而非由人为设计所带来的“巧合”和副产品。以鸟类为例，鸟的羽毛最初只是为了御寒，后来才无意中成为飞翔的工具。这告诉我们：要拥抱两个不同领域之间的空间，拥抱跨界思维。

跟博览群书的人一样，具有跨界思维的人能以不同的视角看待世界，开启新的可能性，更富创造性地解决问题。因此，你需要思考这个人是否具有多元思考和跨界思考的能力。

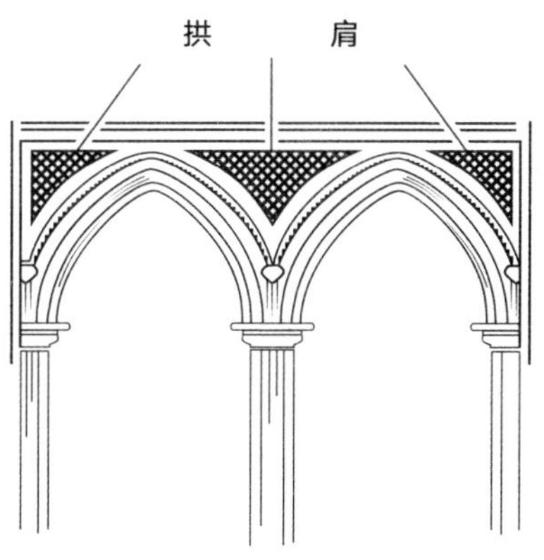

图 12-1　建筑学上的拱肩

我一直希望创造一种更准确地评判一个人的工具，包括评判我们自己和他人。如果你很擅长评判他人，就更有可能擅长评判自己；反之亦然。

职场品质金字塔是有助于我们更好地了解职场品质的语言框架，这 12 个问题则是实践方法。不过，语言、框架和这一系列问题并不是我们寻求职场品质和评判他人的教条，而是一种结构化的方法，我们可以借此更好地评判他人，了解他们的行为方式和价值观。我们要问身边的人这些问题，还要诚实地问自己这些问题，后者更重要，我们肯定就能发现，追寻美德之路任重道远。那么，我们该如何面对前方的崎岖之路，如何为增进人类的美德做出自己的贡献呢？

GOOD PEOPLE

职场箴言

- 评判他人的职场品质是一件很难的事情，很大程度上是因为职场品质需要很长时间才能体现出来。我们需要站在长期的角度来深入了解一个人。
- 我们对熟人和才能的偏好，影响了我们看待他人的内在品格。意识到这些偏好能帮助我们摆脱偏好，从而把关注重点放在他人的品格上。
- 了解一个人的最佳方式就是运用职场品质金字塔和 12 个问题。注意你听到的答案是否正确。职场品质金字塔和 12 个问题有助于你发现职场品质和好员工。

结语

一切取决于你自己

GOOD
PEOPLE

THE ONLY LEADERSHIP DECISION
THAT REALLY MATTERS

一个舞者在舞台上起舞时，他的舞姿不仅呈现出编舞者的意图，还展现出他自己的人生阅历。他在舞台上的每一个舞步都是他人生经历的结果。观众看到的是一个舞如其人的舞者，他想要在舞台上呈现真实的自己。以我的经验而论，非凡的舞者往往也是非凡之人，有着非凡的生活态度、人生追求和内在品格。他们对自己有清醒的认知，他们想通过舞蹈向你展现自己。

——舞蹈家米凯亚·巴瑞辛尼科夫[1]

践行美德不仅是一件令人愉悦的事情或者一个好的想法，更是我们的责任。如今承认我们生而为人的责任尤其重要，因为我们正处于这样的历史节点：我们对制度的信任逐渐丧失，国家的各派势力争战，极端思潮成为全球现象，更不要说我们的人际关系、日常生活和交流都受到数字技术这把双刃剑的影响。

如今，人们普遍对商业领域感到不安甚至蔑视。层出不穷的商业丑闻，安然、麦道夫、大众、富国银行等，让“占领华尔街运动”成为民众抗议收入不平等的标志性事件。然而，我们需要区分积极的抗议与消极的抱怨。就像王尔德作品中的男主人公达灵顿勋爵所说，愤世嫉俗者就是那种“知道每个东西的价格，却不知道每个东西的价值的人”。[2]

在组织层面，也许职场是最需要培养和传递美德的场合。

然而，对于广义上的商业组织，从初创企业到《财富》500强企业，再到具有社会影响力的机构，该如何与其他类型的组织和机构协作，人们有着极为不同的看法。一方面，我们普遍相信，企业经营和资本主义及道德无关。另一方面，我们却认为，只有像公益组织或非营利组织那样去经营企业，才会对社会有益。关于这两种刻板的观念，慈善家和企业家丹·帕洛塔说得很好："两者都不对，都不利于不同类型机构之间的协作，不利于找到有效的、创新的和以价值观为驱动的平衡点。"[3]跟我们对待人物头衔的方式一样，我们应该撕掉我们给组织贴的标签，比如，企业、非营利组织、政府机构、公益团体，而应该把关注点放在让组织与众不同的核心因素上，也就是员工。实际上，我们能在任何地方、任何人身上和任何领域发现美德。现在我们意识到这一点了。

当然，任何人，包括本书所提到的品德高尚的人，都不是完美无瑕的。人类是很复杂的，我们总有对自己的行为不满意的时候。我在本书所探讨的5种职场冲突随时都有可能摧毁我们内在的职场品质。这时，我们需要记住，职场品质是一种长期的追求，因此，不可能一蹴而就。我们应该通过行为的意图来评判自己成功和完满与否，也就是说，要看我们是否在竭尽全力成为最好的自己，同时也帮助他人成为最好的自己。

我很确信通过培养优秀的领导力和打造由价值观驱动的文化，就能在职场品质方面发挥巨大的影响力，同时也能体现出职场品质和经济效益是可以共存的。

我认为我们最宝贵的财富之一，就是企业家精神和创新文化。我们应该将这种文化用于正道。所有的领导者和员工都能通过改变自己的组织体现更多的职场品质。但有时候，我们忘了在追求职场品质的过程中，每个人都可以是领导者。我们只是需要从帮助他人开始。帮助他人拥有真实、同情和完满的价值观，是一切变化的开端。

在我们携手做出改变之前，真正的领导力始于一个人愿意改变自己，然后才是激发他人发生改变。我们需要德才兼备的领导者，他们不仅培养后备人才，还将培养未来领导者当成自己的工作职责。这类领导者将追求职场品质，包括真实、同情和完满的价值观。他们把人生看成任何时候都要努力而为的长期旅程，而不是短期的投机行为。

用更整全的以价值观为中心的理念来践行职场品质，实际上是对以才能为中心的领导力的一种升华，而不是放弃。如果方法得当，践行职场品质的领导者可以成为创造更多职场品质的桥梁。为什么呢？因为他们会将真实和同情传递给他人，他们会将感恩和完满展现给他人。践行职场品质的领导者明白，就其本质而言，领导力关乎人，关乎抓住一切可能的机会帮助身边的人。一切都与人有关。这就是为什么我们应该明白，我们的共同目标应该是让自己和他人拥有真实、同情和完满的价值观，形成践行职场品质的良性循环。这应该成为每个人的目标。

进而，领导者要帮助员工逐渐成长为领导者，要让员工感受到自身的价值和工作的意义。如是，你就能真正改变和持续影响他人。反过来，这些好员工又会以同样的方式帮助他人。如果好员工不仅仅在自己的企业践行职场品质，还将职场品质传递给企业以外的人，甚至积极影响了这个世界，那这一切绝对有益于员工所在的企业及其文化。

我们缺少一种通用的语言来定义或描述好企业家，只知道我们希望身边有很多这样的人。我希望，我通过企业家箴言和职场品质金字塔提出的语言框架能为进一步的讨论打下基础。在商业语境下，职场品质似乎是很缥缈的东西，你可能会问，职场品质与那些更实际的事物有什么关系？比如，产品、增长和利润。但我相信，职场品质是唯一可持续的竞争力。随着时间的推移，企业文化的独特性和真实性就能逐渐显现出来。事实上，企业文化是企业发展的基础。员工和文化才是企业实现可持续成长和价值的关键。因而，领导力新增了内涵：领导者需要意识到，在成本收益、资产负债表和股价表现之外，通过帮助员工成长和增强企业更宏大的使命感，他们能为企业带来巨大的变化。领导者应该超越个人英雄主义，成为企业文化和价值观的践行者与倡导者。

简而言之，如果你愿意站在长远的角度，以人为本，企业赚取的利润将会更多，资产负债表将会更健康，股价表现将会更好。从内布拉斯加家具公司到星巴克，再到美捷步和 WD-40 公司，以及像 Trader Joe's 杂货连锁店这样的非上市企业都是如此，我希望 MiniLuxe 也这样。长期来看，这些企业持续而良好的表现不过是践行企业价值观、员工观和文化观的副产品。

我们面临的选择很简单：要么选择培养自己的职场品质，让身边有很多致力于帮助他人的好员工，要么反其道而行之。那些成功的领导者总是能持续吸引和培养优秀人才，他们致力于为企业打造面向未来的领导者。如果你对何为真正的领导者有任何不明白的地方，请参考本书提到的好企业家的定义，然后看看你的人脉圈是否有这样的人。我们很快就能发现，生活中那些最受人尊重的人都拥有同一样东西，美德。

我在本书中已经证明，努力追求美德，让身边有很多品德高尚的人，是对工作和生活而言最重要的领导力决策。我还提到，美德始于持续不断、永无止境的自省，勇于在失败中不断成长。音乐家阿曼达·帕尔默曾说："践行美德绝不是一件容易的事情，一方面我们要认清自己和他人的弱点，另一方面我们要拥抱这些弱点，努力爱自己和他人。"[4] 几乎每个人都有积极、深入地影响这个世界的能力。你看到你最爱、最关心的人时，你绝对相信他无所不能。无论那个人是你的孩子、朋友、同事还是社区成员，我希望你也像我一样相信人的精神意志蕴藏着无限的潜能。静下来想一想那些曾经或正在帮助你塑造品格的人，他们可能是你的家人、老师、朋友、教会牧者和工作伙伴，正是这些品德高尚的人向你伸出了援手。反过来，你又会将自己的天赋、能力和智慧传授给谁呢？

这就涉及我写作本书的最后一个目的，也许是最重要的一个目的。从本质上讲，我相信我们的人生有着更高的使命，那就是帮助尽可能多的人。我们不仅应该与品德高尚的人建立和发展亲密关系，还应该致力于帮助这些品德高尚的人发现并实现连他们自己都没能意识到的潜能，而在此过程中，我们又该扮演怎样的角色呢？如果我们试图以积极的方式影响我们最亲密的人，结果会如何呢？如果我们能以一种恰当的方式主动影响他人，为他们提供随时践行美德的工具，结果会如何呢？如果我们每个人都致力于为 10 个人的生命带来积极的改变，帮助他们塑造美德和品格，结果会如何呢？

我们要做的事情包括帮助他们适应学校的生活，帮助他们在职场成长，也包括帮助他们在学校与同学建立良好的关系，为他们的职业发展提出合理的建议。最重要的是，我们需要先选择一群人，然后将我们的知识、经验和美德传授给他们，让他们能更好地做出决定，以正确的方式做事情。我们很可能需要一代甚至两代人的时间，才能让人们真正理解唯一重要的领导力决策。你可以选择 10 个人作为重点帮助对象，但同时还要与更多的人谈论美德。你应该践行职场品质金字塔和企业家箴言中的价值观。在招聘员工时，你应该既看重才能，还看重态度、价值观和职场品质。你应该向富兰克林学习，学会问自己：我今天践行了哪些美德？

我希望通过这些行为扩大美德的影响力。此外，这么做还可以为我们的商业、社区，甚至整个世界带来我们意想不到的积极变化。回顾一下企业家箴言，你能在一生中激发 10 个人养成职场品质吗？

企业家箴言很简单。我们只需要做出 5 个承诺，帮助 10 个人。记住，变化始于自省。然后，定义和践行职场品质。当我们试图调和现实与职场品质的冲突时，职场品质就体现在我们人生的所有方面。我们还要记住，无论我们扮演什么角色，都可以成为他人的导师。每一次交流，我们都能影响他人。那些看上去很不起眼的细小举动，一旦汇聚起来，就会产生惊人的效果。职场品质是通过服务他人体现出来的，也是通过组织、文化和人与人的互动方式体现出来的，即便我们还不能完全理解这些互动方式。在个人层面，我们所做的事情比我们自认为的更为重要。摄影家保罗·奥特布里奇曾说："没有任何物体自身就有颜色……如果一个物体要依赖光才会有颜色，那颜色就一定是光的一种性质。事实也正是如此。"[5]就像颜色一样，我们无法靠自己成就美德，而是要依赖于他人发出的"光"。

我的导师亨利·麦坎斯的话最适合作为本书结语。他曾经告诉我："虽然听上去有些夸张，但如果你可以积极改变 10 个人的生命，他们再改变另外 10 个人，这样接力下去，你就能改变整个世界。"[6]

我们都有带来积极变化的潜能，首先是改变自己，然后鼓励尽可能多的人践行正确的价值观。无论你是怎么做的，你都需要问自己：你会选择践行美德吗？你践行美德的目的是否不仅是为了自己，还为了成就他人？

你将要帮助哪 10 个人呢？

我对职场成功的思考与探索

探讨美德和品德高尚的人这样的话题是一项艰巨的任务，所以我想就企业家箴言、职场品质金字塔涉及的方法论多说几句。

反省人生经历。我取得的任何成绩都离不开很多品德高尚的人的指导和鼓励。他们有些人是家喻户晓的名人，有些人则是默默无闻的普通人。我要感谢他们与我分享自己的看法，这些看法帮助我成长，也为本书提供了大量素材。事实上，正是这些亲密的私人关系激发了我撰写本书，让我回忆那些积极改变我人生的家人、导师、同事和朋友。在写作过程中，我想起我帮助他人的场景，也记起在察人识人方面犯下的错误，特别是在企业经营和风险投资过程中错判了很多员工与创业者。我想知道，我和我的公司怎样才能识别出一个人具有的职场品质。我想明白，为什么我们错失了那些好员工，尽管为数不多。事后来看，我们当时应该怎么做才好？本书很大一部分内容就是在记录我对这些问题的思考，我希望给大家尽可能多的启发。

梳理文献。这是写作非虚构类作品的重要步骤，本书也不例外。几百年来，从基督教到佛教，从心理学家让·皮亚杰到亚伯拉罕·马斯洛，从中国古代思想家老子到古希腊思想家亚里士多德，宗教、心理学和哲学领域有太多探讨美德的著作。然而，为什么我们还是没能理解何为美德，何为品德高尚的人，特别是在商业领域？商业领导者喜欢从硬技能和胜任力方面谈论美德与品德高尚的人，几乎闭口不提以价值观和文化为代表的软技能。然而，软实力才是真正的硬实力。当代有些著作深入探讨了商业领域的美德，比如戴维·布鲁克斯的《品格之路》，奥利弗·萨克斯的《感恩》，以及史蒂芬·柯维、汤姆·彼得斯、丹尼尔·戈尔曼和肯·布兰佳等人的很多商业经典著作。这些著作、当代学术研究文献以及卓越领导者的传记对于我来说是十分有益的参考，帮助我确立了美德原则的主线和框架。

一手研究。我对本书的最满意之处，就是我和我的团队通过采访调查所做的大量一手研究。我们采访了大约 100 个人，他们有着不同的背景，住在不同的地方，他们解释了自己对美德的见解，讲述了那些在生活和工作中帮助他们成长的人的故事。我们还与非营利机构“共享工作室”（Shared Studios）合作，面向全球征集对美德的看法。共享工作室创始人艾马尔·巴克希（Amar Bakshi）和米歇尔·莫格塔德（Michelle Moghtader）想出了一个办法，他们将涂成金色的船运集装箱悬挂在世界各个地方，集装箱侧面装有可弹出的视听网络系统，人们可与该系统互动。在共享工作室的帮助下，我们鼓励全球各地的陌生人在这个系统平台上交流美德话题，回答诸如“你如何定义美德？”和“你有对你特别好的人吗？”之类的问题。生活在墨西哥城、纳什维尔、旧金山，以及阿富汗和还有其他地方的人参与了这次互动，他们为我构建关于职场品质的语言框架做出了贡献。这里举一个例子：

墨西哥城的人：你生活中最重要的人是谁？

纳什维尔的人：我想，对我生活产生了巨大影响的人，是我的一个老师。她帮我发现了自己的个性、兴趣和人生的使命。你呢？

墨西哥城的人：我？我认为有两个人对我很重要。第一个人是我祖母。她对我充满了爱。她教会我很多东西，比如，她告诉我，无论发生什么，你都应该坚守美德。另一个人是我的高中老师。跟你的老师一样，他让我认识了自己，明白了人生的目标。

然而，利用任何新技术进行的交流也无法替代与采访对象面对面的长时间交流。本书最有深度、最引人入胜的内容都来自面对面的采访。我们花了很长时间，甚至几天，与那些受人尊敬的人共处，请他们讲述自己的故事和经历。这些深度访谈都是包容而开放的对话，为美德的内涵增添了意外的、中肯的、宝贵的意见。

最令人难忘的故事之一来自我认识了将近 20 年的一个好朋友，我认为我非常了解她，暂且称她为简（Jane）。一个周末，我问简是否愿意分享她对品德高尚的人的理解。简的职业生涯令我惊叹，她从一个年轻的普通职员成长为一名很受尊敬的知名企业高管。尽管在采访之前我已经知道了她的一些经历，但在采访中她还讲述了不为人知的故事和细节。有时，我们开怀大笑；有时，我们沉浸在静心深入的交谈中；有时，我们不禁热泪盈眶。这是我做过的最真实、最自然的一次采访。

简的童年很不幸。父母都是酒鬼，她从小在一个贫穷的家庭长大，17 岁就开始独自谋生，根本不敢奢望读大学。她的父亲嗜酒如命，喝啤酒、伏特加，最终死于酒精癫痫，死时只有 48 岁。简有兄弟姐妹，但她不想过多谈论他们。鉴于特殊的家庭环境，她只是说，她根本没有机会与兄弟姐妹发展手足之情。

简还记得早年那些阴雨晦暗的日子。她的记忆无疑是有选择性的，但她告诉我，她宁愿失去这些记忆。有一次，母亲在屋子里追赶醉醺醺的父亲，当时，父亲扬言要烧掉自己的衣服。简还记得她开始第一份正式工作之后不久的尴尬时刻。那时，她正在上班，母亲给她打电话，让她赶紧回家“帮忙”。简只好告诉新认识的老板，她需要马上回家处理家务事。当简赶到家时，她发现家里的家具四处散落在房前的草坪上。简说：“那些家具袒露在那里，就像令人羞耻的裸女一样。我们被父亲驱逐了，无家可归了。”简突然意识到，她该离开这个家了。

我和简一起回顾了她的职业履历。简通过效力于优秀的公司、服务于优秀的同事和老板，在每一段工作经历中都得到了提升。一路走来，简学会了欣赏细节、专业和慷慨。她回想起她的第一个老板，在她接到紧急电话回家的第二天，老板给了她一笔钱。他告诉简，她可以在家里多待几天，直到把家务处理好为止，他承诺她不会因此丢掉这份工作。

那天，我和简聊到深夜，她讲述了很多拥有不同美德的人的故事。我们都认同，我们所认识的品德高尚的人都展现出了真实和自省的一面。简自己也不例外。简在讲述自己的故事时，谈到了信仰在她生活中的重要地位，以及她身边那些值得信赖的品德高尚的人的重要性。简说：“有时候，我会感到脆弱、沮丧、不堪，甚至无路可走，我不知道是如何走出那段艰难岁月的，但我知道，我很幸运，身边有一群好人在帮我。”

访谈尾声，简表达了对生活的感激，并对自己成为一个坚强、独立的成功女性感到满意。她总结说：“风雨之后见彩虹，最艰难的日子也可能是最美好的日子，我们只需要善待自己和他人。”

我一直相信很多人都能在奋斗、来之不易的成就和韧性中发现美德。但在采访简之前，我绝没想到她也是如此。简就是最适合讨论美德的采访对象。之后，我告诉我的一个记者朋友：我感觉我与简的对话就像是美国公共广播电台的《故事会》（*StoryCorps*）栏目。他告诉我说，这让他想起了已故广播主持人斯图兹·特克尔的采访方法。

斯图兹·特克尔拥有无与伦比的采访技巧，可以挖掘出名人和普通人内心深处的故事。特克尔在作为作家和芝加哥 WFMT 电台主持人的 45 年职业生涯中，访谈时间超过了 9 000 个小时。特克尔是我的偶像之一，因此，我很想学习他的采访风格，从采访对象身上挖掘出人性和品格的本质。

我建议你听听斯图兹·特克尔的电台录音，然后模仿他采访一到三个对你产生极大影响的人。你可以找一座花园，或者一家人少的咖啡馆，或者家里的安静之处，花上半天到一天的时间，听听他们的人生故事。你可以先问他的成长经历，然后问他在生活和工作中遇到的最大挑战。你要记下影响他的人，他人生失意和痛苦的低谷以及成功和喜悦的巅峰，询问他现在的生活目标是什么，也就是他真正的使命和梦想。记录下他的故事，然后你们交换身份，向他讲出你的故事。

在这个过程中，你可能会发现，你问他的问题正是他希望别人问他的问题，反过来，他问你的问题也是如此。我跟《纽约时报》记者亚当·布赖恩特学到了一招，并喜欢在采访时提问："如果只能选择一个品格，你希望从你母亲身上继承哪种品格，从父亲那儿呢？"我们还在共享工作室的船运集装箱上提出了一个好问题："你什么时候最早了解美德的？"你应该允许自己在采访过程中展现出脆弱的一面，这样，别人也会对你展现出脆弱的一面。相互展现脆弱的好处是，我们都能从对方身上获得特别的、难以得到的东西：真实的人生故事。只要多进行几次这样的采访，我们就能明白什么是品德高尚的人。跟我们一样，你可能也会发现，人们在美德方面的共同点远超过我们的想象。从本质上讲，我们都是人，也都能成为品德高尚的人。

第一部分　职场品质金字塔

1. Marc Wright and Karuna Kumar, "How CEO Garry Ridge has made WD-40 a well-oiled machine," *Simply Communicate*, accessed October 2, 2016.

2. Employee engagement and satisfaction analysis by Peter Barron Stark Companies, cited by Garry Ridge, interview by Anthony K. Tjan, September 26, 2016.

3. *Merriam-Webster Online*, s.v. "good," accessed October 3, 2016.

4. Tom Peters, quoted in Jacob Thomas, *Sustainable Leadership: Sourcing and Multiplying Happiness* (New Delhi: Partridge Publishing, 2016).

第 1 章　职场品质的力量

1. "Living a Whole Life," LinHart Group, accessed October 11, 2016.

2. "The Voting and Weight Machines," Morningstar, Inc., accessed October 2, 2016.

3. Frank Litsky and John Branch, "John Wooden, Who Built Incomparable Dynasty at U.C.L.A., Dies at 99," *New York Times*, June 4, 2010, accessed October 2, 2016.

4. John Wooden, "The difference between winning and succeeding," filmed February 2001, *TED* video, 17:36, accessed October 2, 2016.

5. "Wooden's Pyramid of Success," The John R. Wooden Course, accessed October 2, 2016.

6. John Mackey, *Conscious Capitalism* (Boston: Harvard Business Review Press, 2013), 20.

7. Robert Waldinger, "What Makes a Good Life? Lessons from the Longest Study on Happiness," TED × Beacon Street, November 2015, accessed October 3, 2016.

8. Robert Waldinger, interview by Anthony K. Tjan, September 8, 2016.

9. Kevin Kruse, "Norman Schwartzkopf: 10 Quotes on Leadership and War," *Forbes,* December 27, 2012, accessed October 11, 2016.

10. Sydney Finkelstein, "Secrets of the Superbosses," *Harvard Business Review*, January/February 2016, accessed October 2, 2016.

11. Sydney Finkelstein, *Superbosses: How Exceptional Leaders Master the Flow of Talent*, chapter 2 (New York: Portfolio Penguin, 2016).

第 2 章 重新定义"职场品质"，搭建"职场品质金字塔"

1. Eric Asimov, "Drinking Wine, From a Chore to a Choice," *New York Times*, January 31, 2013, accessed October 3, 2016.

2. Erin Scala, "The History of the Sommelier," *Thinking-Drinking Blog*, January 1, 2014, accessed October 3, 2016.

3. Joann S. Lublin, "The Case for Humble Executives," *Wall Street Journal,* October 20, 2015, accessed October 3, 2016.

4. Deepak Chopra, interview by Anthony K. Tjan, July 31, 2014.

5. "Legendary basketball coach Wooden dies," *CNN,* June 4, 2010, accessed October 11, 2016.

第 3 章 职场品质金字塔的第 1 层，真实

1. Lao Tzu, quoted in R. A. Howard, C. D. Korver, and B. Birchard, *Ethics for the real world: Creating a personal code to guide decisions in work and life* (Cambridge, MA: Harvard Business Review Press, 2008), 51.

2. "Total number of Websites," Internet Live Stats, accessed October 11, 2016.

3. Elizabeth Drake, "Ernest Hemingway: 10 quotes on his birthday," *Christian Science Monitor,* July 20, 2012, accessed October 11, 2016.

4. Simon Sinek, *Start with Why: How Great Leaders Inspire Everyone to Take Action* (New York: Portfolio/Penguin, 2009).

5. Jim Collins, "Level 5 Leadership: The Triumph of Humility and Fierce Resolve," *Harvard Business Review,* July/August 2005, accessed October 2, 2016.

6. Mike Myers, "Myers: Creativity more important than fame," MSNBC, June 6, 2014, accessed October 2, 2016.

7. Benjamin Franklin, *The Autobiography of Benjamin Franklin* (London: MacMillan & Co., 1921), 80.

8. Peter Georgescu, *The Source of Success: Five Enduring Principles at the Heart of Real Leadership* (San Francisco: Jossey-Bass, 2005), 97.

9. Franklin, *The Autobiography of Benjamin Franklin,* 90.

10. Robert C. Roberts, "What Does It Mean to Be Intellectually Humble?," *Slate*, accessed October 12, 2016.

11. Billie Jean King, quoted in Isabelle Hamptonstone, *Hockey Confidence: Train Your Brain to Win in Hockey and in Life* (Vancouver: Greystone Books, 2016), 37.

12. Ellen Langer, "Conscious Choice and Mindful Living," panel with Peter Georgescu moderated by Anthony K. Tjan, Boston Book Festival, October 24, 2014.

13. Philip Zimbardo et al., "The Stanford Prison Experiment: A Simulation Study of the Psychology of Imprisonment," Stanford University, August 1971, accessed October 11, 2016.

14. Leslie Brunner, interview by Anthony K. Tjan, September 11, 2016.

15. Franklin, *The Autobiography of Benjamin Franklin*, 79.

16. Franklin, *The Autobiography of Benjamin Franklin,* 80.

17. Franklin, *The Autobiography of Benjamin Franklin*, 82, 85.

18. Annie Dillard, *The Writing Life* (New York: Harper & Row, 1989), 32.

19. Franklin, *The Autobiography of Benjamin Franklin*, 85.

第 4 章 职场品质金字塔的第 2 层，同情

1. Thich Nhat Hanh, quoted in Irv Jacob, *Higher Truth* (Bloomington, IN: AuthorHouse, 2013), 379.

2. Cancer Facts & Figures 2016, *American Cancer Association,* accessed October 3, 2016.

3. Paul Kalanithi, *When Breath Becomes Air* (New York: Random House, 2016), 98.

4. Jack Erban, interview by Anthony K. Tjan, February 12, 2016.

5. Sherwin Nuland, *The Soul of Medicine* (New York: Kaplan, 2009).

6. Amy Toner, "How Employees Steal & How to Minimize It," *The NATSO Show 2017,* October 1, 2012, accessed October 2, 2016.

7. Barry Moltz, "7 Sneaky Ways Employees Steal and How to Prevent It," American Express Open Forum, November 12, 2013, accessed October 3, 2016.

8. *Literary Terms,* s.v. "empathy," accessed October 2, 2016.

9. Carl Rogers, "01-Carl Rogers on Empathy," YouTube video, December 10, 2012.

10. Robert Greenleaf, *Servant Leadership: A Journey into the Nature of Legitimate Power and Greatness* (New York: Paulist Press, 2002).

11. Mark Tatum, interview by Anthony K. Tjan, July 31, 2014.

12. Jørgen Vig Knudstorp, quoted in "5 Rules for CEOs to Simplify Their Job," *Chief Executive*, March 17, 2014, accessed October 11, 2016.

13. Edward O. Wilson, "One Giant Leap: How Insects Achieved Altruism and Colonial Life," *BioScience* 58, no. 1 (2008), accessed November 20, 2017.

14. Elizabeth W. Dunn, Lara B. Aknin, and Michael I. Norton, "Spending Money on Others Promotes Happiness," Berkeley Greater Good Science Center.

15. Adam Grant, *Give and Take: Why Helping Others Drives Our Success* (New York: Penguin, 2013).

第 5 章　职场品质金字塔的第 3 层，完满

1. Oliver Sacks, "My Own Life: Oliver Sacks on Learning He Has Terminal Cancer," *New York Times*, February 19, 2015, accessed October 2, 2016.

2. George Tames, *The Loneliest Job: John F. Kennedy*, *New York Times*, 1961.

3. Graham T. Allison, *Essence of Decision: Explaining the Cuban Missile Crisis* (Boston: Little, Brown and Company, 1971).

4. William Shakespeare, *Henry IV Part 2* (Boston: Cengage Learning, 1967), 91.

5. M. Scott Peck, *The Road Less Traveled, 25th Anniversary Edition: A New Psychology of Love, Traditional Values, and Spiritual Growth* (New York: Simon & Schuster, 2002, 2003), 83, 119.

6. Kevin Roberts, *Lovemarks: The Future Beyond Brands* (New York: Power House Books, 2004), book jacket.

7. "Our Story," Trader Joe's, accessed October 14, 2016.

8. "Doug Rauch: Former President of Trader Joe's," Leading Authorities, accessed October 11, 2016.

9. Margaret M. Perlis, "4 Steps to Building an Enduring Brand: Lessons from Hermes," *Forbes*, October 11, 2012, accessed October 11, 2016.

10. Bob Chavez, conversation with Anthony K. Tjan, September 17, 2015.

11. "Discover Lovemarks," Saatchi & Saatchi, accessed October 2, 2016.

12. Garry Ridge, interview by Anthony K. Tjan, September 26, 2016.

13. C. S. Lewis, *The Four Loves* (Boston: Houghton Mifflin Harcourt, 1971).

14. Casey Gerald, interview by Anthony K. Tjan, June 16, 2015.

15. "Remembering Jackie," National Baseball Hall of Fame, accessed October 11, 2016.

16. Rick Reilly, "A Paragon Rising Above the Madness," *Sports Illustrated*, March 20, 2000, accessed October 2, 2016.

17. JetBlueCorpComm, "Our promise to you," YouTube video, 2:51, posted February 19, 2007, accessed November 29, 2016.

18. Dr. Wayne W. Dyer, "Where Peace Lives," accessed October 11, 2016.

19. "A Word About Values," Trader Joe's, accessed October 4, 2016.

20. Glen Stansberry, "10 Examples of Shockingly Excellent Customer Service," *American Express Open Forum,* May 4, 2010.

21. Brené Brown, *Daring Greatly: How the Courage to Be Vulnerable Transforms the Way We Live, Love, Parent, and Lead* (New York: Gotham Books, 2012), 30, accessed November 17, 2016.

22. Meghan Casserly, "Majority of Americans Would Rather Fire Their Boss Than Get a Raise," *Forbes*, October 17, 2012, accessed October 4, 2016.

23. Jane Austen, *Persuasion* (Boston: Little, Brown, and Company, 1899), 230, accessed November 17, 2016.

24. Ursula K. Le Guin, *The Dispossessed* (New York: HarperCollins Publishers Inc., 1974), 190.

25. Reinhold Niebuhr, "The Serenity Prayer," accessed August 11, 2016.

26. Jason G. Goldman, "Why Bronze Medalists Are Happier Than Silver Winners," *Scientific American*, August 9, 2012, accessed October 2, 2016.

27. "Herbert Simon," *Economist*, May 20, 2009, accessed August 11, 2016.

28. Barry Schwartz and Andrew Ward, "Doing Better but Feeling Worse: The Paradox of Choice," *Positive Psychology in Practice* (2004), 86–104, accessed August 11, 2016.

29. Deepak Chopra, interview by Anthony K. Tjan, July 31, 2014.

30. David Brooks, *The Road to Character* (New York: Random House, 2015), accessed October 11, 2016.

31. Abraham Maslow, *Toward a Psychology of Being* (Malden, MA: Blackwell, 1999), accessed November 17, 2016.

第二部分　平衡 5 种职场冲突

1. E. O. Wilson, *The Meaning of Human Existence* (New York: Liveright, 2014), accessed October 12, 2016.

2. *Oxford Dictionaries*, s.v. "balance," accessed October 3, 2016.

3. *Concise Oxford English Dictionary: Luxury Edition*, ed. Angus Stevenson and Maurice Waite, s.v. "balance" (New York: Oxford University Press, 2011), 100.

第 6 章 职场冲突 1，实用 VS. 理想

1. Bono and Chris Anderson, "Congratulations, Bono," *TED Blog,* December 19, 2005, accessed October 3, 2016.

2. Carlton Tan, "Lee Kuan Yew Leaves a Legacy of Authoritarian Pragmatism," *The Guardian*, March 23, 2015, accessed October 3, 2016.

3. Rosalynn Carter, quoted in Nicole Fallon Taylor, "35 Inspiring Leadership Quotes," *Business News Daily*, September 9, 2015, accessed October 12, 2016.

4. Benjamin Hooks, quoted in Nicole Fallon Taylor, "35 Inspiring Leadership Quotes," *Business News Daily*, September 9, 2015, accessed October 12, 2016.

5. Eleanor Roosevelt, quoted in "Eleanor Roosevelt Biography," Biography Online, accessed October 12, 2016.

6. Nick Craig and Scott Snook, "From Purpose to Impact," *Harvard Business Review,* May 2014, accessed October 3, 2016.

7. "The Fantastic Five," Jumpcut, May 6, 2016, accessed October 17, 2016.

8. Noam Wasserman, "Rich Versus King: The Entrepreneur's Dilemma," *Academy of Management Annual Meeting Proceedings*, August 2006, accessed August 11, 2016.

9. "Why Singapore Became an Economic Success," *Economist*, May 26, 2015, accessed October 3, 2016.

10. Zarina Hussain, "How Lee Kuan Yew Engineered Singapore's Economic Miracle," *BBC News*, March 24, 2015, accessed October 3, 2016.

11. "UNDP and the Making of Singapore's Public Service: Lessons from Albert Winsemius," UNDP Global Centre for Public Service Excellence, 2015, ac- cessed October 4, 2016.

12. Zarina Hussain, "How Lee Kuan Yew Engineered Singapore's Economic Miracle."

第 7 章 职场冲突 2，短期 VS. 长期

1. Andrew Goodman, "Top 40 Buffettisms: Inspiration to Become a Better Investor," *Forbes*, September 25, 2013, accessed October 4, 2016.

2. *PC Mag* Encyclopedia, s.v. "Amara's law," accessed October 4, 2016.

3. Jeremey R. Gray, "A Bias Toward Short-Term Thinking in Threat-Related Negative Emotional States," *Perspectives on Social Psychology* 25, no. 1 (1999).

4. Andrew Bary, "What's Wrong, Warren?," *Barron's*, December 27, 1999, accessed October 4, 2016.

5. Andrew Bary, "What's Wrong, Warren?"

6. Michael Johnston, "19 Things That Actually Happened in 1999," Dividend Reference, accessed October 4, 2016.

7. Jordan Wathen, "Warren Buffett's 15-Minute Retirement Plan," The Motley Fool, January 6, 2016, accessed October 4, 2016.

8. Barnaby J. Feder, "Rose Blumkin, Retail Queen, Dies at 104," *New York Times*, August 13, 1998, accessed October 4, 2016.

9. Richard Feloni, "Why Warren Buffett Considers the Deal He Made with an 89-Year-Old Woman One of the Best of His Career," *Business Insider,* May 1, 2015, accessed October 4, 2016.

10. Barnaby J. Feder, "Rose Blumkin, Retail Queen, Dies at 104."

11. Richard Feloni, "Why Warren Buffett Considers the Deal He Made with an 89-Year-Old Woman One of the Best of His Career."

12. J. R. R. Tolkien, *The Fellowship of the Ring: Being the First Part of The Lord of the Rings* (Boston: Houghton Mifflin Harcourt, 2012), accessed October 14, 2016.

13. Tom Brady, interview by Anthony K. Tjan, August 9, 2014.

14. Tom Brady, interview by Anthony K. Tjan, August 9, 2014.

第 8 章　职场冲突 3，犹豫 VS. 信心

1. Gabrielle Korn, "The Surprising History of Nail Salons & Vietnamese- American Women," *Refinery29*, July 16, 2014, accessed October 5, 2016.

2. "Revenue from Nail Salon Services in the United States from 1998 to 2015," Statista, accessed October 5, 2016.

3. Brené Brown, "The Power of Vulnerability," filmed June 2010, *TED* video, 20:19, June 2010, accessed October 5, 2016.

4. Sarah Lewis, *The Rise: Creativity, the Gift of Failure, and the Search for Mastery* (New York: Simon & Schuster, 2015), 8, accessed November 17, 2016.

5. Anthony K. Tjan, "Vulnerability: The Defining Trait of Great Entrepreneurs," *Harvard Business Review*, October 6, 2009, accessed October 5, 2016, hbr.org/2009/10/vulnerability-the-defining-tra.

6. Chuck Salter, "Failure Doesn't Suck," *Fast Company*, May 1, 2007, accessed October 5, 2016.

7. Anthony K. Tjan, Richard J. Harrington, and Tsun-yan Hsieh, *Heart, Smarts, Guts, and Luck: What It Takes to Be an Entrepreneur and Build a Great Business* (Boston: Harvard Business Review Press, 2012), 87.

8. Dominic Barton, interview by Anthony K. Tjan, April 4, 2016.

9. Sara Maslin Nir, "The Price of Nice Nails," *New York Times*, May 7, 2015, accessed October 5, 2016.

第 9 章　职场冲突 4，个性 VS. 共性

1. "Remembering the King of Pop through this Quincy Jones' interview," Philemonowona, June 27, 2010, accessed October 13, 2016.

2. Margo Feiden, interview by Anthony K. Tjan, April 3, 2014.

3. Glenn O'Brien, "History Rewrite," *Interview*, March 24, 2009, accessed August 22, 2016.

4. "Oscar Levant," *Los Angeles Times*, accessed October 5, 2016.

5. Joi Ito, "Rewarding Disobedience," MIT Media Lab on Medium, July 21, 2016, accessed October 5, 2016.

6. "Why Did Steve Jobs Always Wear Black Turtlenecks & Jeans?," Guruprasad's Portal, accessed October 5, 2016.

7. "On a Scale of 1 to 10, How Weird Are You?," *New York Times*, January 9, 2010, accessed October 5, 2016.

8. Peter Carbonara, "Hire for Attitude, Train for Skill," *Fast Company*, August 31, 1996, accessed October 13, 2016.

9. "Southwest Corporate Fact Sheet," Southwest, accessed October 17, 2016.

10. Jalāl ad-Dīn Muhammad Rūmī, quoted in Brian Groves, *Coaching, Performing and Thinking at Work* (Milan, Italy: EDUCatt, 2014), 70, accessed November 17, 2016.

11. Mark Twain, "How to Tell a Story and Others," Project Gutenberg, accessed October 5, 2016.

12. Somi, interview by Anthony K. Tjan, May 18, 2016, Nomad Hotel, New York.

13. E. O. Wilson, *Biophilia* (Cambridge, MA: Harvard University Press, 1984), 10, accessed November 17, 2016.

14. John Maeda, interview by Anthony K. Tjan, March 4, 2016.

15. Charlie Munger, interview by Anthony K. Tjan, April 9, 2016.

16. Katherine Collins, *The Nature of Investing: Resilient Investment Strategies Through Biomimicry*

(New York: Routledge, 2014), accessed November 17, 2016.

17. Kurt Vonnegut, *Player Piano* (New York: Library of America, 2012), accessed October 13, 2016.

第 10 章　职场冲突 5，坚毅 VS. 接纳

1. *Fire Rescue Magazine*, “Remembering the Worcester 6,” Firefighter Nation/ *Fire Rescue Magazine*, December 3, 2010, accessed October 5, 2016.
2. Stephan H. Haeckel, *Adaptive Enterprise: Creating and Leading Sense-and-Respond Organizations* (Boston: Harvard Business School Press, 1999), accessed November 17, 2016.
3. Mike Berardino, “Mike Tyson Explains One of His Most Famous Quotes,” *Sun Sentinel*, November 9, 2016, accessed October 14, 2016.
4. Steven Callahan, *Adrift: 76 Days Lost at Sea* (Boston, MA: Houghton Mifflin Harcourt, 2002), accessed November 17, 2016.

第三部分　你如何成为公司最重要的资产

1. William Shakespeare, *Julius Caesar* (Plain Label Books, 2010), 39, accessed November 17, 2016.
2. Tony Hsieh, interview by Anthony K. Tjan, February 16, 2016.
3. Kurt Vonnegut, *Mother Night* (New York: Delta Trade, 1999).

第 11 章　企业经营应该从塑造职场品质开始

1. Alan Hicks and Davis Coombe, *Keep On Keepin' On,* directed by Alan Hicks (New York: RADiUS-TWC, 2015), DVD.
2. Kathryn Shattuck, “Something in Common With His Mentor: Talking to Justin Kauflin,” *New York Times*, September 26, 2014, accessed October 4, 2016.
3. Amy Adkins, “Majority of U.S. Employees Not Engaged Despite Gains in 2014,” Gallup, January 28, 2015, accessed October 5, 2016.
4. James Levine, email message to Anthony K. Tjan, September 25, 2016.
5. Belle Rose Ragins, John L. Cotton, and Janice S. Miller, “Marginal Mentoring: The Effects of Type of Mentor, Quality of Relationship, and Program Design on Work and Career Attitudes,” *Academy*

of Management 43, no. 6 (2000), 1177–94.

6. Belle Rose Ragins, John L. Cotton, and Janice S. Miller, "Marginal Mentoring: The Effects of Type of Mentor, Quality of Relationship, and Program Design on Work and Career Attitudes."
7. Keith Ferrazzi, interview by Anthony K. Tjan, February 27, 2016.
8. "Millennials at Work: Reshaping the Workplace," PwC, accessed October 5, 2016.
9. Mats Lederhausen, conversation with Anthony K. Tjan, June 15, 2013.
10. Dr. Wayne W. Dyer, "Letting Go," accessed October 5, 2016.
11. Mike Myers, *Supermensch: The Legend of Shep Gordon* (New York: A&E IndieFilms, 2013), DVD.
12. Shep Gordon, interview by Anthony K. Tjan, May 1, 2016.
13. Tsun-yan Hsieh, interview by Anthony K. Tjan, December 4, 2015.

第 12 章 更好、更快地识别好员工

1. Rita Mae Brown, *Alma Mater* (New York: Ballantine Books, 2002), 108, accessed November 17, 2016.
2. Anthony K. Tjan, "Becoming a Better Judge of People," *Harvard Business Review*, June 17, 2013, accessed October 5, 2016.
3. Edward O. Wilson, *Biophilia* (Cambridge, MA: Harvard University Press, 1986), 10.

结语 一切取决于你自己

1. Mikhail Baryshnikov, quoted in Bob Deutsch, "The Secret Lives of Start-Ups," *Huffington Post*, November 18, 2014, accessed October 14, 2016.
2. Oscar Wilde, *Lady Windemere's Fan,* act 3, scene 1 (Minneapolis: Filquarian, 2007), 78, accessed November 17, 2016.
3. Dan Pallotta, *Uncharitable—How Restraints on Nonprofits Undermine Their Potential* (Boston: UPNE, 2010), accessed November 17, 2016.
4. Amanda Palmer, interview by Anthony K. Tjan, February 17, 2016.
5. Paul Outerbridge, quoted in "Color Temperature & Color Rendering Index DeMystified," Lowel EDU, accessed October 17, 2016.
6. Henry McCance, interview by Anthony K. Tjan, On Cue, June 17, 2014.

未来，属于终身学习者

我这辈子遇到的聪明人（来自各行各业的聪明人）没有不每天阅读的——没有，一个都没有。巴菲特读书之多，我读书之多，可能会让你感到吃惊。孩子们都笑话我。他们觉得我是一本长了两条腿的书。

——查理·芒格

互联网改变了信息连接的方式；指数型技术在迅速颠覆着现有的商业世界；人工智能已经开始抢占人类的工作岗位……

未来，到底需要什么样的人才？

改变命运唯一的策略是你要变成终身学习者。未来世界将不再需要单一的技能型人才，而是需要具备完善的知识结构、极强逻辑思考力和高感知力的复合型人才。优秀的人往往通过阅读建立足够强大的抽象思维能力，获得异于众人的思考和整合能力。未来，将属于终身学习者！而阅读必定和终身学习形影不离。

很多人读书，追求的是干货，寻求的是立刻行之有效的解决方案。其实这是一种留在舒适区的阅读方法。在这个充满不确定性的年代，答案不会简单地出现在书里，因为生活根本就没有标准确切的答案，你也不能期望过去的经验能解决未来的问题。

而真正的阅读，应该在书中与智者同行思考，借他们的视角看到世界的多元性，提出比答案更重要的好问题，在不确定的时代中领先起跑。

湛庐阅读 App：与最聪明的人共同进化

有人常常把成本支出的焦点放在书价上，把读完一本书当作阅读的终结。其实不然。

时间是读者付出的最大阅读成本

怎么读是读者面临的最大阅读障碍

“读书破万卷”不仅仅在“万”，更重要的是在“破”！

现在，我们构建了全新的“湛庐阅读”App。它将成为你“破万卷”的新居所。在这里：

- 不用考虑读什么，你可以便捷找到纸书、电子书、有声书和各种声音产品；
- 你可以学会怎么读，你将发现集泛读、通读、精读于一体的阅读解决方案；
- 你会与作者、译者、专家、推荐人和阅读教练相遇，他们是优质思想的发源地；
- 你会与优秀的读者和终身学习者为伍，他们对阅读和学习有着持久的热情和源源不绝的内驱力。

CHEERS

本书阅读资料包

给你便捷、高效、全面的阅读体验

本书参考资料

湛庐独家策划

- 参考文献
  为了环保、节约纸张，部分图书的参考文献以电子版方式提供
- 主题书单
  编辑精心推荐的延伸阅读书单，助你开启主题式阅读
- 图片资料
  提供部分图片的高清彩色原版大图，方便保存和分享

相关阅读服务

终身学习者必备

- 电子书
  便捷、高效，方便检索，易于携带，随时更新
- 有声书
  保护视力，随时随地，有温度、有情感地听本书
- 精读班
  2~4周，最懂这本书的人带你读完、读懂、读透这本好书
- 课　程
  课程权威专家给你开书单，带你快速浏览一个领域的知识概貌
- 讲　书
  30分钟，大咖给你讲本书，让你挑书不费劲

湛庐编辑为你独家呈现
助你更好获得书里和书外的思想和智慧，请扫码查收！

（阅读资料包的内容因书而异，最终以湛庐阅读App页面为准）

北京市版权局著作权合同登记号　图字：01-2022-0617

图书在版编目（CIP）数据

你如何成为公司最重要的资产 /（加）安东尼·詹著；王培译 .-- 北京：中国财政经济出版社，2022.5
书名原文：Good People
ISBN 978-7-5223-1293-4

Ⅰ. ①你…　Ⅱ. ①安… ②王…　Ⅲ. ①职业选择－通俗读物 ②成功心理－通俗读物　Ⅳ. ① C913.2-49 ② B848.4-49

中国版本图书馆 CIP 数据核字（2022）第 050359 号

责任编辑：罗亚洪　　责任校对：胡永立
封面设计：ablackcover.com　　责任印制：张　健

你如何成为公司最重要的资产
NI RUHE CHENGWEI GONGSI ZUIZHONGYAO DE ZICHAN

中国财政经济出版社 出版
URL：http://www.cfeph.cn
E-mail:cfeph@cfemg.cn
（版权所有 翻印必究）
社址：北京市海淀区阜成路甲 28 号　邮政编码：100142
营销中心电话：010-88191522
天猫网店：中国财政经济出版社旗舰店
网址：https://zgczjjcbs.tmall.com
石家庄继文印刷有限公司印装　各地新华书店经销
成品尺寸：170mm×230mm　16 开　17 印张　260 000 字
2022 年 5 月第 1 版　2022 年 5 月河北第 1 次印刷
定价：89.90 元
ISBN 978-7-5223-1293-4
（图书出现印装问题，本社负责调换，电话：010-88190548）
本社图书质量投诉电话：010-88190744
打击盗版举报热线：010-88191661　QQ：2242791300